AF209125

Der Karakorum Highway und das Hunzatal, 1998

Geschichte, Kultur und Erlebnisse

Annette Bräker und
Horst H. Geerken

(Bearbeitung: Horst H. Geerken)

A BukitCinta Book

Bibliografische Information der Deutschen Bibliothek:
Die Deutsche Bibliothek verzeichnet diese Publikation in der
Deutschen Nationalbibliografie; detaillierte bibliografische
Daten sind im Internet über http://dnb.dbd.de abrufbar.

© 2016 bei Horst H. Geerken, 53177 Bonn
Neuausgabe 2025

Landkarten: Sabine Berner-Hoffmann
Alle Fotos, wenn nicht anders genannt © Horst H. Geerken
Lektorat: Michaela Mattern und Barbara Bode
Umschlaggestaltung, Layout & Design: Barbara Bode
Gesetzt in Adobe Garamond Pro
Verlag: BoD · Books on Demand GmbH, Überseering 33,
22297 Hamburg, bod@bod.de
Druck: Libri Plureos GmbH, Friedensallee 273,
22763 Hamburg
ISBN: 978-3-8192-7956-0

Der Karakorum Highway und das Hunzatal, 1998

Geschichte, Kultur und Erlebnisse

Annette Bräker und
Horst H. Geerken

(Bearbeitung: Horst H. Geerken)

A BukitCinta Book

Zum Gedenken an Annettes und meine
Eltern, wundervolle Menschen, die unsere
Reisen in orientalische Gefilde bereits
in jüngsten Jahren immer befürworteten
und uns dazu ermutigten. Sie haben unsere
Reiselust geweckt und dafür danken wir.
(Horst H. Geerken)

Inhaltsverzeichnis

Abb. 1: Die Reiseroute

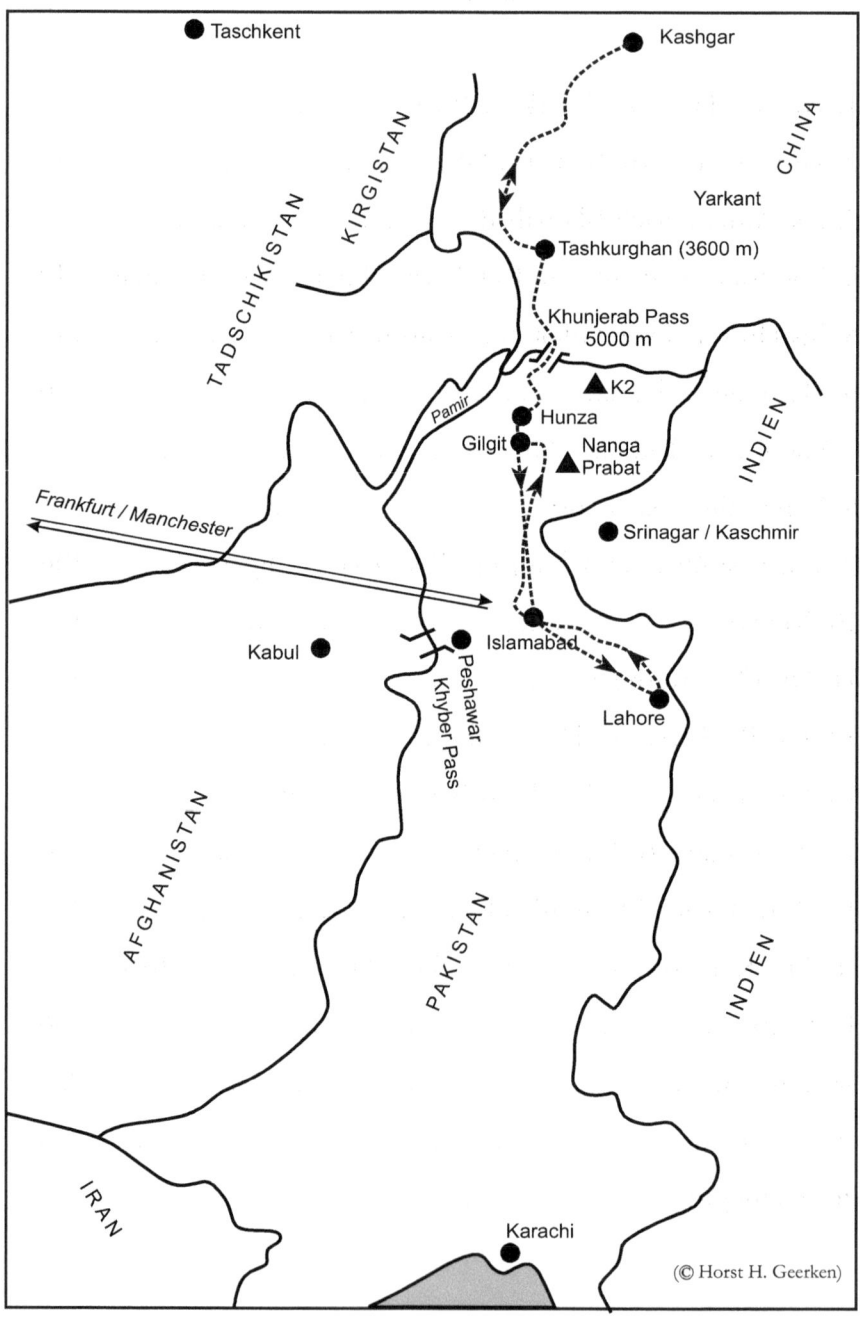

1. Vorwort
von Horst H. Geerken

Das Hunzatal und seine Nebentäler liegen in einem äußerst unzugänglichen Gebiet des Hindukusch in Pakistan. Es ist ein Hochtal in einer Höhe zwischen 2500 und 3500 Metern zwischen Karakorum- und Hindukusch-Gebirge, umgeben von Siebentausendern, von denen der Rakaposhi mit rund 7800 Metern der höchste ist.

Herodot (um 450 v.Chr.) war der erste Autor, der diese Region an der Grenze zu Kaschmir und nah an Afghanistan erwähnt hat.[1] Dr. Gottlieb[2] Wilhelm Leitner, 1840 in Ungarn[3] geboren und 1899 in Bonn verstorben, war ein Orientalist und Linguist. Er bereiste – neben anderen Regionen im Hindukusch – in den 1860er und 1880er Jahren als erster Wissenschaftler das Hunzatal. Seine Bücher über die Geschichte, die Sprachen, die Religionen, die Sitten, Legenden und Lieder dieser Region sind bis heute interessante und wichtige Nachschlagewerke.

Die Pfade an den steilen Berghängen in dem unwegsamen Gelände entlang des Hunza-Flusses und die einfachen Hängebrücken waren so schmal, dass Waren auf dem größten Teil der Strecke nur von Lastenträgern transportiert werden konnten. Wie die Hunzukutz[4] sagen, muss hier der Reiter sein Pferd tragen!

Im Hunzatal wird vorwiegend die isolierte Sprache Burushaski gesprochen. Der Einfluss Griechenlands ist aufgrund der Invasion durch Alexander den Großen um 325 v.Chr. bis heute noch an Skulpturen und genetischen (europäischen und arischen) Merkmalen der Hunzukutz deutlich zu erkennen. Die für Pakistan untypischen blonden Haare oder blauen Augen sieht man im Hunzatal oft. Die Bewohner des Hunzatals sehen sich als Nachkommen des Kriegsherren Alexander des Großen und seines Heeres. Viele von Alexanders Kämpfern wollten den beschwerlichen Rückweg in die Heimat nicht mehr antreten und vertauschten das Schwert mit dem Pflug. Der Kriegsherr gründete Dörfer und Städte im Indus- und Hunzatal und siedelte seine griechischen und mazedonischen Veteranen dort an. Er förderte die Hochzeit mit einheimischen Frauen. Sprache, Musik und Tänze ähneln noch heute denen von Albanien und Mazedonien. In dieser kaum zugänglichen Region Hunza konnten sich die genetischen und kulturellen Merkmale der Invasoren annähernd rein erhalten. Der König von Hunza soll der Legende nach ein direkter Nachfahre von Alexander dem Großen sein. Der

---

1   Herodot, *III.* S. 102-105 und *IV.* S. 13-27
2   In manchen britischen Publikationen auch Georg genannt
3   Manche britische Publikationen nennen auch Österreich als Geburtsland, denn zu jener Zeit gehörte das Gebiet zu Österreich-Ungarn
4   auch Hunzukuc oder Hunzukuts

Stammvater der Dynastie heißt König Alexander Iskandar Shah. Außerhalb des Hunzatals gründeten die Soldaten des Kriegsherrn ebenfalls Stadtstaaten, aber dort entstanden eher Mischkulturen.

Auf Grund der isolierten Lage des Hunzatals konnte das Hochtal leicht gegen Eindringlinge verteidigt werden, weshalb die Hunzukutz hier rund 1000 Jahre lang weitgehend unabhängig und frei von äußeren Einflüssen leben konnten. 1889 versuchte England, das Hunzatal zu erobern, was aber erst 1892 gelang. Der Mir[5] Safdar Ali, der König der Hunzukutz, flüchtete kurz davor nach China. Wie Durand in seinem Buch[6] schreibt, haben die Briten den Mir sehr schlecht behandelt. Sie nahmen ihm das Königreich ab, ohne dass er – trotz mehrerer Versuche – mit ihnen verhandeln konnte. Er starb 1930 verarmt im Exil in Xinjiang.[7]

Von 1892 bis 1947 war das Hunzatal als Teil Britisch-Indiens unter britischer Verwaltung. So wie nach dem Zweiten Weltkrieg Indien und Pakistan das britische Mandat ablösten, löste 1892 England das chinesische Mandat über Hunza ab.

Als sich die Briten 1947 – nach der Unabhängigkeit und der Teilung der Kolonie Britisch-Indien in ein hinduistisches Indien und ein islamisches Pakistan – aus dem Hunzatal zurückzogen, führte das auch zu Begehrlichkeiten von Seiten Indiens. Indien versuchte, die Kontrolle über Gilgit und Hunza zu erhalten, und begann einen bis heute unverzeihlichen Krieg. Die Bergvölker des Hunzatals schlugen die Aggressoren erfolgreich zurück und verhinderten eine Annexion. Im großen Park von Gilgit steht ein Monument, das ,Minarett der Märtyrer', das an diesen Krieg, der im Westen vollkommen unbekannt blieb, erinnert.

1947 wurde das Königreich durch die Briten aufgelöst. Den Titel ,Mir' darf der ehemalige Herrscher und seine Nachkommen als Symbol des Respekts weiterhin benutzen, ebenso die roten Autokennzeichen mit Goldaufschrift ,Hunza 1' und ,Hunza 2'. In den nachfolgenden Jahren durften ausländische Besucher das Gebiet nicht betreten. Erst 1974 wurde das Hunzatal ein Teil der Region Gilgit-Baltistan unter der pakistanischen Zentralregierung, und durfte nun im unteren Teil des Tals von Ausländern besucht werden.

Bis zum Jahr 1950 hatten die Kinder der Hunzukutz noch kein Rad und kein Kraftfahrzeug gesehen. Alle Güter, wie Werkzeuge, Küchenutensilien, Öllampen, Spiegel und andere Glaswaren, Nägel und Baumaterial und alles, was man zum täglichen Bedarf benötigte, musste auf dem Rücken von Trägern ins Hunzatal geschleppt werden.

---

5   ,Mir' war der Titel des Herrschers
6   Algernon George Arnold Durand, The Making of a Frontier: Five Years of Experiences and Adventures in Gilgit, Hunza, Nagar, Chitral and the Eastern Hindu-Kush, 1900
7   Historisch Ostturkestan oder Chinesisch-Turkestan

Das bergige Gelände kann nur an wenigen ebenen Stellen für den Anbau von Getreide, Aprikosen und Trauben landwirtschaftlich genutzt werden. Die Weidewirtschaft muss sich auf Ziegen und Geflügel – vorzugsweise Enten – beschränken. Das Naturvolk ernährt sich fast fleischlos. Auch Molkereiprodukte, wie Milch, Butter und Käse, werden nur selten verzehrt. Die legendäre Langlebigkeit und gute Gesundheit der Hunzukutz wird hauptsächlich dem mit Mineralien und Edelmetallen angereicherten milchig aussehenden Gletscherwasser und der vorwiegenden Ernährung mit Vollkornprodukten zugeschrieben. Weit über 100 Jahre alte Männer, die immer noch selbst ihre Felder bestellen oder Pferdepolo spielen, sind keine Seltenheit. Daher wird das Hunzatal, das oft für das verlorene Königreich Shangri La[8] gehalten wird, auch als ‚Oase der ewigen Jugend‘, bezeichnet.

Die Frauen im Hunzatal, mit den kleinen bunten Käppchen unter einem weißen Schleier, sind selbstbewusst und total frei. Ihre Gesichter sind offen und sie sind immer zu einem Lächeln bereit. Im Gegensatz zu der islamischen Umgebung gilt hier die Einehe, und beide Partner müssen mit einer ehelichen Verbindung einverstanden sein. Es werden keine Unterschiede zwischen Mann und Frau gemacht. Selbst in der Hochzeitsnacht kann sich eine Frau dem Ehemann verweigern, und sie hat das Recht, sich scheiden zu lassen. Heute, 2016, leben etwa 90 000 Menschen im Hunzatal. Zur Zeit unserer Reise waren es noch deutlich weniger.

Viele Jahre war das Hunzatal ein für Ausländer verbotenes Königreich. Im Süden grenzt das Tal an Pakistan, im Nordosten an die chinesische autonome Provinz Xinjiang, und im Nordwesten an Afghanistan. Erst 1974 ging die Meldung ‚Das Hunzatal ist nun frei‘ rund um die Welt. Aber warum durfte bis dahin kein Ausländer dieses kleine Königreich Hunza besuchen?

Es gab einen Vertrag zwischen Pakistan und China, der die Sicherheit Hunzas durch China garantierte. Da China mit dem Karakorum Highway große Investitionen vorhatte, wollte sich China nicht durch Ausländer in die Karten schauen lassen. China reagierte damals besonders empfindlich, wenn es um Xinjiang ging, obwohl die unklare Grenze im nördlichen Hunzatal zwischen Pakistan und China bereits 1963 korrigiert und festgelegt wurde. Nach der Übergabe des Mandats von England an Pakistan war China damals damit einverstanden, dass Hunza – das zuvor lange Mandatsgebiet Chinas war – pakistanisch wurde. China war an einem sicheren Puffer zwischen sich und den südlichen Nachbarn interessiert.

Hunza war ein Land ohne Kriminalität, ohne Polizei, ohne Gefängnisse und ohne Verwaltung. Es gab keine Hotels, keine Zeitungen und keine Banken, auch

---

8   James Hilton, *Der verlorene Horizont*, ISBN 3-596-10916-7

9

keine Kraftfahrzeuge und keine Tankstellen, Elektrizität war unbekannt. Da die Hunzukutz ein kerngesundes Volk waren, gab es auch keine Ärzte und Apotheken. Niemand musste Steuern bezahlen.

In der Bergwelt außerhalb des Hunzatals waren bereits mehrere ausländische Reisende, hauptsächlich Alpinisten, spurlos verschwunden. Der pakistanische Premierminister hätte die Verantwortung für jeden Reisenden ins Hunzatal übernehmen müssen. Und selbst für die pakistanische Regierung war das Königreich noch fremd und unheimlich. Hunza war so drastisch anders als das übrige Pakistan, daher war das Hunzatal für Ausländer lange verschlossen.

Für meinen Bruder Hartmut war die Meldung ‚Das Hunzatal ist nun frei‘ das Signal, sofort von Kabul über Rawalpindi nach Gilgit zu fliegen. Er gehörte mit seinem sechs Jahre alten Sohn Olaf im Mai 1974 zu den ersten ausländischen Besuchern⁹. Zu der Zeit war mein Bruder Hartmut Leiter des Goethe-Instituts in Kabul, Afghanistan. Sein Sohn Olaf war der jüngste ausländische Besucher, der das Hunzatal je besucht hatte. Bereits in Gilgit, aber besonders an der Grenze zum Hunzatal, wurden beide mit Blumengebinden empfangen. Besucher aus dem Westen waren noch etwas ganz Besonderes und eine große Seltenheit.

Für das Betreten des Staates Hunza musste damals zunächst eine Genehmigung der pakistanischen Regierung eingeholt sowie eine Passkontrolle durchlaufen werden. Auf dem Weg zwischen Gilgit und Karimabad stand unter freiem Himmel quer über den schmalen Pfad ein etwa eineinhalb Meter langer Tisch mit dem Zoll- und Immigrationsbeamten in einer Person. Dieser war in der typischen Hunza-Tracht gekleidet, mit einem langen weitärmligen braunen filzartigen Wollmantel und der typischen Hunzamütze, der Farschin, mit dem charakteristischen, rundum aufgerollten Rand. Die Frauen tragen dagegen immer eine bunte Kleidung mit einer buntbestickten Kappe.

---

9   Der Porzellanfabrikant und Bergsteiger Philip Rosenthal aus Selb war bereits in den 1960er Jahren im Hunzatal und am Nanga Parbat. Wie war es möglich, dass er zu jener Zeit das verbotene Land betreten konnte? Seinen Führer Sarbaz Khan aus Aliabad lud er nach Deutschland ein. Innerhalb nur eines Jahres lernte dieser die deutsche Sprache und einfache Porzellanherstellung, die er in Hunza weiterführte. Sarbaz Khan war zu jener Zeit sicherlich der einzige Hunzukutz, der Deutsch reden konnte. Wir haben aber 1998 mehrere Hunzukutz getroffen, die etwas Deutsch sprachen, vermutlich eine Folge des Tourismus. Wie uns die Bergführer auf der Märchenwiese beim Nanga Parbat erzählten, hat Philip Rosenthal auf einem Nebengipfel des Nanga Parbat eine Flagge aus Rosenthal-Porzellan aufgestellt. Das konnten wir zunächst nicht glauben, aber in Gulmit bekamen wir die Bestätigung durch Abdullah Baig, den Besitzer des Hotels Hunza Marco Polo Inn. Ob die Porzellanfahne wohl noch oben auf einem der hohen Gipfel steht?

Der Pass wurde gestempelt, und die erste Frage des Immigrationsbeamten war: ,Wollen Sie Wein trinken?' Wein im streng islamischen Pakistan? Das Hunzatal hat einen Sonderstatus, da seine Bewohner tolerante Ismailiten sind, mit dem Aga Khan als religiösem Oberhaupt. Der Beamte holte eine volle, noch mit Lehm verschlossene Flasche hervor und öffnete sie behutsam, damit der Lehm nicht durch die Öffnung in den Wein bröselte. Es war ein bräunlicher, naturtrüber Wein, der aber nach der Aussage meines Bruders durchaus trinkbar war.

Abb. 2:
Hunza-Stempel im Reisepass meines
Bruders Hartmut vom 27. Mai 1974

Die Arbeiten der Chinesen am Kara-korum Highway (KKH) waren noch in vollem Gange. In der Nähe von Gil-git war die erste chinesische Arbeiter-siedlung, in der Tausende chinesische Arbeitskräfte untergebracht waren. Es war ein typisch chinesisches Camp mit provisorischen Hütten und Zelten. Hier gab es Einkaufsmöglichkeiten für chinesische Waren, eine eigene Kanti-ne, Bäcker und einen großen Gemüse-garten. Es herrschte ein reges Treiben. Das Camp wurde von den Hunzu-kutz ,Camp des Lächelns' genannt und war vollkommen autonom. Alles war mit chinesischen Buchstaben beschrif-tet, auch die Wege zwischen den Hütten und Zelten. Das Betreten des Lagers war für Ausländer verboten. Erst hinter dem Camp lag die Pforte zum Hunzatal. Die chinesischen Arbeitskräfte in ihren strahlend blauen Arbeitsanzügen und mit ihren Ballonmützen schaufelten und meißelten entlang der atemberaubend steilen Felsen. Es erinnerte an ein aufgeregtes Nest mit blauen Ameisen.

Der Weg hoch ins Hunzatal war noch sehr beschwerlich. Weiter als nach Kari-mabad und Baltit kam man damals nicht. Hartmut und Olaf wurden während des ganzen Aufenthalts im Hunzatal von Herrn German, dem ersten Sekretär des letzten ,Mir' der Hunzukutz betreut. Sie waren seine Gäste, denn im ganzen Hunzatal gab es damals noch kein Restaurant. Er brachte die beiden zunächst im Gästehaus des Mirs Muhammad Jamal Khan in Karimabad unter, später in einem Appartement. Hotels gab es auch noch keine. Zu Ehren von Hartmut und

Olaf wurde ein Schaf geschlachtet und ein großes Essen mit allen Honoratioren Karimabads veranstaltet.

Zu der Zeit, als mein Bruder Hartmut mit seinem Sohn im Hunzatal weilte, war der Mir vom Hunzatal zu einer medizinischen Behandlung in Deutschland. Wunderlich war, dass der Mir ganz in der Nähe des Wohnortes meines Bruders bei einem Professor Stuhlinger in Starnberg in Behandlung war. Im Hunzatal hatte der Mond während des Aufenthalts des Mirs in Deutschland einen ungewöhnlich großen hellen Hof. Die einheimischen Hunzukutz werteten dies als gutes und positives Zeichen für das Wohlergehen und einer guten Besserung des Mirs im fernen Deutschland.

Nur zwei Jahre später, im März 1976, starb Mir Muhammad Jamal Khan in Karimabad. Der Schamane des Mir hatte seinen Tod bereits Jahre zuvor auf den Tag genau vorhergesagt. Nach dem Tod des vom Volk geliebten Mirs wollte der Schamane nie mehr in die Zukunft schauen.

Herr German bat Hartmut im Namen des Mirs mit seiner Familie im Hunzatal zu bleiben, um dort als Lehrer für Deutsch, Englisch und Französisch zu arbeiten. Dem Mir lag eine bessere Bildung seiner Bevölkerungen sehr am Herzen, obwohl die Analphabeten-Rate bereits zu der Zeit unter vier Prozent lag! Ein Spitzenwert für Pakistan! Für alle Kinder im Hunzatal besteht bis heute Schulpflicht. Alle Schulen werden massiv durch die Aga Khan Stiftung finanziell unterstützt.

Hartmut sollte als Lehrer für sich und die Familie das schönste Haus im ganzen Hunzatal erhalten. Er entschied sich aber nach reiflicher Überlegung, auch weiterhin beim Goethe-Institut zu bleiben. Nach rund einer Woche in Karimabad wurde Hartmut von Herrn German der Jeep des Mirs mit dem Kennzeichen ‚Hunza 2‘ für seine Rückfahrt nach Gilgit zur Verfügung gestellt.

Nur zwei Jahre nach meinem Bruder Hartmut bereiste der Vater von Annette, der Orientalist Professor Dr. Hans Bräker, zusammen mit Professor Dr. Hans-Joachim Klimkeit 1976 das Hunzatal. Bräker lehrte an der Universität in Trier und war Gründer und Leitender Wissenschaftlicher Direktor des ‚Bundesinstituts für Ostwissenschaftliche und Internationale Studien‘ in Köln. Klimkeit war Vergleichender Religionswissenschaftler und Indologe. Indologie studierte er bei dem berühmten Professor Helmuth von Glasenapp in Tübingen. Zur Zeit der Reise hatte Klimkeit eine Professur für Vergleichende Religionswissenschaften an der Universität in Bonn. Die beiden hatten nur eine Woche Zeit und sie wollten das Hunzatal mit Fahrrädern erkunden. Aus Zeitgründen konnten die beiden wegen der schlechten Straßenverhältnisse aber nicht bis nach Karimabad vordringen.

Abb. 3: Der Orientalist Professor Dr. Hans Bräker im Gespräch mit dem Autor

Später wurde Klimkeit der Chef der Mitautorin des Buches, Annette Bräker, an der Universität in Bonn. Seit den Erzählungen ihres Vaters und ihres Chefs über ihre Erlebnisse im Hunzatal hatte Annette den intensiven Wunsch, die Region Hunza zu besuchen. Auch mir war durch die Erzählungen meines Bruders diese Region nicht unbekannt geblieben. Über meinen alten pakistanischen Studienfreund Mohiuddin Biyabani wurde ich sporadisch über den Fortgang der Arbeiten am KKH informiert, so dass in mir der Plan reifte, Annette mit dem Vorschlag einer Reise ins Hunzatal zu überraschen. So kam es, dass ich einen Wunschtraum von Annette und mir gleichzeitig erfüllen konnte.

Als Endpunkt unserer Reise war Kashgar vorgesehen. Kashgar liegt im westlichen China in der Provinz Xinjiang.[10] Xinjiang hat eine Bevölkerung von rund 22 Millionen, einen Flächenanteil von über 17 Prozent der Volksrepublik China und grenzt an Indien, Pakistan, Afghanistan, Tadschikistan, Kirgistan, Kasachstan, Russland, Tibet und die Mongolei. Mit so vielen angrenzenden Nationen ist es kein Wunder, dass dieses Gebiet, das Pamir-Knoten genannt wird, aufgrund seiner herausragenden strategischen Lage in den beiden Weltkriegen Begehrlichkeiten der Westmächte weckte. Die diplomatischen Rangeleien um dieses Gebiet – besonders zwischen Großbritannien und Russland – nannten die Briten zynisch ‚The Great Game' – ‚Das große Spiel'.

10 Historisch Ostturkestan oder Chinesisch-Turkestan

Auf ‚The Great Game' kann in diesem Buch nur oberflächlich eingegangen werden. Darüber gibt es, besonders in der Literatur Großbritanniens, unzählige Werke. Diese Berichte über das politische Spiel und die militärischen Auseinandersetzungen wurden natürlich aus britischer Sicht geschrieben. In diesem Buch soll der Schwerpunkt allerdings auf kulturellen Aspekten und der frühen Erforschung dieses Gebietes liegen.

Unsere Reise von Gilgit durch das Hunzatal und Xinjiang bis Kashgar war ein einmaliges – wenn auch manchmal sehr abenteuerliches – Erlebnis durch ein landschaftlich und historisch höchst interessantes Gebiet. Wenn man eine Reise wie diese gemacht hat, wird diese immer im Gedächtnis bleiben.

Horst H. Geerken
Im Herbst/Winter 2016

"SAVE ME FROM MY FRIENDS!"

Abb. 4: ‚The Great Game', der Einheimische wird vom russischen Bären und dem Löwen, dem englischen Wappentier, bedroht.[11]

---

11 Karikatur aus dem *Punch Magazin* vom 30. November 1878, Wikipedia Public Domaine

2. Vorwort
von Annette Bräker

Diese Reise war ein langgehegter Wunsch, der für uns 1998 in Erfüllung ging. Schon lange bevor ich vom Königreich Hunza gehört hatte, faszinierte mich der Name Gilgit und die damit verbundenen politischen Auseinandersetzungen zwischen den Kolonialmächten England und Russland, aber auch China, das sogenannte ‚Große Spiel'! Ich wollte unbedingt einmal dort hin, und fing an, mich damit zu beschäftigen. Dabei stieß ich schnell auf das legendäre Königreich Hunza und dessen Rolle in diesem ‚Great Game' – wie die Briten sagten –, sowie auf den Karakorum Highway, die Straße, die unter Opferung von unzähligen Menschenleben erbaut wurde und von Islamabad in Pakistan bis Kashgar im Westen Chinas führt. Der Wunsch, jetzt ausgeweitet auf die Befahrung des Karakorum Highways, wäre sicherlich ein Wunschtraum geblieben, hätte nicht Horst den gleichen Traum schon länger als ich gehabt. Nun nahm der Plan, mit dem er mich überraschte, mehr und mehr Gestalt an. Wir trafen uns mit Hanne und Tonny Rosiny, die lange in Pakistan gelebt und diese Reise schon gemacht hatten. Tonny Rosiny war Diplomat und Autor und hatte bereits einige Werke über Pakistan veröffentlicht.[12] Rosinys versorgten uns mit wertvollen Tipps und Adressen, die uns an Ort und Stelle weiterhelfen sollten.

Endlich, Ende April 1998, wurde der Traum wahr. Wir packten ein und wieder aus, solange bis wir unser Reisegepäck soweit reduziert hatten, dass jeder von uns nur noch einen ziemlich bescheidenen Rucksack mit einem Gewicht – inklusive der Bücher! – von unter zehn Kilogramm hatte. Mein Reisefieber spielte mit mir die üblichen Spielchen. Ich wurde von Tag zu Tag nervöser und hätte am liebsten die ganze Reise abgeblasen. Aber alles war vergessen, als wir endlich am 30. April 1998 mit British Airways von Manchester in Richtung Islamabad abflogen.

Diesen Reisebericht haben wir aus unseren Reisebriefen und Reiseberichten zusammengestellt. Die von Horst erstellten Teile des Berichts sind kursiv geschrieben.

Annette Bräker
Sommer 1998

---

12 *Pakistan, Drei Hochkulturen am Indus: Harappa, Gandhara, Die Moguln*, Pakistan, Kunst, Pakistan, DuMont Reiseführer

15

3. Die Anreise nach Islamabad

Mit kleiner Verspätung flogen wir von Frankfurt ab und waren etwa eineinhalb Stunden später in Manchester. Dort angekommen fanden wir sofort ein ruhiges Plätzchen ganz in der Nähe eines wenig frequentierten Klos. Schließlich mussten wir sechs Stunden bis zum Weiterflug überbrücken. Dort streckten wir uns lang auf zwei Bänken aus und sanken sofort in einen Tiefschlaf. Allerdings erst, nachdem wir zwei von unseren Wein-Fläschchen, die wir aus dem Flugzeug mitgenommen hatten, geleert hatten. Das Essen war zwar bei British Airways recht spartanisch, aber mit dem Wein waren sie dafür umso großzügiger. Man bekam ihn in 0,2 Liter-Fläschchen und das so reichlich, dass man alle Taschen damit vollstopfen konnte. Wir sanken also sofort in Tiefschlaf, als wir die ruhige Ecke gefunden hatten. Von den sechs Stunden Aufenthalt in Manchester verschliefen wir drei, und daher verging die Zeit ‚wie im Fluge‘. Als wir dann unseren Anschlussflug nach Islamabad besteigen konnten, warteten wir fast bis zuletzt, weil wir schon in Frankfurt erfahren hatten, dass der Flug nicht voll ausgebucht war. So hatten wir gleich den Überblick, welche Bänke frei geblieben waren, und jeder von uns breitete sich sofort über eine ganze Sitzreihe aus, damit wir einen gemütlichen Platz zum Schlafen hatten. Ein offensichtlich deutsches Paar fand uns wohl reichlich unverschämt und bewarf uns bis zum Schluss mit empörten Seitenblicken, was uns – lang ausgestreckt auf unseren Liegeplätzen – in keinster Weise treffen konnte.

Von den Fluggästen waren 95 Prozent Pakistanis, und so sah es gegen Ende des Fluges auch aus. Chaos, Durcheinander, Dreck, die Toiletten schwammen und keinen störte es. Ein riesengroßer malerischer Afghane schritt mit einer Art Petrus-Stab bewaffnet ab und zu im Gang auf und ab und machte den ganzen Flug noch orientalischer. Wir verbrachten den Flug ganz entspannt im Liegen und schliefen wieder vier Stunden. Am Ende des Fluges hatten wir ausreichend Gabeln und Löffel im Gepäck. Man muss ja für alle Fälle gerüstet sein!

Horst hatte seelenruhig während der Durchsage des Stewards, dass die Einfuhr von Alkoholika nach Pakistan ‚strictly prohibited‘ sei, noch mehrere Fläschchen des wiederum reichlich verteilten Rotweins zu unserer Flasche Whisky und einer Flasche Fernet-Branca in sein Handgepäck gestopft. So landeten wir – der Muezzin fing gerade an zu rufen –, gut ausgeschlafen und mit einer eigenen Hausbar im Handgepäck, um sechs Uhr morgens in Islamabad. Ich war nun doch etwas nervös wegen der hochprozentigen Dinge, die wir in unserem Handgepäck hatten.

Der Flughafen wirkte von außen als würde er gerade abgerissen, von innen klein, schäbig und total chaotisch. Im Gegensatz zu diesem Eindruck ging dann alles ganz flott. In fünf Minuten waren wir trotz langer Schlangen durch die Passkontrolle, und während Horst unser Gepäck aus der genauso chaotisch wirkenden Menschenmenge am Gepäckband fischte, beobachtete ich, an welcher Stelle wir am einfachsten die teuflischen Getränke am Zoll vorbei ins Land schmuggeln konnten. Ich fand auch eine, wo eigentlich gar kein Durchgang war, aber immer wieder mal jemand mit kleinerem Gepäck durchgelassen wurde. Horst meinte, wir sollten unsere Pässe in die Hand nehmen, das mache einen guten Eindruck. Dann sollten wir, ohne nach links und rechts zu schauen, einfach schnell durchmarschieren. Tatsächlich: eine Minute später hatten wir alles hinter uns gebracht ohne einem Zollbeamten zu begegnen. Frechheit hat wieder mal gesiegt! Alles in allem hat die ganze Abfertigung nur 15 Minuten gedauert.

Wir tauschten noch ein wenig Geld und schon saßen wir im Taxi – ich eingeklemmt zwischen unseren Rucksäcken – und waren auf dem Weg ins Ambassador Hotel. Von dem Hotel erwarteten wir nach Mutters und Ro-sinys Auskunft ja nicht viel, aber wir wurden angenehm überrascht. Wir bewohnen vermutlich dasselbe Eckzimmer, das meine Eltern 1983 bewohnt hatten. Das Zimmer ist ordentlich und sauber wie auch das ganze Hotel, an dessen Eingangstür sogar ein malerisch maskierter – oder besser uniformierter – freundlicher Türwächter mit einem großen Gewehr steht, der immer hingebungsvoll die Tür aufreißt, auch wenn man gar nicht raus will.

Abb. 5: Der Türsteher

Obwohl wir uns gegenseitig seit unserer Ankunft hier in Islamabad davon vorgeschwärmt haben, wie angenehm es sei, wenn man so ausgeruht am Reiseziel ankommt, weil man im Flug liegen konnte und ausreichend Schlaf hatte, konnten wir ab zehn Uhr morgens die Augen kaum noch aufhalten, und jedes Mal wenn wir zwischen unseren ,organisatorischen Ausflügen' – Reisebüro, Mittagessen, Autovermietung und wieder Reisebüro – nur in die Nähe der Betten kamen, fielen wir hinein und sofort in Tiefschlaf!

Inzwischen haben wir hier im Ambassador Hotel auch wieder vier Stunden geschlafen, aber in unseren Schaffensphasen dazwischen auch schon alles geregelt, was für unsere Weiterreise notwendig ist. Morgen früh wird uns um sieben Uhr ein Mietwagen hier abholen, der uns in zwei Tagen entlang des Industals nach Gilgit bringen wird. Eigentlich hat Horst alles geregelt und ich habe, brav angetan mit Schal über den Haaren, nur bescheiden daneben gesessen, wie es sich eben für ein islamisches Land gehört! Dafür erzählte mir der Vermieter des Autos, dass wir uns in seinem Wagen wie zuhause fühlen würden, weil der Chauffeur gut Englisch spreche und eine Uniform trage! Ich machte gleich ein glückliches Gesicht, damit er sich auch sicher sein konnte, dass wir zuhause auch einen uniformierten Fahrer haben. Der Schein muss gewahrt bleiben! Morgen geht's also los. Ich freue mich riesig! Es ist schon herrlich, wieder in orientalischen Gefilden zu sein.

Wie immer, wenn man sich einen Traum erfüllt, den man jahrelang in weiter Ferne gesehen hat, und dann tatsächlich am Anfang der Verwirklichung steht, das heißt in unserem Fall am Ausgangsort der Reise angekommen ist – so wie jetzt am 1. Mai 1998 in Islamabad –, kann man kaum glauben, dass das alles Wirklichkeit ist und man tatsächlich noch derselbe Mensch ist. Aber es ist wahr! Wir sitzen wirklich im schönen Garten des Ambassador Hotels und fühlen uns wohl.

4. Von Islamabad auf dem Karakorum Highway nach Gilgit

Heute ist bereits Sonntag, der 3. Mai. Vor zwei Tagen sind wir erst hier in Pakistan angekommen und ich weiß schon nicht mehr, wo ich mit dem Erzählen beginnen soll. Im Augenblick sitze ich in Gilgit auf der Terrasse vor unserem Zimmer.

Gestern fuhren wir um sieben Uhr am Morgen in Islamabad los. Dass wir einen Wagen mit Fahrer gemietet hatten, habe ich ja schon erwähnt. Das war am Nachmittag des 1. Mai. Am Abend, als wir im Garten des Ambassador Hotels auf unser Abendessen warteten, erschien plötzlich der Bruder des Besitzers der Autovermietung und ein Mister Nissar, der Manager, mit dem wir am Nachmittag verhandelt und den Mietvertrag abgeschlossen hatten. Sie setzten sich zu uns an den Tisch und redeten aufgeregt aufeinander ein. Wir verstanden nur Ortsnamen wie Gilgit, Chilas, Dasu und ähnliche. Mühsam kamen wir dahinter, dass sie uns offensichtlich überreden wollten, uns in nur einem Tag nach Gilgit karren zu lassen. Das wollten wir natürlich nicht, denn da hätten wir ja für einen Bruchteil des Preises auch fliegen können! Und vor allem wollten wir viel sehen und viele Stopps machen. Als sie merkten, dass wir uns nicht überreden ließen, wurde der Besitzer der Autovermietung persönlich herbeigerufen. Nun saß der auch noch an unserem Tisch, rund um unser Abendessen – das wir uns trotzdem schmecken ließen – und schlug ununterbrochen nervös die Knie zusammen, während sein Bruder ein Handy immer wieder hingebungsvoll ans Ohr hielt, obwohl niemand anrief und er auch niemanden angewählt hatte! So richtig sagten sie uns nicht, was sie wollten, aber sie taten immer so, als hätten sie nur unser Bestes im Sinn.

Als sie merkten, dass wir nicht breitzuschlagen waren, blieb schließlich alles beim Alten. Nur wurden wir noch ermahnt, den Fahrer ja nicht über Gebühr zu beanspruchen und ihn bloß nicht allzu sehr aufzuhalten. Der fünfjährige Sohn des Autovermieters, der auch noch dabei war und mit großen Augen auf unser Essen starrte, musste jedem von uns die Hand schütteln und zum Schluss erklärten uns alle, sie seien nur gekommen, um sich zu versichern, dass alles zu unserer Zufriedenheit sei!

Beim Wort ‚Zufriedenheit‘ fiel Horst noch eine ganz wichtige Sache ein, er fragte, ob der Mietwagen auch eine Klimaanlage habe! Aber der Pakistani an sich scheint nie um eine Antwort verlegen, er antwortete nämlich, ‚Air Condition‘ gäbe es erst nach dem 15. Mai!

Im Moment fangen alle Muezzins von Gilgit an, zum Gebet zu rufen und merkwürdigerweise fangen gleichzeitig auch alle Ziegen an zu schreien!

Gerade kommt Horst mit unserem letzten Fläschchen Bordeaux von British Airways, und das werden wir jetzt mit Blick auf den Gilgit-River vernichten.

Nach der Vernichtung des Weins war es dann zu dunkel zum Schreiben, denn mit der Elektrizität ist es nicht so toll hier. Die Lampen geben wenig Licht und andauernd fällt der Strom aus. Erst am Morgen des folgenden Tages geht es weiter im Text:

Von Islamabad fuhren wir – wie schon gesagt – morgens 07:15 Uhr in Richtung Gilgit los. Die ‚Uniform' unseres Fahrers bestand zwar nur aus dunkelblauer Hose und weißem Hemd und sein Englisch war weniger als mäßig, aber für diese Mängel entschädigte er uns durch seine ruhige und umsichtige Fahrweise. Wir lernten sie vor allem schätzen, als wir den Karakorum Highway, den KKH, erreichten.

Erst als wir aus Islamabad herauskamen, stellte sich ein richtiges Pakistangefühl ein. Auch wenn der Flughafen selbst sehr pakistanisch ist, wirkt doch Islamabad auffallend modern. Aber schon ein paar Kilometer hinter Islamabad wurde es sehr orientalisch: Kühe, Ziegen, Menschen, Karren, Autos, hoch beladene, bunt bemalte und hupende LKWs, Dreck und Gestank, alles durcheinander. Bis Taxila fuhren wir noch auf der Grand Trunk Road, und ab dort begann der KKH. Zuerst war noch unheimlich viel Verkehr, aber hinter Manshera, einem langgestreckten Nest, wurde es so leer auf der Straße, dass wir eine ganze Weile dachten, der Fahrer habe sich verfahren, und wir fühlten uns darin durch die Tatsache bestätigt, dass er an einer Abzweigung gezögert hatte, welchen Weg er nehmen solle. Da die Wegweiser und Ortsschilder hier fast ausschließlich in arabischer Schrift waren, dauerte es etwa eineinhalb Stunden, bis wir wussten, dass wir uns doch auf der richtigen Straße befanden.

Die Abzweigung in Manshera führte zu einer unbefestigten Piste über den 4173 Meter hohen Babusar-Hochgebirgspass. Nur 50 Kilometer östlich von hier erhebt sich der Nanga Parbat. Die unbefestigte Piste über den Pass mündet bei Chilas wieder in den KKH. Da diese Strecke nur von Mitte Juli bis Ende September mit einem Wagen mit Vierradantrieb befahrbar ist, wählte unser Fahrer natürlich die bessere Strecke entlang des Industals. Früher, bevor der KKH fertiggestellt wurde, war diese Piste über den Babusar-Pass eine wichtige Handelsverbindung nach Süden.

Abb. 6 und 7:
Hoch beladene,
kopflastige Lastwagen

Abb. 8: Rawalpindi bis Pishora

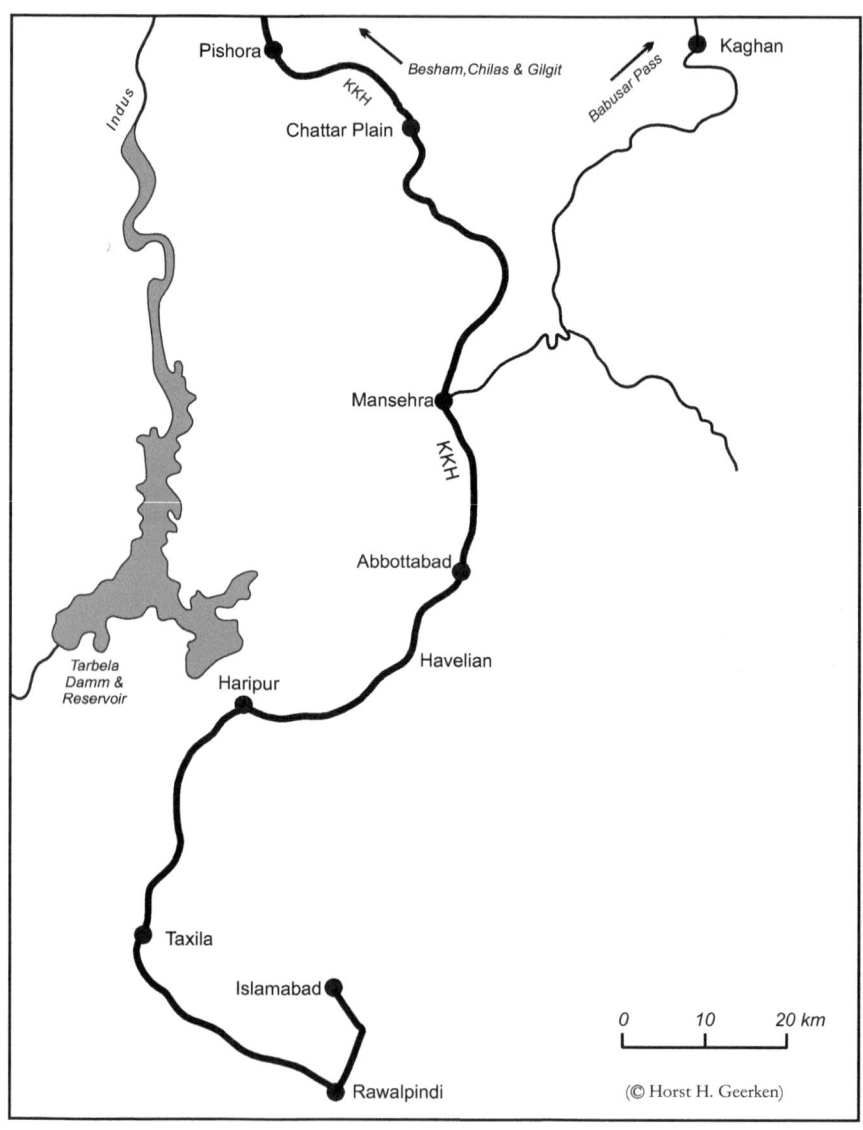

Nach dieser Abzweigung wurde die Landschaft immer wilder und gebirgiger, auch die Menschen in den Dörfern wirkten immer unbezähmbarer und unzugänglicher. Die Gesichter der Menschen wurden ernst, undurchdringlich bis abweisend. Je weiter wir auf dem KKH fuhren, desto mehr der Frauen waren total verschleiert, schließlich waren es mehr als die Hälfte.

Abb. 9:
Auf dem
KKH

Abb. 10:
Marode
Brücken
unterwegs

Seit Dasu, wo wir die Nacht verbrachten, sah man fast gar keine Frauen mehr auf der Straße. Gestern Nachmittag sind wir hier in Gilgit angekommen und bis heute Nachmittag haben wir nur fünf Frauen entdecken können.

Von Thakot an schlängelt sich der KKH am rechten Ufer des Indus entlang immer weiter nach oben. Auf beiden Seiten des Flusses erheben sich düstere schwarzgraue und kahle Berge. Wütend stürzt der Indus dem Indischen Ozean entgegen. In Besham übertönte sein lautes Rauschen die eigene Stimme.

Abb. 11: Pishora bis Shatial

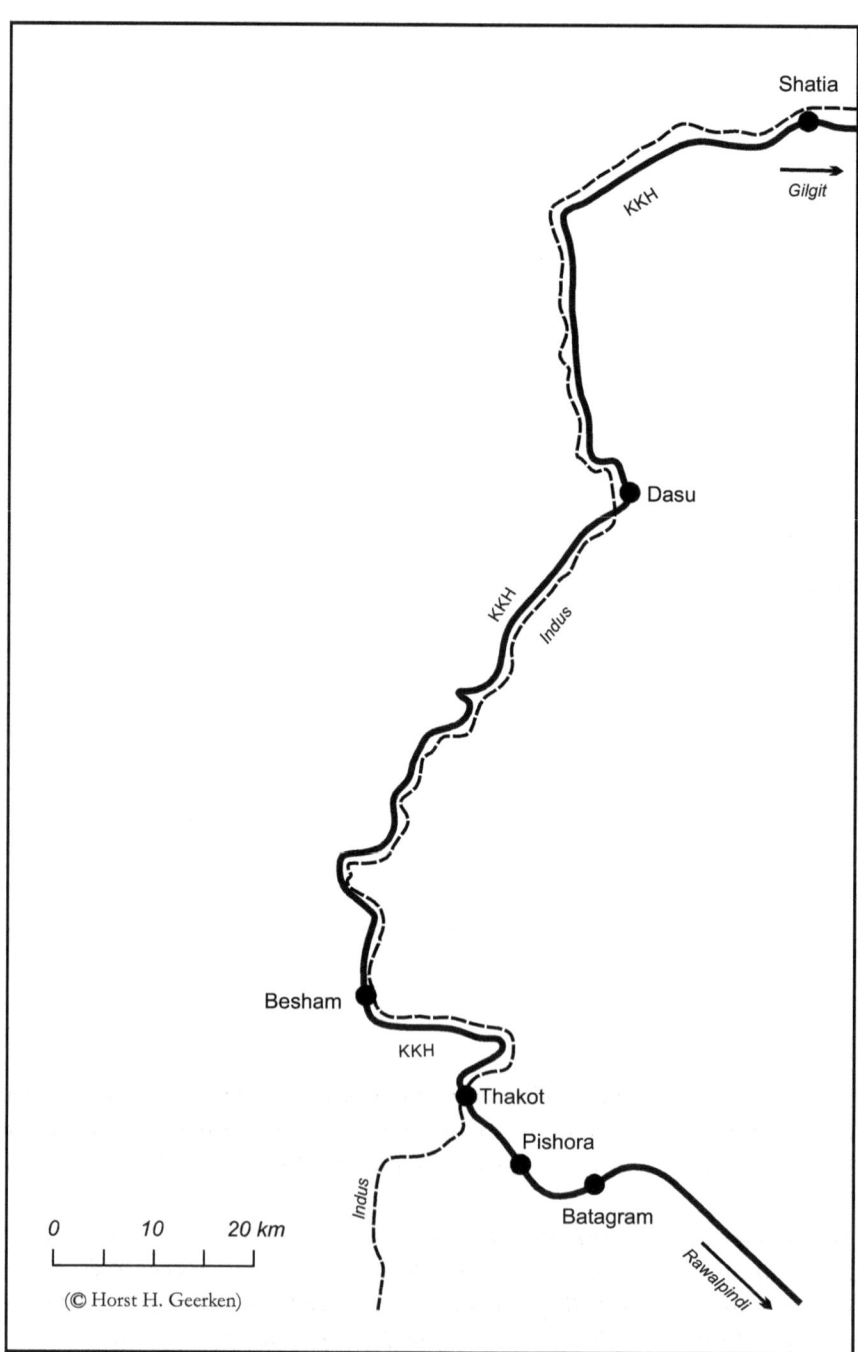

Hunderte von Inschriften und Bildern, die entlang des Indus in den Fels und
große Steine geritzt wurden, sind wie ein Gästebuch der Seidenstraße. In vielen Sprachen wird hier die wechselvolle Geschichte dieser Verbindung zwischen
China und dem Industal erzählt. Vom Industal aus gelangten früher die exoti-
schen Güter in den Rest der Welt.

Hinter Besham kommt der berühmte Kilometerstein am Rande des KKH:
Noch 975 Kilometer bis Kashgar! Ein Viertel der Strecke haben wir bewältigt.

Abb. 12: Noch 975 Kilometer bis Kashgar!
Abb. 13: Hängebrücke über den Indus

Aber zurück zu unserer Fahrt ab dem Moment, wo die Straße auf den Indus traf. Ab dort wurde sie wirklich unvorstellbar abenteuerlich und gefährlich. Man muss es gesehen haben! Eine wilde bedrohliche Gebirgslandschaft, die Straße nicht gesichert, auf der einen Seite steil abfallend – bis zu 150 Meter tief – zum Fluss, auf der anderen Seite ebenso steil aufsteigende Felswände zu den schneebedeckten Berggipfeln. Immer wieder kam man an Stellen, wo die Straße durch Erdrutsche zugeschüttet und einfach ein neuer Weg über den Erdrutsch geschaufelt worden war, der natürlich jeden Moment weiter abrutschen konnte. Jedes Mal, wenn wir über ein solches Stück fah-

Abb. 14: Hindernisse auf dem KKH
Abb. 15: Ab und zu konnte man die Straße nur noch erahnen

ren mussten, schickte ich schnell ein Stoßgebet gen Himmel! Und überall Steinschläge, aber die Steine, die dort herunter stürzen, sind eher mittlere Felsen. Einer, etwa so groß wie mein Wohnzimmer, muss kurz vor uns auf die Straße gekracht sein. Zum Glück war er so gefallen, dass wir uns mit dem Wagen gerade noch daran vorbeitasten konnten.

Immer wieder mussten wir größere und kleinere Bäche durchfahren, die einfach mit großem Gebrause über die Straße flossen, und man befürchtete jedes Mal, mit in die Tiefe gespült zu werden. Zweimal fuhren wir sogar mitten durch einen Wasserfall.

Unserem Fahrer waren vor allem die Steinschläge unheimlich. Er hing während der gesamten Fahrt förmlich über dem Lenkrad, um die Berge hinaufsehen zu können, ob von oben irgendetwas auf uns herabzustürzen drohte. Vermutlich war Steinschlag auf dieser Fahrt auch die größte Gefahr. Jedenfalls kam es uns wie ein Wunder vor, dass wir nicht getroffen wurden.

Schon am Vormittag hatten wir den schon 1200 Meter hoch gelegenen Ort Abottabad passiert. Die Menschen in den nicht allzu vielen Ansiedlungen wirkten inzwischen wie dem Alten Testament entsprungen. In Dasu, das wir am späten Nachmittag erreichten, wollten wir zuerst im Regierungs-Gästehaus, dem CW-Guesthouse etwas oberhalb von Dasu, das wir uns aus Horsts Reiseführer herausgesucht hatten, unterkommen,. Das Essen sollte hervorragend sein, von einem ausgezeichneten kohistanischen Koch. Aber das Gästehaus wirkte völlig unbewohnt, und der Verwalter war unten im Ort. Wann er zurückkehren würde wusste niemand so genau. Daher beschlossen wir, unten im Dorf Dasu – das übrigens die Distrikt Hauptstadt Kohistans ist, weshalb ein kohistanischer Koch auch sicher nichts Außergewöhnliches ist – im Hotel Arafat direkt am Indus ein Zimmer zu nehmen. Das Zimmer hatte einen schönen Blick auf den Fluss, war sauber, aber muffig, und Strom gab es erst abends. Aber wenn's im Auto erst ab dem 15. Mai Klimaanlagen gibt, ist es nur recht und billig, wenn es im Zimmer erst abends Strom gibt! Der Koch im Hotel war ein kaschmirischer, was ich bemerkenswerter fand als einen kohistanischen. Er bekochte uns hervorragend, aber danach brauchten wir einen doppelten Fernet Branca und einen Whisky gegen das überreichliche Fett im Essen. Gegen Mittag hatten wir schon in dem kleinen Ort Besham in einem sehr einheimischen Gasthaus gegessen. An solch große Mengen Fett im Dhal, Gemüse und Reis – sie machen nie weißen Reis, sondern nur so eine Art fettigen Pilaw – sind unsere Mägen nicht gewöhnt. Es schmeckte uns zwar sehr gut, aber hinterher hatten wir das Gefühl, einen Klumpen Fett im Bauch zu haben.

Abb. 16: Dasu in einer grauen, öden Landschaft

Abb. 17: Dasu, Hotel Arafat

Horst hatte in dieser Nacht in Dasu Probleme, zur Ruhe zu kommen. Zuerst war auf der Brücke über den Indus, an der unser Hotel lag, ein Lastkraftwagen außer Rand und Band. Der Fahrer hupte ununterbrochen, dann gab es im Restaurant unter uns großes Palaver, als sich zwei in die Haare bekamen. Als schließlich die Außenwelt zur Ruhe gekommen war, schnarchte ich! Ich bekam von den nächtlichen Ereignissen nichts mit. Das Letzte, was ich noch hörte, waren das Rauschen des Indus und die Donnerschläge der riesengroßen Felsbrocken, die laufend von den Bergen zu Tal stürzten, aber ansonsten schlief ich die ganze Nacht hervorragend! Horst hatte aber in dieser Nacht vom 2. auf den 3. Mai wilde Träume:

In der Nacht hatte es immer wieder stark geregnet, wie auch schon tags zuvor während unserer Autofahrt durch die Berge. Meine ersten Worte am Morgen waren: ‚Anita hat in der vergangenen Nacht einen gesunden Jungen geboren', und ich erzählte Annette meinen Traum: ‚Meine Nichte Anita lief mit einem ganz dicken Bauch im Zimmer auf und ab und hatte ein Glas in der Hand, aus dem sie immer wieder trank. Schließlich verschwand sie in ihrem Schlafzimmer. Kurz darauf kam sie lächelnd zurück und hatte ihren Jungen auf dem Arm und zeigte ihn mir'.

Der Traum war so realistisch, dass ich gleich eine Postkarte an Anita sandte, und am 21. Mai erhielten wir in Gulmit die Geburtsanzeige: Genau in dieser Nacht hat Anita ihren Jungen geboren!

Am nächsten Morgen, kurz nach 8:00 Uhr, fuhren wir weiter. Bis Chilas sollte die Strecke noch sehr durch Steinschlag gefährdet sein, und das sahen wir dann auch überall. Hier im Karakorum stoßen die eurasische und asiatische Platte aufeinander, und daher ist die Erde in diesem Gebiet so unruhig. Es ist schon grandios, durch diese Landschaft und auf dieser halsbrecherischen Straße zu fahren, aber mir war auch schon ganz schön mulmig dabei. Besonders wenn man über einen Bergrutsch, über eine Behelfsbrücke – weil die ursprüngliche weggerissen ist – oder um riesige Felsbrocken auf der Straße herum balancieren muss.

Chilas war früher ein gefährliches Räubernest. Heute ist es ein beliebter Handelsplatz, an dem sich mehrere Wege kreuzen. Hier trifft die Piste über den Babusar-Pass wieder auf den KKH. Hinter Chilas wurde das Tal dann weiter und man fühlte sich freier, auch unser Fahrer. Die Landschaft ist karg und unwirtlich und nur bei den Siedlungen sieht man grüne saftige Flecken. Es sind Oasen, die mit Wasser, das von den Gletschern durch Kanäle zu den Ansiedlungen geleitet wird, bewässert werden. Und nur da, wo eine Bewässerung möglich ist, findet man menschliche Siedlungen.

Kurz hinter Chilas stand plötzlich das Nanga-Parbat-Massiv in seiner vollen Größe und Pracht vor uns und erstrahlte in der Morgensonne. Es hatte sich aufgehellt und die Sonne zeigte sich endlich. Was für ein gigantischer Anblick! Man konnte den Blick nicht mehr von diesem Berg lassen. Die Tage zuvor hatte es immer wieder ziemlich stark geregnet, was die Fahrt nicht weniger unheimlich machte.

Wir kamen an eine Abzweigung mit dem Wegweiser ‚Fairy Meadows‘. Die berühmte Märchenwiese mussten wir kurz besuchen, und baten unseren Fahrer den Schotterweg hochzufahren, was er auch – wenn auch etwas widerwillig – tat. Die Märchenwiese liegt etwa 3500 Meter hoch im Rakhiot-Tal. Wenn man aus dem wüstenähnlichen Industal hier hoch kommt, wird man von blühenden Bergwiesen überrascht. Hier nahmen die vielen deutschen Nanga-Parbat-Expeditionen ihren Anfang. Das Basislager lag nur wenig höher, konnte aber nur noch zu Fuß erreicht werden.

Der Nanga Parbat – der nackte Berg – gehört mit seinen 8125 Metern Höhe zu den zehn höchsten Bergen der Welt. Die nach Süden gelegene Bergwand ist mit 4500 Metern die steilste und höchste der Erde. Der Nanga Parbat gilt unter Alpinisten als der am schwierigsten zu besteigende Berg. Viele Alpinisten und einheimische Träger sind hier ums Leben gekommen. Hier herrschen oft Temperaturen weit unter 0°C, und ständige Windböen um 100 km/h machen eine Besteigung fast unmöglich. Erfrierungen sind noch das kleinere Übel.

Ende der 1800er Jahre kam das Bergsteigen in England in Mode. In London wurde der erste ‚Alpine Club‘ der Welt gegründet. Der Brite Alfred Mummery war 1885 der erste Alpinist, der versuchte, den Nanga Parbat zu bezwingen. Im August brach er mit zwei Trägern auf. Alle drei wurden von einer riesigen Lawine begraben. Sie wurden nie gefunden.

Ab Juli 1932 gab es einige Erstbesteigungsversuche deutscher Alpinisten. Alle endeten in einer Tragödie. Auch der erfahrene deutsche Alpinist und Expeditionsleiter Willy Merkel kam in Schneestürmen ums Leben. 1934 starben vier deutsche Alpinisten mit sechs einheimischen Sherpas am Berg. Es wurden nur Höhen von etwas über 7000 Metern erreicht.

Nachdem 1936 die Deutsche-Himalaya-Stiftung gegründet wurde, startete 1937 die dritte Nanga-Parbat-Expedition des Dritten Reichs unter der Führung des Münchners Karl Wien mit einer Mannschaft von erfahrenen Bergsteigern. Am Fuße des Nanga Parbat wurde eine Gedenktafel für die getöteten Bergsteiger der Merkel-Expedition angebracht. Auch die Expedition unter Karl Wien endete in einem Desaster. Sieben deutsche Bergsteiger und neun Sherpas wurden unter einer Lawine begraben. Die überlebenden Sherpas flüchteten ins Tal. Sie waren sich sicher, dass die Berggöttin Peri wieder zugeschlagen hatte. Karl Wien und die meisten Expeditionsmitglieder waren tot, nur die beiden im Lager verbliebenen Wissenschaftler Uli Luft und der Bonner Professor Karl Troll überleben.

Abb. 18: Der Nanga Parbat¹³
Abb. 19: Die Märchenwiese¹⁴

13 https://commons.wikimedia.org/wiki/File%3ANanga_parbat_abdul_rafey.jpg
14 Copyrighted for free use by https://en.wikipedia.org/wiki/Fairy_Meadows#/me-
dia/File:Nanga_parbat,_fairy_medow,_Pak_by_gul791.jpg

Der Münchner Bergsteiger Paul Friedrich Peter Bauer war Major der Gebirgs-jäger und die leitende Persönlichkeit des nationalsozialistischen Bergsports. Er hatte bereits Erfahrung im Himalaya durch Expeditionen in den Jahren 1929 und 1931 zum Kanchenjunga, dem mit 8586 Metern dritthöchsten Berg der Welt.

Als die Nachricht von der gescheiterten Nanga-Parbat-Expedition Deutsch-land erreichte, organisierte Bauer mit zwei weiteren erfahrenen Bergsteigern eine Such- und Rettungsaktion, die aber wegen des Wintereinbruchs erst im nächsten Sommer durchgeführt werden konnte.

Von der Deutschen Luftwaffe wurde ihnen eine Junkers Ju 52 zur Verfügung gestellt. Sie sollten versuchen, möglichst nahe an den Unglücksort heranzukom-men. Der Flugkapitän war der ebenfalls erfahrene Bergsteiger Lex Thoenes. Auch er hatte bereits Erfahrung im Himalaya gesammelt. In der Nähe von Lahore musste die Maschine wegen eines Leitwerksschadens notlanden. Die Gruppe um Bauer begann von hier einen Fußmarsch zum Nanga Parbat. Zum Schutz wurden sie von einer Anzahl britisch-indischer Soldaten begleitet. Nach der Reparatur flog die Ju 52 nach Srinagar in Kaschmir. Von hier aus führte Lex Thoenes einen Versorgungsflug zum Hauptlager am Nanga Parbat durch. Die Güter wurden abgeworfen und konnten auch geborgen werden. Es war das erste Mal, dass am Nanga Parbat ein Flugzeug für den Nachschub eingesetzt wurde.

Bauer machte drei Bergungsversuche. Er fand die Verunglückten in einem Eissarg mehrere Meter unter dem Schnee. Auch im Lager der Merkel-Expedition konnte er einige Leichen bergen. Bauer hatte jedoch den Gipfel des Nanga Par-bat nicht erreicht.

Eine erneute Expedition mit Heinrich Harrer und Peter Aufschnaiter wurde vom Zweiten Weltkrieg überrascht. Da sich die beiden auf dem Gebiet des da-maligen Britisch-Indiens befanden, wurden sie im Lager Dehra Dun in Nord-indien interniert. Darüber und über ihre Flucht nach Tibet habe ich in meinem Buch ‚Hitlers Griff nach Asien‘[15] berichtet.

Erst 1953 gelang Hermann Buhl in einem 41stündigen Alleingang die Erst-besteigung. Der Halbbruder von Willy Merkel, der Münchner Arzt Karl Maria Herrligkoffer leitete zwischen 1953 und 1975 acht weitere Expeditionen zum Nanga Parbat, bei denen es weitere menschliche Verluste gab. Erst 1970 gelang den Brüdern Messner eine zweite Besteigung, bei der der Bruder von Reinhold Messner beim Abstieg ums Leben kam. 1978 bezwang Reinhold Messner den Berg ein zweites Mal, diesmal im Alleingang. 2013 wurden im Basislager elf Bergsteiger von Taliban-Terroristen erschossen.

15 Band 1, Seite 216f

Bei so vielen Tragödien ist es kein Wunder, dass der Nanga Parbat, der einzige Achttausender im West-Himalaya, als ‚Schicksalsberg der Deutschen' und als ‚Killer-Berg' in die Geschichte einging.

Als mein Bruder Hartmut im Mai 1974 das Hunzatal besuchte, fand er in einem kleinen Kiosk in Karimabad eine ganze Menge Packungen deutscher Eiernudeln mit der Aufschrift ‚NANGA PARBAT EXPEDITION HERRLIGKOFFER'. Herrligkoffer war zwischen 1964 bis 1972 mehrmals am Nanga Parbat. Vermutlich waren die Teigwaren Restbestände von der 1972 stattgefundenen Expedition, denn die Nudeln waren für meinen Bruder eine willkommene Abwechslung im Speiseplan und sie schmeckten ihm noch hervorragend.

Auf der Märchenwiese stehen heute Holzhütten und Zelte, die gemietet werden können. Da die Saison gerade erst begann, waren wir die ersten Ausländer, die hier erschienen. Wir wären gerne länger an diesem geschichtsträchtigen Ort geblieben, aber unser Fahrer drängte. Er wollte noch bei Tag Gilgit erreichen. In einer Gedenkminute gedachten wir der vielen hier verunglückten Alpinisten und pakistanischen Träger.

Wir genossen noch die unendliche Stille und die grenzenlose Schönheit dieses Ortes, obwohl es nun wieder leicht regnete und der Himmel wieder bedeckt war. Dann ging es weiter! Immer wieder trafen wir auf buddhistische Bilder und uralte Felszeichnungen, die buddhistische Pilger und Händler auf der Seidenstraße hinterlassen hatten. Ähnliche Felszeichnungen hatte ich bereits in Ladakh, Westtibet, gesehen, obwohl dort keine der Seidenstraßen verlief.

Zwanzig Jahre lang haben etwa 10 000 chinesische und 15 000 pakistanische Arbeiter unter extremen klimatischen Bedingungen die schwierigste Straße der Welt aus den fast senkrechten Felswänden geschlagen. Im Industal herrscht im Sommer extreme Hitze, in den Passregionen aber entsetzliche Kälte. Fast 1000 Menschen kamen bei den Arbeiten ums Leben, bis der gesamte KKH endlich 1986 dem Verkehr übergeben werden konnte. Teile des KKH wurden bereits 1982 eröffnet und konnten von da an ohne Erlaubnis von Einheimischen befahren werden. Es ist eine zweispurige Fernstraße durch eine menschenfeindliche Landschaft, die auf einer Strecke von rund 1300 Kilometern entlang der Gebirge Karakorum, Hindukusch, Pamir und Himalaya Pakistan über das Hunzatal mit dem Westen Chinas verbindet. Die Straße ist nur im Sommer befahrbar. Am Khunjerab-Pass, der Grenze zwischen Pakistan und China, erreicht die Straße mit knapp 5000 Metern den höchsten Punkt. Der Khunjerab-Pass ist der höchste befestigte Pass, und der KKH die am höchsten gelegene Fernstraße

Abb. 20: Der KKH bis Gilgit

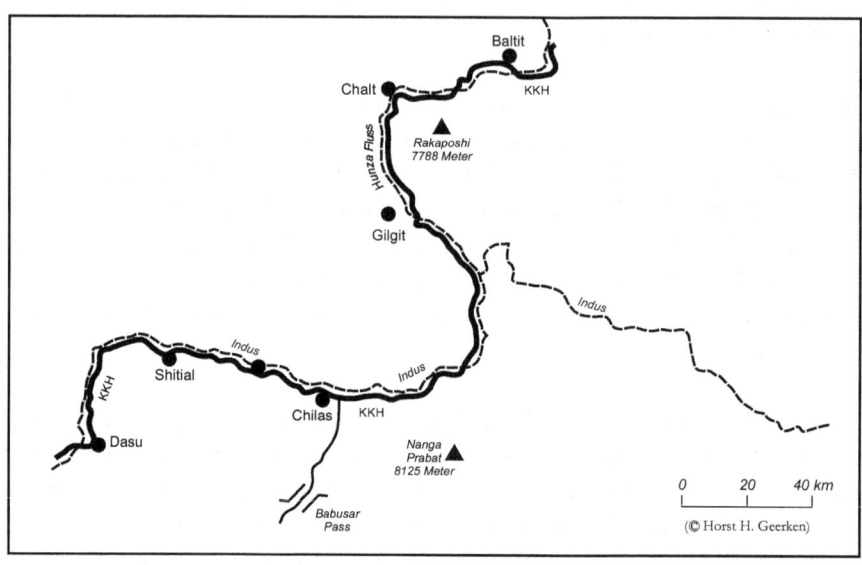

der Welt. Der KKH ist nicht nur ein gigantisches Werk, es wird auch ein großes Abenteuer bleiben, die Straße zu erhalten.

Welchen Zweck soll diese Straße, die so viele Menschenleben und Mühsal gefordert hat, erfüllen? Der Handel über diese Grenze ist bis heute minimal. Von Pakistan nach China werden Zigaretten, die in Kashgar so beliebten bunten Stoffe, Trockenfrüchte, medizinische Produkte und so weiter transportiert, von China nach Pakistan Werkzeuge, Fahrräder, Elektrogeräte, Tee und Kohle. Wegen der regelmäßigen Blockaden durch Erdrutsche, Überflutung oder abgestürzte Felsbrocken hat die Straße eher eine untergeordnete militärische und strategische Bedeutung. Der KKH ist eher als ein Symbol der chinesisch-pakistanischen Freundschaft gedacht, als Antwort auf die indisch-russische Annäherung. Die Straße ermöglicht allerdings die von Peking schon lange gewünschte Durchfahrt von China zum indischen Subkontinent und zum Indischen Ozean. Sie intensiviert die lebendigen und guten Beziehungen zwischen Pakistan und China. Aber Erdrutsche und Steinlawinen blockieren oft tagelang die Durchfahrt. Hier kollidieren die Kontinente, die indische Platte schiebt sich unter die eurasische Platte. Der Fels ist dauernd in Bewegung. Diese gewaltigen Kräfte lassen die Berge fünf bis zehn Millimeter pro Jahr anwachsen, mehr, als durch die Erosion weggewaschen wird.

Zusätzlich wehrt sich die von den mächtigen Sprengungen verletzte Natur. Täglich poltern riesige Felsbrocken auf die Straße, Erdrutsche reißen ganze Straßenteile mit sich in die Tiefe. Die Einheimischen sagen, durch die Sprengungen seien die steilen Bergflanken instabil geworden. Anfangs gab es eine Rebellion der Hunzukutz gegen die chinesischen Bauarbeiten. Sie protestierten, weil fremde Kräfte in ihre Bergwelt eindrangen.

Immer und überall wird gearbeitet, von Hand mit der Schaufel, aber auch mit großen Geräten. Schutt- und Steinschlag wird beiseite geräumt, eine neue Fahrspur auf dem Geröll zusammengeschoben. Der KKH ist eine Straße durch extremstes Hochgebirge und durch eine Stromtalkultur mit hängenden Gärten und hängenden Straßen an den drohend steilen Berghängen. Oft sieht es aus, als wenn kleine grüne Flicken aus einem überaus fruchtbaren Land herausgeschnitten und an die Steilhänge dieser kahlen Hochwüste geklebt worden wären. Wie kommt man da nur hinauf? Anscheinend lernen die Menschen hier zuerst das Klettern und dann erst das Gehen.

Nach jeder Kurve tauchen neue atemberaubende Schneegipfel auf. Hoch oben an den Steilhängen verlaufen die bis zu 80 Kilometer langen in den Fels gemeißelten Wasserkanäle, die das Wasser von den Gletschern zu den Dörfern und Feldern bringen. Die Wasserkanäle kann man nur an den schmalen Streifen wilder grüner Vegetation erkennen, die erst durch das Gletscherwasser möglich wird.

Der KKH wird nie fertig sein. Oft hatte ich das Gefühl, dass die Menschen gegen die Urgewalt der Berge nicht mehr ankommen, dass es in zwanzig oder dreißig Jahren diese Straße nicht mehr geben wird. Ein einziger großer Erdrutsch genügt und die abenteuerlichste Hochstraße der Welt ist unterbrochen, für Tage, für Wochen. Die Natur bleibt stärker. Sie wird Sieger sein.

Kurz hinter Jaglot biegt der Indus nach Osten ab in Richtung Skardu. Wir verließen nun den Indus und folgten dem Hunza-Fluss weiter nach oben. Kurz danach passierten wir ein beeindruckendes Monument. Hier treffen die Gebirge Karakorum, Hindukusch und Himalaya aufeinander, und in nächster Umgebung befinden sich drei der höchsten Berg der Welt, der K2, mit 8611 Metern der höchste Berg im Karakorum und der zweithöchste der Welt, der Nanga Parbat, mit 8125 Metern der einzige Achttausender im Westhimalaya, und der Tirich Mir, mit 7708 Metern der höchste Berg im Hindukusch.

Oben auf dem Monument befindet sich eine Aussichtsterrasse. Von hier hat man einen grandiosen Ausblick auf die schneebedeckten Gipfel der Ge-

birgswelt. Leider war das Wetter noch nicht viel besser geworden. Die Wolken hingen immer noch tief. In großen Buchstaben steht an dem Monument geschrieben:

'THE JUNCTION POINT OF THREE GREATEST MOUNTAIN RANGES OF THE WORLD'

Und dann wird auf einer Tafel noch folgendes erzählt:

'THE KARAKORUM, THE HINDUKUSH AND THE HIMALAYAN RANGES MEET HERE AT THE CONFLUENCE OF THE INDU AND GILGIT RIVERS. EAST ACROSS THE INDUS IS THE HIMA-LAYA, KARAKORUM IN THE NORTH AND IN THE WEST THE HINDUKUSH.
THE HIMALAYA IS ABOUT 2400 KM LONG, RUNS TROUGH IN-DIA, PAKISTAN, CHINA, BHUTAN AND NEPAL. THE KARAKO-RUM, 500 KM LONG, LIES MOSTLY IN GILGIT-BALTISTAN OF PAKISTAN. THE 966 KM LONG HINDUKUSH RANGE STRAD-DLES BOTH PAKISTAN AND AFGHANISTAN.'

Der KKH ist durch häufige Erdrutsche an den schroffen Berghängen nur selten durchgehend befahrbar. Im Jahr 2010 gab es einen großen Erdrutsch bei Atta-bad, der den Hunza-Fluss blockierte. Dadurch wurde der 27 Kilometer lange Attabad-See gebildet, den man nun auf einfachen Fähren überqueren muss. Da man die Stabilität des durch den Erdrutsch gebildeten Damms bezweifelt, befinden sich rund 15 000 Menschen in 36 Dörfern flussabwärts in großer Gefahr.

Nachmittags, nach 16:00 Uhr kamen wir in Gilgit an, hellauf begeistert von der Fahrt über den ersten Teil des KKH, aber auch froh, dass wir diese gefährliche Fahrt auf dem Rückweg nicht noch einmal machen würden. Wir werden zurück fliegen. Unser Fahrer hat sich, nachdem er uns abgela-den und sein Trinkgeld kassiert hatte, gleich wieder auf die Rückfahrt nach Rawalpindi und Islamabad begeben.

Hier beginnt nun der Bereich des sogenannten Pamir-Knotens, der im vorletzten Jahrhundert der Mittelpunkt der Machtinteressen Englands und Russlands, aber auch von China war.

Abb. 21: Für einen Ingenieur ist so eine Brücke über den Indus immer etwas Besonderes

Abb. 22: Hier treffen die höchsten Gebirgsketten der Welt zusammen

Abb. 23: Straße in Gilgit

Abb. 24: Obst- und Gemüseverkäufer

In Gilgit sind wir im Hunza Inn untergekommen, einfach und so sauber, wie man es eben in Pakistan erwarten kann. Der ganze Stolz des Hotels ist der Teppichboden, aber einen Staubsauger hat man hier noch nie gesehen! Das Bad mussten wir erst einmal putzen lassen, aber dann fühlten wir uns recht wohl. Der Besitzer, Abdullah Baig, ist sehr hilfsbereit, und seit er gehört hat, dass wir kein Fleisch essen, können wir ihn kaum davon abhalten, uns Pommes Frites zu machen! Die hält er scheinbar für das Non-Plus-Ultra im Leben eines Vegetariers! So entgingen wir dem gestern nur, da wir auf unserer Wanderung durch den Bazar zu einem Hotel namens ‚Ibex‘ kamen. Wir gingen hinein, weil wir uns alle möglichen kleinen Hotels auf unserer Erkundungstour angesehen hatten. Es war düster, verkommen, dreckig, und plötzlich ein Licht am Ende eines dunklen Ganges: Das Restaurant! Die Angestellten waren furchtbar freundlich: Das Hotel würde derzeit renoviert und man könne daher dort nicht wohnen, aber essen könne man, sagten die Angestellten. Das Restaurant war hell und freundlich, die Tischdecken allerdings ziemlich dreckig – man hätte sie vielleicht in die Renovierung mit einbeziehen sollen, aber so kleinlich sollte man ja nicht sein. Es saßen eine ganze Reihe Einheimischer dort. Der Tee, den man uns servierte, war heiß und schmeckte. Also aßen wir dort ein Spinatgericht mit Chapati, das hervorragend war und uns auch nicht umgebracht hat. Auf dem Heimweg kauften wir noch Obst, und hier im Hotel bekamen wir auch noch Joghurt. So entgingen wir gestern den Pommes Frites, aber heute haben wir hier Abendessen bestellt – mal sehen, ob es die unumgänglichen Pommes Frites gibt, oder ob Horst den Besitzer davon überzeugen konnte, uns nur Gemüse und Reis zu servieren.

Heute Mittag haben wir im Bazar Gurken, Zwiebeln, Knoblauch, Joghurt und frisches, heißes Fladenbrot geholt, und zum Erstaunen der Einheimischen hier im Hotel einen Gurkensalat mit Fladenbrot gemacht. Es hat ganz toll geschmeckt. Schon nach wenigen Tagen hier hat man das Bedürfnis nach etwas Frischem und nicht so Fettreichem. Und so können wir nun auch unseren Abendessen gelassen ins Auge sehen!

Im Gegensatz zu andern Märkten in Pakistan mussten wir hier nicht feilschen. Wir bekamen immer den Preis, den auch die Einheimischen bezahlen mussten. Uns wurde sogar, auch wenn wir nichts einkauften, immer heißer Tee und Gebäck angeboten. Von Edelsteinen über getrocknetes Obst, Gebrauchsporzellan und Blumen bis zu chinesischer Seide fand man fast alles. Das Angebot war reichlich. Durch den KKH wurde der einst wichtige Umschlagplatz Gilgit an der Seidenstraße für den Handel mit China erneuert.

Abb. 25 und 26: Auf dem Markt

Eigentlich wollten wir erst heute, am 6. Mai, ins Hunzatal fahren, aber nun sind wir schon seit gestern Abend hier und können erst jetzt unsere Erlebnisse in Gilgit festhalten. Es kam wieder alles anders als geplant. Gestern Morgen haben wir mit unserem Wirt Abdullah Baig eine Rundfahrt um Gilgit herum gemacht. Es war wunderschön, so richtig idyllisch und dörflich. Wir sahen den Kagah-Buddha hoch oben in den Fels gemeißelt, und spazierten an einem der Kanäle entlang, die das Wasser von den Gletschern in die Oasen leiten. Der Kagah- oder Gilgit-Buddha ist etwa drei Meter hoch, und um ihn herum sieht man in regelmäßigen Abständen Löcher in den Felsen gemeißelt, aber auch zwischen den Löchern ist rund um den Buddha der Felsen ausgemeißelt. Für diese Ausmeißelungen gibt es laut Abdullah Baig zwei Erklärungen: Erstens, um den Buddha befand sich früher ein Holzschrein, und zweitens, die Engländer haben den Versuch unternommen, den Buddha aus dem Felsen zu entfernen, um ihn ihren Museen einzuverleiben.

Auf der Fahrt kamen wir auch am englischen Friedhof vorbei. Wir wollten ihn besuchen, aber unser Abdullah Baig winkte direkt mit den Worten ab: ‚You don't have to see that, the British people have been very cruel to us'. Man sieht, das Verhältnis zu den Engländern scheint nach wie vor gestört zu sein!

Zum Schluss der Rundfahrt ließen wir uns bei der Post in Gilgit absetzen, um Briefe und Postkarten abzuschicken. Die Post erschien mir erst völlig unorganisiert – das war sie wohl auch –, aber bei näherem Hinsehen entdeckten wir einen Mann, der Briefmarken vor sich liegen hatte. Das brachte uns schon ein Stück weiter. Nachdem wir alle Post mit Briefmarken bestückt hatten und unsere Finger auch zusammenklebten, fanden wir niemanden, der uns unsere Post abnahm, um sie zu stempeln! Endlich begriffen wir, was man wiederholt versucht hatte, uns mit Händen und Füßen klarzumachen: dass wir außen um die Post herum mussten. Hinter der Post gab es so eine Art Stalltüre, durch die wir hindurch mussten und hinter der sich ein finsteres Loch verbarg. Als unsere Augen sich an die Dunkelheit gewöhnt hatten, sahen wir am Ende des Raumes einen Mann, der in einem unvorstellbaren Wust von Briefen herumwühlte und tatsächlich unsere Post entgegennahm und sogar abstempelte! Ob sie aber jemals ankommt?[16] Wir wollten auch gerne ein Fax schicken, aber da haben wir erfahren, dass die grundsätzlich niemals den Empfänger erreichen.

---

16 Sie kam an, meist gehen ja die unwahrscheinlichsten Dinge in Erfüllung!

Abb. 27: Mit Abdullah Baig unterwegs über dem Industal

Abb. 28: Entlang der Wasserkanäle

Als wir nach dieser Aktion in unserem Hotel Hunza Inn ankamen, wartete Abdullah Baig sehnsüchtig auf uns, um uns mitzuteilen, dass wir schon am selben Tag nach Karimabad abreisen müssten, da für den nächsten Tag religiöse Unruhen erwartet würden. Dass ein hohes islamisches Fest bevorstand, an dem sich die sunnitischen und schiitischen Geister scheiden, war uns bekannt, allerdings hatte es zuerst geheißen, dass es frühestens einen Tag später, also an dem Tag, an dem wir sowieso nach Karimabad abreisen wollten, ungemütlich werden sollte. Solche mit blutigen Auseinandersetzungen zwischen Sunniten und Schiiten verbundenen religiösen Feste gibt es immer wieder in Gilgit, und man kann dann als Tourist das Hotel nicht verlassen oder den Karakorum Highway befahren. Man ist gezwungen abzuwarten, bis sich die Gemüter wieder beruhigt haben.

Unseren Wirt und neuen Freund Abdullah Baig, der uns offensichtlich so ins Herz geschlossen hatte, dass er aufrichtig um unser Wohl besorgt war und immer bemüht, uns bei allem zu helfen, hatten wir schon am Tag zuvor um Rat wegen einer Transaktion gefragt, die wir im Auftrag von einem Freund von Rosinys ausführen wollten. Wir sollten Geld für die Schulausbildung eines Jungen in ein Dorf namens Hussainabad bringen.

Der Bekannte von Rosinys hatte mit Freunden eine Trekkingtour im Hunzatal gemacht, und der Vater des Jungen, den er seitdem förderte, war auf dieser Tour ihr Koch gewesen. Es war alles etwas kompliziert, denn da gab es noch einen Lehrer, der aber nicht ganz durchsichtig sein sollte, und dem die Spender des Geldes zutrauten, dass er das Geld, wenn er es in die Hand bekäme, in die eigene Tasche stecken würde. Also fragten wir Abdullah Baig nach dem Ort Hussainabad und wie wir uns am besten verhalten sollten.

Und wie der Zufall so spielt stammte Abdullah Baig aus dem Dorf Hussainabad. Er kannte den Koch und auch den Lehrer, den auch er für nicht vertrauenswürdig hielt. Also beschloss er sofort, uns nach Hussainabad zu bringen, um uns bei der Regelung der Geschäfte behilflich zu sein. Da wir nun einen Tag früher los mussten, waren wir erst besorgt, ob Abdullah Baig auch mit uns kommen könne, aber das war dann für ihn eine Selbstverständlichkeit. Er ist sowieso eher ,feingeistig' als kaufmännisch interessiert, wie man an seiner Hotelführung unschwer erkennen kann! Im Garten sitzen und sich mit Freunden oder auch Gästen – wenn er sie mag – zu unterhalten, das liegt ihm sehr viel mehr, als das Hotel in Ordnung zu halten. Auch ist er Mitglied in der geologischen Gesellschaft und hat uns sehr viele interessante geologische Informationen gegeben.

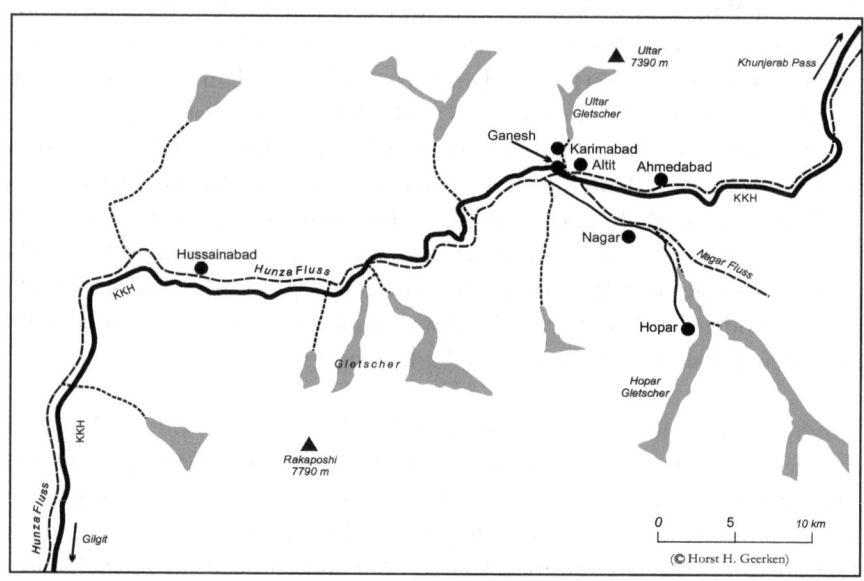

(© Horst H. Geerken)

5. Ins Hunzatal von Gilgit nach Karimabad

Um 14:00 Uhr ging's los. Die frisch gewaschene und noch nasse Wäsche wurde in Plastiktüten verstaut. Wir waren in Eile loszukommen, aber den immer wieder angedrohten Pommes Frites aus Abdullah Baigs Küche konnten wir doch nicht entwischen. Er schickte den Boy mit einem Teller voller fettiger Fritten, einer Schüssel mit Dhal[17] und einem Fladenbrot zu uns: Geschenk des Hauses! Das Dhal wollten wir eigentlich am Abend vorher haben, aber da hatte der Koch es vergessen, und das Fladenbrot hatten wir zum Frühstück bestellt, aber da war es auch vergessen worden. Zur Freude des edlen Spenders aßen wir die ganzen Fritten auf und bestärkten ihn dadurch noch in der Ansicht, dass der Himmel auf Erden eines Vegetariers nichts anderes als Fritten sind! Aber er ist wirklich ein sehr witziger und gewitzter Kerl, auch wenn sein Hotel im Chaos versinkt und empfindlicheren Reisenden nicht zu empfehlen ist. Aber nach Fladenbrot, Fritten und Dhal stand unserer Abreise nichts mehr im Wege.

Die Fahrt war wieder atemberaubend. Zunächst kamen wir in der Nähe von Gilgit an die Stelle, wo sich die beiden reißenden Flüsse Gilgit und Hunza vereinigen. Es ist ein schäumendes Wasserinferno mit tausend Strudeln. Ein Schwimmer hätte hier keine Chance. Schon die Einfahrt ins Hunzatal war ein grandi-

---

17 Ein scharfes Linsengericht

oses Erlebnis. Noch Ende des 19. Jahrhunderts konnte man das Hunzatal nur auf einem schmalen und gefährlichen Pfad über einen 4000 Meter hohen Pass und schwankende behelfsmäßige Seilbrücken erreichen. Nun erreichten wir eine schmale hölzerne Hängebrücke über eine tiefe Schlucht, die direkt zu einem dunklen Loch in der gegenüberliegenden steilen Felswand führte. Die schmale, im Wind schwankende Hängebrücke sah nicht besonders vertrauenerweckend aus. Und die sollte unseren Suzuki-Kleinbus tragen? Annette wollte schon aussteigen, aber Abdullah Baig beruhigte sie. Er hätte schon viele Male diese Brücke befahren.

Als wir auf der Brücke waren, sah sie gar nicht mehr so baufällig aus, aber sie schwankte im Wind beängstigend hin und her. Die klappernden Planken des Brückenbodens sahen sogar ziemlich neu aus. Langsam tastete sich der Minibus auf der schmalen Fahrbahn voran, bis wir das dunkle Loch erreichten. Dort hatten wir wieder festen Boden unter den Füßen.

Der wie eine Felshöhle in den Berg gemeißelte Pfad, ein dunkler schmaler Gang, wand sich in weiten Serpentinen steil nach oben. Der Durchbruch durch den Berg war so klein, dass zwischen den Seiten und dem Dach des Kleinbusses nur wenige Zentimeter Platz blieben. Annette schloss die Augen. Ihr war bei diesem Abenteuer nicht wohl. Als wir am Ende wieder ans Tageslicht kamen, waren wir im Hunzatal, das sich breit und zunächst karg vor uns ausbreitete.

Hunza ist eine andere Welt mit einer wilden Landschaft! Wir treffen auf freundliche, aufgeschlossene Menschen. Es ist eine Wohltat nach den finster blickenden Mienen der Kohistanis, die Fremde gar nicht schätzen.

Schon im Industal bewunderten wir Felszeichnungen, aber hier, gleich nachdem wir das Hunzatal erreicht hatten, war der Boden übersät von Felsbrocken mit prähistorischen Zeichnungen von menschlichen Figuren, Jagdszenen, Tieren, Sonnenscheiben, Dämonen und Gottheiten. Besonders häufig sahen wir Zeichnungen von Hirschen, obwohl es im Indus- und Hunzatal keine Hirsche gibt. Die Felszeichnungen waren ein kulturelles Kommunikationsfeld seit den frühesten Wanderungen in dieser Region. Sie zeigen eine überwältigende ethnische und kulturelle Vielfalt. Das extrem trockene Klima hat die Kunstwerke konserviert und über viele Jahrhunderte erhalten. Man entdeckte vergessene Sprachen und Literaturen. Überraschend war die elegante Linienführung der Tierzeichnungen. Auch sahen wir Pferde mit und ohne Reiter, einen Buddha auf einer Lotusblüte und Sonnensymbole. Wie uns Abdullah Baig sagte, gehen einige Figuren bis ins 3. Jahrtausend v.Chr. zurück. Viele Darstellungen und Schriften können bis heute noch nicht gedeutet werden.

Abb. 30 und 31: Der Zugang zum Hunzatal

Abb. 32: Karg und trocken empfängt uns das untere Hunzatal

Abb. 33.1: Felszeichnungen bei Gilgit

33.2 und 33.3:
Felszeichnungen
bei Gilgit[18]

18 Am Ende des Buches sind weitere Fotos von Felszeichnungen in schwarz/weiß, die
   Hans Bräker bei seiner Reise im Jahr 1976 aufgenommen hatte, Abb. 132-135

Seit Ende der 1970er Jahre beschäftigen sich deutsche Ethnologen mit der Deutung dieser Felszeichnungen. Diese Forschungen eröffneten eine neue Quelle zur Auslegung der Lokalgeschichte und liefern wichtige Beiträge zur Erforschung der innerasiatischen Verkehrswege, der Seidenstraßen.[19]

Unser Fahrer, ein 17jähriger junger Mann aus Karimabad, schaute immer die Berge hinauf, um zu sehen, ob uns vielleicht gerade ein herabstürzender Fels erschlagen wollte. Ich hatte etwas Angst, dass er – wie auf der Fahrt morgens durch Gilgits Umgebung – immer bergab den Motor ausstellen würde, um Benzin zu sparen. Aber zum Glück tat er das auf dieser halsbrecherischen Straße nicht. Er war ein ausgezeichneter Fahrer, obwohl er erst 17 Jahre alt war und noch keinen Führerschein besaß. Abdullah Baig wurde deshalb bei jedem Polizisten, dessen wir ansichtig wurden, unruhig, denn wenn wir kontrolliert worden wären, hätte er Strafe zahlen müssen.

Auf der gegenüberliegenden Flussseite konnte man immer wieder Reste der alten Straße erkennen. Eigentlich ist es nur ein schmaler Pfad, der an die fast senkrecht abfallenden Felsen geklebt wurde. Es sind Reste der alten Seidenstraße. Immer wieder sah ich Bautrupps, die diesen alten Karawanenpfad ausbesserten und wieder begehbar machen wollten. Dieser schmale Pfad ist aus der Ferne nur als eine leichte Einritzung in die steilen Felswände erkennbar. Dieser Weg wäre nichts für uns! Annette ist nämlich nicht schwindelfrei.

Manch kleine Siedlung hängt hoch oben auf einem winzigen Plateau in den Steilwänden. Jeder freie Quadratmeter wird für den Anbau von Mais oder Getreide kultiviert. Zur Begrenzung der Felder an den Steilwänden blühen bunte Blumen. Sie dienen dem Bauern als Warnung, dass hier der Abgrund beginnt. Nur ein schmaler halsbrecherischer, in den Fels gemeißelter Pfad verbindet die Ansiedlung mit dem Tal. Hier ist alles Bergsteigerei. Die Hunzukutz müssen klettern können wie Bergziegen.

Auf einmal kam sämtlicher Verkehr zum Erliegen: ein Erdrutsch! Aber die Armee war schon in Aktion und räumte mit einem gewaltigen Schaufelbagger die Straße. So früh hatten wir einen Bergrutsch gar nicht erwartet.

19 Dieses Vorhaben wurde – wie auch die Expeditionen von 1955, 1964, 1973 und 1975 – finanziell durch die ‚Deutsche Forschungsgemeinschaft DFG‘ unterstützt. Das Ergebnis kann sich sehen lassen: Es wurden rund 1500 Inschriften und 10 000 Felszeichnungen entdeckt [Karl Jettmar, *Zwischen Gandhara und den Seidenstraßen, Entdeckungen deutsch-pakistanischer Expeditionen 1979 – 1984*, Mainz, S.10]. 1984 wurde dieses Langzeitprojekt der ‚Heidelberger Akademie der Wissenschaften‘ anvertraut.

Ein Schweizer, der aus Karimabad gekommen war und am Mittag in unser Hotel in Gilgit eingezogen war, hatte uns nämlich von einem riesigen Bergrutsch etwa eine Stunde von Gilgit entfernt berichtet, über den man mühsam hinweg klettern müsse und der sicher in drei Tagen noch nicht geräumt sei. Da kannte er die pakistanische Armee aber schlecht! Als wir Stunden später dorthin kamen, war die Straße grob geräumt und es war zwar noch sehr schwierig, aber wir kamen mit dem Wagen durch.

Regelmäßig werden durch Eis, Sonne und Regen riesige Schuttmassen die steilen Bergflanken hinab gerissen, die den KKH verschütten und für Tage und Wochen unpassierbar machen. Hunderte Bauarbeiter und Kraftfahrzeuge wurden entlang des KKH bereits begraben.

Gegen 16:00 Uhr kamen wir zu der Abzweigung nach Hussainabad. Das war der richtige Weg für mich! Ich saß immer vorne, weil die Männer hinten saßen. Es ging natürlich in dem islamischen Pakistan nicht, dass eine Frau mittendrin zwischen den Männern sitzt: Moral muss sein! Aber so sah ich immer, was auf uns zukam. Wir mussten über eine äußerst bedrohlich wirkende Hängebrücke, zu der ein steil abfallender Trampelpfad aus Lehm und Steinen führte, auf dem ich schon Angst hatte, wir könnten ins Rutschen kommen. Die Hängebrücke selbst mussten Horst und Abdullah Baig erst einmal ‚niederschwingen‘, weil der Wind sie so hochdrückte, dass der Wagen nicht über die Stufe hinaufkommen konnte. Es dauerte eine ganze Weile, bis wir die pendelnde Brücke soweit heruntergedrückt hatten, bis die Vorderräder unseres Fahrzeugs die Planken der Brücke fassen konnten.

Nachdem wir dieses schwankende Ding hoch oben über dem brodelnden Hunza-Fluss überquert hatten, mussten wir noch ein Stück die alte Hunza-Straße entlang fahren, die überhaupt nicht befestigt ist, sondern nur aus dem Abhang herausgebrochen oder durch aufgeschichtete Steine befahrbar gemacht wurde. Rechts ging es eine Steilklippe fast senkrecht hinunter zum reißenden Fluss, links genauso steil bergauf. Da braucht sich niemand zu wundern, dass mir die wunderschöne Landschaft egal war und ich die Augen einfach zugemacht habe. Ich wollte gar nicht sehen, wohin wir stürzen würden, wenn der Weg mit uns abrutschte. Und dass der Weg, der gerade so breit war wie unser Wagen, abrutschen würde, schien mir unvermeidlich. An einigen sehr engen Kurven hing immer wieder ein Vorderrad des Fahrzeugs über dem Abgrund. Es war ein unheimliches unangenehmes Gefühl. Niemand sprach. Man hörte nur noch das alles übertönende Rauschen des reißenden Hunza-Flusses.

Abb. 34: Ein Erdrutsch wird geräumt

Abb. 35: Brücke nach Hussainabad

In Hussainabad angekommen, fanden wir glücklicherweise den Adressaten des Geldes durch die Hilfe von Abdullah Baig sofort. Er saß mit Freunden beim Tee auf den Stufen des Gemeindehauses. Ein bisschen Palaver hin und her und unsere Mission war erfüllt. Ob das aber alles so sinnvoll gewesen ist, wagten wir zu bezweifeln. Es war eigentlich eine ganz merkwürdige Begegnung. Der Adressat, der Trekking-Koch – Shrukrullah Baig – war sehr zurückhaltend, so als hätte er Angst, kontrolliert zu werden. Er lud uns auch nicht in sein Haus ein, was ganz unüblich ist, ja, er bot uns nicht einmal eine Tasse Tee an.

Er sollte das Geld ja für die Ausbildung seines Sohnes verwenden, aber auch den Sohn ließ er trotz mehrfacher Aufforderung nicht holen, um die Freunde seines Gönners zu begrüßen. Auch das war sehr merkwürdig. Dann ließen wir uns wenigstens die Schule zeigen, in die der Sohn geht, und wir stellten fest, dass er ihn keineswegs auf die sehr gute Aga-Khan-Schule schickt, die seine Gönner in Deutschland bezahlen, sondern auf die viel schlechtere, aber billigere Dorfschule. Wir hatten nicht den Eindruck, dass das Geld für den Jungen verwendet wird, wie der Freund der Rosinys es beabsichtigt hat.

Nachdem wir uns eine Weile in diesem Dorf aufgehalten hatten, Abdullah Baig stellte uns noch seine Schwester vor, ging's weiter in Richtung Karimabad. Eigentlich wollte Abdullah Baig mit uns noch etwa 20 km auf der alten Hunza-Straße bis ins nächste Dorf fahren und dort über eine andere Hängebrücke über den Hunza-Fluss auf den KKH zurückfahren, da aber ein Teil der alten Hunza-Straße abgerutscht war, war das zu meiner Erleichterung – und Horsts Enttäuschung – nicht möglich. Der neue KKH war mir schon abenteuerlich genug!

Unser Fahrer wie auch Abdullah Baig erzählten uns, dass der KKH besonders gefährlich bei Regen sei. Daher hatte auch unser Fahrer von Islamabad bis Gilgit solche Angst. Es regnete ja zum Teil sehr heftig. Aber wir kamen heil in Karimabad an. Auf der Fahrt hatten wir uns auch Gedanken gemacht, warum die alte Hunza-Straße nur auf der rechten Flussseite verlief, obwohl es häufig auf der linken Flussseite viel geeigneter schien. Schließlich fiel uns ein, dass die linke Flussseite ja Nagar-Gebiet ist, und mit dem Nagar-Volk verbindet die Hunzukutz eine Dauerfeindschaft, in der es nur selten friedliche Zeiten gab, wie zum Beispiel, als sie sich im Kampf gegen die Engländer verbündeten.

Abb. 36: Mission in Hussaiabad, von links: der Lehrer und Shrukrullah Baig

Abb. 37: Hier trifft die indische auf die eurasische Platte

Die Fahrt ging vorbei an Gletscherzungen und Moränen. Nach jeder Kurve tauchten andere weiße Gipfel der Siebentausender auf. Nirgendwo auf der Welt gibt es ein Tal, das von so vielen siebentausend Meter hohen Gipfeln umgeben ist. Das Tal ist teilweise so eng, dass man keinen Platz neben dem reißenden Fluss finden kann. Hier wurde der KKH unter überhängenden Felsen aus dem Berg gesprengt.

Karimabad: Hier sind wir am ‚Dach der Welt' angekommen, in der Mitte des Hunzatals! Wir haben ein sehr schönes, neues und sehr sauberes Hotel gefunden, dessen Namen ‚World Roof Hotel' ich mir einfach nicht merken kann. Jedes Mal wenn wir hier gefragt werden, wo wir wohnen, kommt mit viel Stottern ein anderer – aber immer falscher – Name wie Top Roof Hotel, World Top Hotel oder World Hill Hotel heraus. Ein ganz großer Vorteil unseres Hotels ist, dass es warme, sehr warme Decken gibt. Es ist nämlich noch ziemlich kalt hier und unter den Decken ist es mollig warm. Die anderen Unterkünfte, die wir angesehen haben, hatten nur Wolldecken aus Synthetik, und wie wir darunter in Usbekistan gefroren haben ist mir noch bestens in Erinnerung. Und in Usbekistan war es damals noch wärmer!

Auf der Dachterrasse des World Roof Hotels fühlten wir uns wirklich wie auf dem Dach der Welt. Das Wetter wurde endlich etwas besser. Während des Tages saßen wir hier oft in der Sonne und genossen die grandiose Aussicht auf das Hunzatal, das Baltit Fort und die rundum aufsteigenden schneebedeckten Gipfel.

Karimabad liegt an einem Berghang. Der ganze Ort ist in Terrassen angelegt. Karimabad wurde nach dem geistigen Oberhaupt der Ismailiten, Karim Aga Khan, benannt. Der Ort mit seinen etwa 5000 Einwohnern war früher eine wichtige Station für die Karawanen auf der Seidenstraße von China nach Kaschmir und zum Indischen Ozean. Karimabad war für seinen florierenden Sklavenhandel bekannt.

Heute ist die Aga-Khan-Stiftung sehr aktiv. Durch sie werden Schulen, Krankenhäuser und Werkstätten zur Ausbildung von Jugendlichen betrieben. Besonderer Wert wird auf die Bildung von Mädchen und Frauen gelegt. Die Rate der Analphabeten im Hunzatal ist wesentlich geringer als im restlichen Pakistan. Wie man uns sagte, können alle Hunzukutz unter 30 Jahren lesen und schreiben.

Abb. 38: Das World Roof Hotel

Abb.39: Auf der Dachterrasse des Hotels

Abb. 40: Karimabad mit Baltit Fort

Abb. 41: Das Baltit Fort

Prinz Karim Aga Khan IV.[20] ist das geistige Oberhaupt von weltweit 20 Mil-
lionen Ismailiten. Die Ismailiten gehören einem religiös gemäßigten Zweig des
Islams an, der von schamanischen Einflüssen geprägt ist. Sie sind ausgesprochen
tolerant und weltoffen.

Der Vater von Prinz Karim Aga Khan IV. war der bekannte Playboy Aly
Khan, der mit der Hollywood-Diva Rita Hayworth verheiratet war. Prinz Ka-
rim Aga Khan IV. wurde 1957 nach dem Tod seines Großvaters Aga Khan III.
im Alter von 20 Jahren das geistige Oberhaupt der Ismailiten.

Prinz Karim Aga Khan IV. gehört mit einem geschätzten Vermögen von 10
Milliarden Euro zu den zehn reichsten Männern der Welt. Seine Aga-Khan-
Stiftung ist die größte Organisation für privat geförderte Entwicklungsprojekte.
Er ist Großaktionär bei vielen internationalen Konzernen wie bei der Deutschen
Lufthansa und verdient mit seinen Unternehmen rund eine Milliarde Euro pro
Jahr! Dazu kommen noch Spenden seiner Anhänger von mehreren 100 Millio-
nen Euro im Jahr.

Prinz Karim Aga Khan IV. war von 1998 an mit der Deutschen Gabriele
Prinzessin zu Leiningen verheiratet. Sie trat zum Islam über und erhielt den
Titel Begum Inaara Aga Khan. 2004 trennte sich das Paar. Die endgültige
Scheidung erfolgte aber erst 2011. Gabriele Prinzessin zu Leiningen musste
ihren Titel Begum Inaara abgeben, erhielt aber eine Abfindung von 60 Milli-
onen Euro, womit sie bis zu ihrem Lebensende bestimmt keinen Hunger leiden
muss.

Prinz Karim Aga Khan IV. unterstützt mit seiner Stiftung viele private Ent-
wicklungsprojekte in den Bereichen Bildung, Gesundheit, Architektur, Wasser-
versorgung und Sicherstellung des Nahrungsmittelbedarfs. Weltweit gründete er
Aga-Khan-Universitäten, Schulen, Krankenhäuser und Ausbildungsstätten für
Handwerker und Lehrer. Auf Schritt und Tritt trifft man im Hunzatal auf die-
se Aga-Khan-Entwicklungsprojekte. 1993 gründete er in Karimabad die erste
Hochschule mit angeschlossenem Internat ausschließlich für Mädchen.

Der Vater von Prinz Aly Khan, also der Großvater von Karim Aga Khan IV.,
war Prinz Sultan Mohammed Aga Khan III. Er war Präsident der ‚All India
Muslim League‘ und wurde als der 49. Nachkomme des Propheten Moham-
med verehrt. Er war ein gerne gesehener Gast am englischen Königshof. Dieser
mächtige Moslemführer wurde 1937 von Adolf Hitler in Berchtesgaden und
von Joseph Goebbels in Berlin empfangen. Aga Khan zeigte großes Interesse an
den Errungenschaften und den Fortschritten des Dritten Reichs. Hitler und Aga
Khan waren voneinander sehr beeindruckt. Hitler erwähnte auch Aga Khan

---

20 Mit bürgerlichem Namen Karim al-Husseini

gegenüber: ‚England soll uns freie Hand auf dem Kontinent lassen, und wir werden uns in seine überseeischen Angelegenheiten nicht einmischen'.[21]

Wie erst 2008 bekannt gewordene Dokumente zeigen, soll Aga Khan III. während des Zweiten Weltkriegs, im Juli 1942, Adolf Hitler zur Unterstützung eine muslimische Armee angeboten haben. Innerhalb von nur 10 bis 15 Tagen wollte er 30 000 bewaffnete Männer zur Verfügung stellen. Großbritannien soll ihm daraufhin mit der Todesstrafe gedroht haben.[22]

In Karimabad ziehen sich schmale steile Wege zwischen den niedrigen Holzhäusern und den ordentlich angelegten Obstgärten dahin. Überall blühen bunte Blumen, Rosen, Lilien und Zinnien. Die terrassierten Felder, auf denen Weizen, Gerste, Bohnen, Linsen, Mais und die verschiedensten Gemüsesorten angepflanzt werden, sind meist durch Aprikosenbäume, aber auch Pappeln oder Birken begrenzt. Die Kartoffel wurde erst Anfang des 20. Jahrhunderts im Hunzatal eingeführt, Mais noch später. Auf einigen Feldern war zu der Zeit unseres Besuches die Aussaatzeit bereits vorbei.

Der Mir bestimmt den Beginn der Aussaatzeit, die mit dem Fest Bopao begangen wird. Dieses Fest wird gefeiert, wenn der letzte Schnee geschmolzen ist, zwischen Anfang und Mitte Februar. Seit uralten Zeiten ist es auch hier ein Kampf zwischen Gut und Böse, zwischen Licht und Finsternis. Es ist die ewige Sonne, die über die Dunkelheit siegt. Mit dem Bopao-Fest beginnt auch die Polo-Saison. In den höher gelegenen Regionen des Hunzatals, in Gulmit oder Passu, kommt der Frühling später, so dass dort das Bopao-Fest entsprechend später stattfindet.

Nachdem die erste Furche auf dem Feld des Mirs gepflügt worden ist, wird dem Mir eine Schale mit Körnern gereicht, die er mit Goldstaub vermischt. Nun streut er die Körner in die Furche und wünscht der Natur ein gutes und gesundes Wachstum. Das Bopao-Fest fand bereits einige Wochen vor unserem Besuch statt. Das Saatgut hatte nun bereits ausgeschlagen, so dass die Felder in einem jungen Hellgrün erstrahlten. Bopao ist ein Frühlingsfest mit Tanz und üppigem Essen aus dem Kornspeicher des Mirs. Diese Zeremonie soll die Schöpfungsgeschichte von Getreide und Brot ausdrücken.

Der Goldstaub wird aus dem Hunza-Fluss gewaschen. Im Sommer, wenn am frühen Morgen die Sonne die Gletscher noch nicht zum Schmelzen bringt, ist der Wasserpegel noch niedrig und der Fluss nicht mehr so reißend. Dann fahren die Menschen mit ihren mit Ziegenfell bespannten Booten auf den Fluss und füllen diese mit Flusssand. In der Nähe des Ufers wird das Gold aus dem Sand gewaschen. Jeder der Goldwäscher muss am Ende der Saison dem König 15 Gramm seiner Beute als Tribut abgeben.

---

21 Paul Schmidt, *Statist auf diplomatischer Bühne*, Seiten 343 und 375
22 Hindustan Times vom 9. März 2008

Abb. 42: Blick ins Tal zum Hunza-Fluss

Abb. 43: Karimabad, terrassenförmige Bauweise

Das 700 Jahre alte Baltit-Fort, die ehemalige Palastresidenz, überragt Karimabad. Es wurde im tibetischen Stil erbaut und erinnerte mich an Gebäude, die ich in Ladakh in Westtibet bereits gesehen hatte. Es wurde auf dem Gipfel des – wie die Hunzukutz sagen – kosmischen Berges errichtet. In der Auffassung des kultischen Königreichs ist die Säule in der Mitte des Palastes das Zentrum der Welt.

Das Fort machte auf uns einen ziemlich heruntergekommenen und zerfallenen Eindruck, aber die Hunzukutz versicherten uns, dass eine gründliche Renovierung mit Hilfe der Aga-Khan-Stiftung im kommenden Jahr beginnen würde. Wir tasteten uns im Halbdunkel über Treppen und schmale Gänge im Untergeschoß durch verschiedene Räume und waren froh, als wir wieder ans Tageslicht kamen.

Von der Terrasse oberhalb des Poloplatzes hatten wir einen eimaligen Blick auf Baltit, Altit und Ganesh. Hinter uns schlängelten sich rundum Gletscher – der Hispar-, Biafo-, Baltoro- und der Siachen-Gletscher – bis auf unsere Höhe herab. Es sind die gewaltigsten Gletscher außerhalb der Antarktis. Talaufwärts konnten wir den KKH viele Kilometer weit in Richtung China verfolgen. Der schneebedeckte Rakaposhi überragte die anderen Gipfel. Es war ein majestätischer Anblick. Hier waren wir wirklich auf dem ‚Dach der Welt‘ angekommen!

70 Jahre lang versuchten englische Bergsteiger, den Rakaposhi zu bezwingen. 1958 schleuderte eine Schneelawine sechs Hunzaträger 1500 Meter in die Tiefe. Wie durch ein Wunder überlebten alle diesen Sturz. Bei dieser Expedition erreichten zwei englische Bergsteiger endlich den Gipfel.

Unterhalb der ehemaligen Palastresidenz erbaute der Mir Mohammad Nazim Tham Anfang des letzten Jahrhunderts eine neue Residenz, ebenfalls in tibetischer Architektur. Diese Residenz wird bis heute von Mir Gazanfar Ali bewohnt, der den nun symbolischen Thron von seinem 1976 verstorbenen Vater übernahm.

Wir hatten das Gefühl, schon einmal hier gewesen zu sein. Vieles kam uns bekannt vor. Das Hunzatal war uns seltsamerweise nicht fremd. Wir fühlten uns hier, unter diesen freundlichen Menschen, einfach wohl. Kam dieses Gefühl durch die vielen Gespräche und Erzählungen von Annettes Vater und meinem Bruder?

Das tiefer gelegene Altit-Fort war genauso verfallen wie das Baltit-Fort. Als ich das Gebäude besichtigte hatte ich das Gefühl, es würde gleich in sich zusammenbrechen. Dieses Fort ist rund 200 Jahre älter als das Baltit-Fort und soll das älteste Gebäude im Hunzatal sein.[23] Das Fort wurde im Jahr 2009 mit Mitteln der Aga-Khan-Stiftung renoviert.

23 11. Jahrhundert?

Abb. 44:
Blick vom KKH
auf das Altit-Fort

Abb. 45:
Der Wachturm
des Altit-Forts
(vor der Renovierung)

61

Ein kompliziertes Bewässerungssystem garantiert das Wachstum auf den kleinen Feldern, die auf jedem einigermaßen flachen Grund angelegt waren. Von Ferne sehen die am steilen Fels hängenden, in Terrassen angelegten Felder wie grünes Patchwork aus. Entlang der steilen Felswände haben die Hunzukutz in waghalsigen Höhen schon vor Jahrhunderten Kanäle geschlagen, durch die bis heute die Felder durch Gletscherwasser bewässert werden. Es war und ist immer noch ein kühnes Projekt, denn die Kanäle müssen laufend gewartet und ausgebessert werden.

Um Hunza zu beschreiben, fehlen einem eigentlich die Worte. Der Asienforscher Eric Shipton schrieb 1953 in ‚Mountain of Tartary‘: ‚Es ist schwer, das phantastische Königreich zu beschreiben, ohne in Superlative zu verfallen‘. Zwei Grundlandschaften, die überall auf der Erde voneinander getrennt sind, fließen in Hunza zu einem einzigen Bild zusammen: Hochgebirge in wildester Ausprägung und eine Stromtalkultur, deren hängende Gärten zwischen den Gipfeln der Giganten kultiviert werden. Es ist wie ein Paradies, wie der Garten Eden am Dach der Welt. Nirgendwo in der Welt findet man auf so begrenztem Raum eine so große Zahl hoch aufragender Berge.

Der Menschentyp in Hunza ist völlig verschieden von den Menschen im sonstigen Pakistan, sie haben nichts Orientalisches, sie sind hellhäutig, oft blond oder rothaarig, haben helle, oft blaue Augen und würden in Europa überhaupt nicht auffallen. Sie selbst bezeichnen sich gerne als Nachkommen des Heeres von Alexander dem Großen. Sicherlich aber liegen die Ursprünge der Hunzukutz noch viel weiter zurück. Die Perser verließen im Zuge der indoarischen Völkerwanderung im zweiten Jahrtausend vor Christus ihre ‚arische Heimat‘ in Mittelasien. Aber einige Stämme blieben zurück. Sie leben noch heute in den Seitentälern Gilgits und bevölkern die abgeschiedene Hochwelt des Pamir. Die Verbindung zu Persien ist noch heute erkennbar in religiösen Riten – zum Beispiel Feuerfesten – und in Legenden. Unter den Legenden spielt eine Prinzenlegende eine Rolle, nach der um 1000 n.Chr. zwei Prinzen mit Gefolge aus Persien nach Hunza geflüchtet sein sollen. Diese Legende beruht vermutlich auf der Tatsache, dass es um diese Zeit eine starke islamische Verfolgung der Zoroastrier in Persien gegeben hat, im Zuge derer sich vermutlich auch Flüchtlinge aus dem persischen Königshaus bis nach Hunza zurückgezogen haben könnten. Auch ist die rituelle Sprache bis heute Persisch.

Auch durch die Sprache hebt sich das Volk der Hunzukutz von allen Völkern der Welt ab. Ihre Sprache, das Burushaski, ist mit keiner Sprache der Welt, weder des Altertums noch der Neuzeit, verwandt. Es ist laut

Herrmann Berger[24] eine kulturell hochstehende Sprache, die sich mit jeder gebildeten Kultursprache messen kann.

Bei der Sprache Burushaski kommt es auf die Betonung an. Uns wurde gesagt, dass es durch verschiedene Akzente ein Dutzend Begriffe für nur ein einziges Wort geben kann. Es dauerte 20 Jahre bis ein deutscher Sprachwissenschaftler[25] ein kleines Wörterbuch in Burushaski fertigstellen konnte.

Es wird angenommen, dass die alte Burushaski-Kultur – der Hunza im Altertum angehörte – unterging und nur die Königsprovinz in Baltit überlebte. Es ist eine fast unversehrte und unbekannte Welt des Altertums. Auch in anderen Hochtälern haben Überreste alter Kulturen und Völker in unvermischter Reinheit überlebt, bei denen aber im Unterschied zu Hunza eine kulturelle Zugehörigkeit zu Nachbarn zu erkennen ist. Zum Beispiel die Darden, die indoarische Sprachen haben, wie das Schina und Dumaki, oder auch iranische Stämme, die Farsi sprechen.

In Hunza lebt bis heute das kultische Königtum. Der Mir[26] – die Hunzukutz nennen ihn Tham, was aus dem Chinesischen kommt und Sohn des Himmels bedeutet – wird als im Einklang mit den kosmischen Kräften, den Kräften der Natur gesehen. Er übt die Gerichtsbarkeit aus, aber vor allem berechnet er den Kalender und legt die richtigen Zeitpunkte für die jahreszeitlichen Feste fest. Neben vielen Elementen des zoroastrischen Mithras-Kultes, findet man ebenso buddhistische und manichäische Elemente, wie auch Elemente der tibetischen Bön-Religion. Auch wenn die Hunzukutz Ismaeliten sind, spielt ihr Glaube an Peri, die große Mutter, wie auch an Feen und Dämonen sowie an einen Hunza-Pan, der abends die Hirten erschreckt, in ihrem Leben eine große Rolle . Diese Geistwesen leben in den sogenannten reinen Regionen, oberhalb der Baumgrenze, die der Hirte oder Jäger oder auch der Schamane erst nach ausführlichen religiösen Zeremonien betreten darf. Der Schamane, der Bitan, ist der wichtigste Mann nach dem König. Er kann in Trance Raum und Zeit verlassen und in die Vorzeit oder Zukunft reisen, ebenso auch in himmlische Gefilde, von wo er Botschaften der Peri oder der Feen wie auch zukünftige Geschehnisse an die Hunzukutz übermittelt. Um in Trance zu fallen inhaliert der Schamane den Rauch von brennenden Wacholderzweigen.

---

24 Professor am Südasien-Institut der Universität Heidelberg, der ein Lehrbuch/Lexikon für das Burushaski verfasst hat
25 Hermann Berger von der Universität Heidelberg
26 Vom türkischen Emir abgeleitet

Abb. 46: Unser Freund Sakit Ahmed (links) mit seinem Bruder

Abb. 47: Menschen im Hunzatal

Ein wichtiges Element der Religiosität der Hunzukutz sind die Essgewohnheiten. Der Hunzukutz isst nur das, was für ihn rein ist und die Wachstumskräfte aus Pflanzen und Tierreich unverfälscht auf sein Leben überträgt. Die Lebensmittel müssen rein sein. Das fängt schon beim Anbau von Getreide, Gemüse und Obst an. Kunstdünger oder Pestizide zu gebrauchen ist dem Hunzukutz unvorstellbar. Die Aprikosenbäume werden zum Beispiel im Frühjahr nach Schädlingen und Krankheiten abgesucht, kranke oder befallene Stellen herausgeschnitten, oder mit einer Mischung aus Holzkohlestaub und Gletscherwasser behandelt. Die einzelnen Nahrungsmittel werden möglichst unverfälscht verarbeitet. So wird das Korn erst kurz vor dem Gebrauch gemahlen. Es werden viel Obst, Nüsse, Joghurt gegessen. Gesüßt wird mit Honig und getrockneten Aprikosen, da bis vor kurzem Zucker unbekannt war. Auch die vielfältigen asiatischen Gewürze, die in Hunza durch die sehr alte Verbindung zu China nicht ganz unbekannt gewesen sein dürften, fehlen völlig. Es wird fast ausschließlich mit Himalaya-Salz gewürzt. Der Hunzukutz schwört auf das Gletscherwasser, die sogenannte Gletschermilch, als Gesundbrunnen. Sie enthält viele Mineralien und Spuren von Gold und Eisen. Der Hunzukutz trinkt niemals zu den Mahlzeiten, sondern einige Stunden davor oder danach. Nahrungsmittel bleiben Nahrungsmittel und werden nicht zu Genussmitteln. Für die Küche wird das Öl aus Aprikosenkernen gepresst,[27] es ist sehr wichtig für die Ernährung der Hunzukutz. Es enthält Stoffe, die vor Herzkrankheiten, Kreislauferkrankungen und sogar Krebs schützen sollen. Etwa einen Monat im Jahr fasten die Hunzukutz, wenn im Winter die Lebensmittel bis auf das Saatgut aufgebraucht sind. Diese Art der Ernährung, wie auch die reine Luft und die klimatischen Verhältnisse und die körperliche Tätigkeit, sind vermutlich für das hohe Lebensalter verantwortlich, das die Hunzukutz bei guter Gesundheit erreichen.

Politisch rückte Hunza Ende des 19. Jahrhunderts in den Mittelpunkt des Interesses der Großmächte Russland und England. Der russische Wunsch, durch Einflussnahme in Hunza Zugang zum indischen Subkontinent zu erhalten, löste beim indischen Kolonialherrn England große Unruhe aus und verstärktes Bemühen, Hunza unter sein Mandat zu bekommen. *England versuchte den Bau eines Transportweges von Gilgit nach Baltit um jeden Preis beim Mir von Hunza durchzusetzen. Hierzu zitiert Leitner[28] den Artikel aus einer indischen Zeitung vom 29.11.1891:*

---

27 Die Aprikose gilt übrigens als Frucht der Frau, woran man wiederum das mutterrechtliche Element erkennen kann
28 Leitner, *Dardistan*, Appendix 1, S. 7f

,Col. A.G. Durand, British Agent at Gilgit, has received definite orders to bring the robber tribes of Hunza and Nagar under control. These tribes are the pirates of Central Asia, whose chief occupation is plundering caravans on the Yarkand and Kashgar. Any prisoners they take on these expeditions are sold into slavery. Colonel Durand has established an outpost at Chalt, about thirty miles beyond Gilgit, on the Hunza river, and intends making a road to Aliabad, the capital of the Hunza chief, at once.'

Leitner führt weiter aus: 'They have absolutely done nothing to justify any attack on the integrity of this country; and before we invade it other means to secure peace should be tried.

Der durch die auf Hunza ausgerichteten jeweiligen russischen und englischen Machtinteressen entstandene Konflikt hätte zwischen Russland und England fast zum Krieg geführt. Erst durch die diplomatische Einigung Englands und Russlands über den so genannten Pamir-Knoten konnte der Konflikt, ‚The Great Game‘, friedlich beendet werden. Bereits im Jahre 1878 hat Deutschland beim ‚Berliner Kongress‘[29] dazu beigetragen, dass sich Russland von den Pässen nördlich von Gilgit zurückziehen musste.

Für die Hunzukutz aber war die Zeit, in der sie zum Spielball der Großmächte wurden, eine schwere Zeit mit großen innenpolitischen Wirrungen. Über die Jahrhunderte waren Beziehungen Hunzas zu China geschichtlich gewachsen. China war bis ins 20. Jahrhundert hinein[30] Mandatsherr Hunzas, ohne allerdings je einen machtpolitischen Anspruch geltend gemacht zu haben. Hunza versuchte sich so gut wie möglich durch die Ansprüche der Großmächte hindurch zu lavieren, ohne es sich mit China zu verderben, dem aus Sicht der Hunzukutz einzig sicheren Partner.

Innenpolitische Thronkämpfe um den außenpolitischen Kurs Hunzas führten zu Mord und Totschlag im Königshaus. Den Kampf entschied Safdar Ali für sich, der für ein Bündnis mit dem russischen Zaren und dem chinesischen Kaiser und gegen eine Verständigung mit den Engländern war, indem er seinen Vater umbrachte und seinen Bruder so lange inhaftierte, bis er ihm Treue geschworen hatte. Schließlich kam es 1891 zu blutigen Auseinandersetzungen mit den Engländern. Zum ersten Mal schlossen das ismailitische Hunza und das schiitische Nagar, die seit Menschengedenken verfeindet wa-

---

29 Der Berliner Kongress war eine Versammlung der Großmächte Deutsches Reich, Österreich-Ungarn, Frankreich, Vereinigtes Königreich, Italien, Russland und des Osmanischen Reichs unter dem Vorsitz von Reichskanzler Fürst Otto von Bismarck. Mit der Unterzeichnung des Vertrags am 13. Juni 1878 endete auch die Balkankrise.
30 Bis zur Ablösung der Mandschu-Herrschaft im Jahr 1912

ren, ein militärisches Bündnis. Gemeinsam griffen sie mit 3000 Schützen die Engländer und die Streitkräfte des Maharadschas von Kaschmir an. Der Maharadscha von Kaschmir hatte bereits Ende des 19. Jahrhunderts das Tal von Chaprot im Westen Hunzas annektiert. Zunächst waren die Truppen Hunzas und Nagars gegen eine zahlenmäßig weit überlegene Armee erfolgreich.

Die Hunzukutz und Nagaris hatten zunächst einen großen Vorteil. Sie konnten mit ihren Waffen in die steilen Felsen klettern und die Engländer von oben angreifen. Dagegen waren die Engländer in einem Terrain ohne Straßen, die sie für den Nachschub benötigten, im Nachteil. Und im Hunzatal gab es keine Straßen. Die Engländer mussten sich wieder zurückziehen. Nun gründeten sie die Gilgit Scouts mit Offizieren, die Bergerfahrung hatten. Erst nachdem die Engländer ihre Kampfweise derjenigen der Bergvölker von Hunza und Nagar angepasst hatten, besiegten sie die Truppen der Mirs.

Die Engländer setzten Safdar Ali Tham ab und machten seinen Bruder Mohammed Nazim zum Tham. Auch lösten sie in der folgenden Zeit das chinesische Mandat über Hunza ab. Nachdem sie sich mit den Russen über den Pamir-Knoten geeinigt hatten, griffen sie nicht weiter in die inneren Angelegenheiten Hunzas ein. Sie tasteten weder die Autonomie noch das kultische Königtum Hunzas an. Der von den Engländern so nachdrücklich geforderte Ausbau der Seidenstraße bis Karimabad unterblieb, nachdem die Einigung mit Russland erzielt war. Erst in den 1970er Jahren kam es durch die Chinesen im Einverständnis mit Pakistan – das ja nun die Oberherrschaft über Hunza ausübt – zum Ausbau der alten Seidenstraße, beziehungsweise zum Bau des Karakorum Highways.

Es gab im Altertum drei Handelswege – Seidenstraßen – in den Westen. Der nördlichste führte über Samarkand, und der mittlere durch das Oxus-Tal, das vor 2000 Jahren noch eine Stromtalverbindung zum Schwarzen Meer war. Wir reisen gerade auf der alten südlichen Seidenstraße. Auf dieser Route nach Indien durch das Hunzatal soll schon Marco Polo gereist sein. Diese alte Seidenstraße war die sogenannte verborgene Straße, der Weg der sogdischen Kaufleute, der buddhistischen Pilger und der manichäischen Priester. Sie führte über Gilgit in die Kulturzentren des Altertums, wie Bactra, Taxila oder Peshawar oder auch ins Swat- und Kabultal und war somit nicht nur ein Weg des Waren- sondern auch des Kulturaustauschs. Dieser Handelsweg wurde auch von den Chinesen für den Transport wertvoller Waren bevorzugt, da er geschützter war als der Weg durch die offene Steppe. Trotzdem war auch dieser Weg für Reisende und Karawanen keine ungefährliche Reiseroute. Die Lage der Orte Altit und Baltit war ideal, um Karawanen zu überfallen oder Wegezölle einzufordern. Diese ,verborgene' Seidenstraße blieb dem Westen bis ins 19. Jahrhundert hinein unbekannt und wurde erst durch die Engländer entdeckt. Seit dem Bau des KKH ist sie zwar leichter zu bewältigen, aber einfach ist es auch jetzt noch nicht, denn die Natur versucht immer wieder, den Zugang nach Hunza und die Durchfahrt durch Hunza zu versperren.

Die Seidenstraße, deren Namen auf den deutschen Geographen Ferdinand von Richthofen[31] zurückgeht, war ein Netz von Karawanenstraßen. Teile der Seidenstraße führten im östlichen China entlang der ,Großen Mauer'. Die verschiedenen Routen hatten aber eines gemeinsam, die Hauptrouten gingen entweder durch Kashgar oder Yarkand.

Die größte Bedeutung hatte die Seidenstraße von etwa 120 v.Chr. bis zum 13. Jahrhundert n.Chr. Nicht nur Handelsgüter wie Seide, Gewürze oder Porzellan gelangten über diesen Weg in den Westen, auch Religionen, Kulturen und neue Entwicklungen der Technik verbreiteten sich darüber. Von West nach Ost gelangten hauptsächlich Gold und andere Edelmetalle, Glas und Edelsteine nach China. Das begehrteste Produkt war jedoch im Westen die Seide.

Die südliche Route, die sogenannte ,verborgene Seidenstraße', führte von Xian im Osten Chinas über Kashgar und den fast 5000 Meter hohen Khunjerab-Pass, aber auch über die beiden westlich davon gelegenen Pässe Mingteke und Kilik, durch das Hunzatal ins Industal. Auf der Strecke von Xian bis Kashgar mussten bereits rund 2600 Kilomater – im Sommer meist durch glühend heiße Wüsten – bewältigt werden. Von Kashgar ins Hunzatal war der Weg noch beschwerlicher. Hohe Gebirge und verschneite Pässe mussten auf schmalen, aus dem Fels gehauenen Pfaden bezwungen werden. Diese südliche Seidenstraße wurde und wird heute noch von den Hunzukutz ,Marco-Polo-Route' genannt.

Die Wege führten durch Gluthitze und klirrende Kälte und waren oft so schmal, dass nicht einmal Maultiere als Lasttiere eingesetzt werden konnten. Menschen mussten die Lasten über Fußpfade tragen. Aber die Mühe lohnte sich, denn im Industal lag zur damaligen Zeit das Zentrum des vielfältigen kulturellen und geistigen Lebens. Hier lagen die Hochkulturen von Taxila, Moenjodaro und Harappa, deren Bewohner wohlhabende Abnehmer der Güter aus China waren. Ein Teil der Waren wurde – meist auf dem Indus – bis zu den Häfen im Arabischen Meer transportiert. Zum Beispiel wurden bei Bambhore, 65 Kilometer von Karachi entfernt, die Reste einer alten Hafenstadt entdeckt, die bis in das erste nachchristliche Jahrhundert zurückreicht.

31 1833-1905, Geograph, Kartograph und Forschungsreisender. 1871 bereiste er Xinjiang

Die Seidenstraßen (Silk Roads)

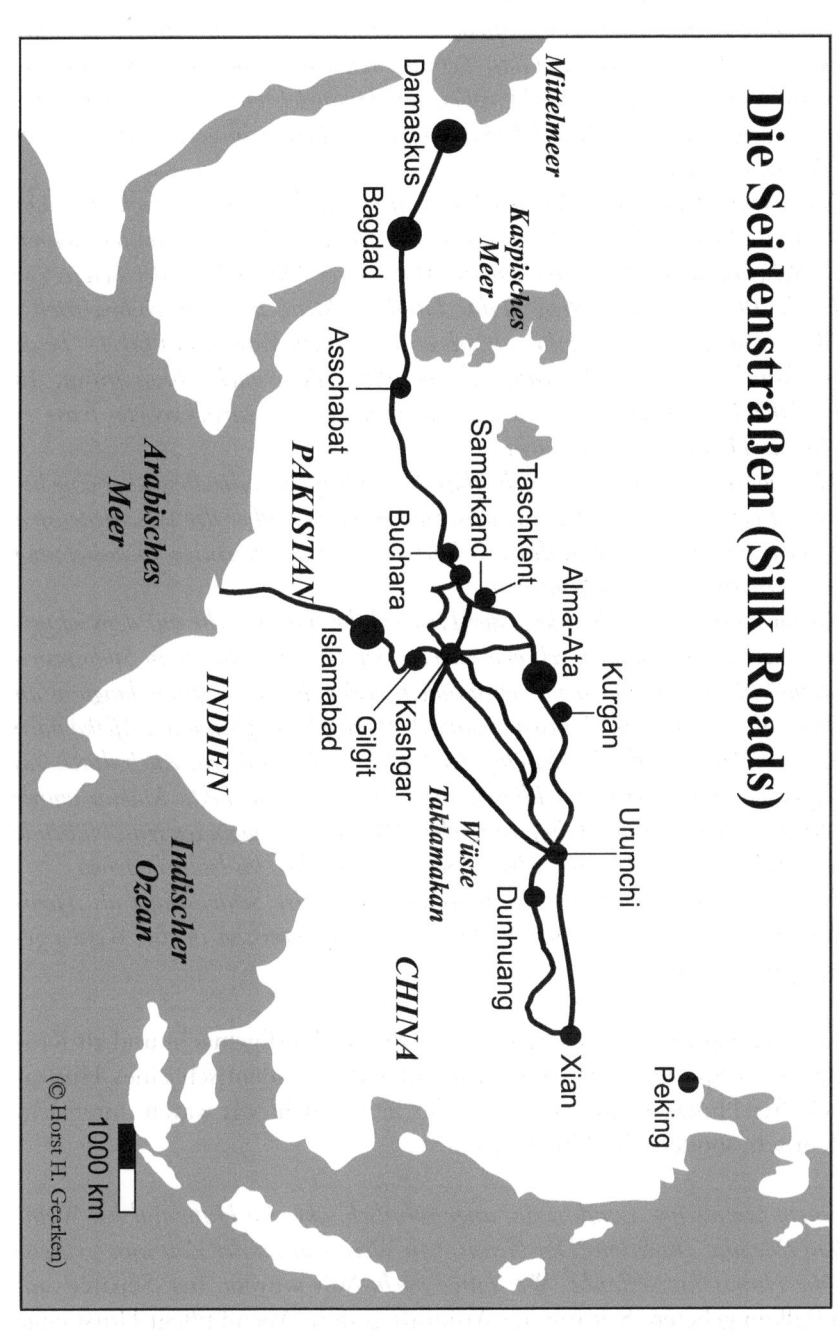

© Horst H. Geerken

1000 km

Im Museum von Bambhore findet man eine reiche Sammlung von ausgegrabenen Gütern, die über die südliche Seidenstraße dorthin kamen: bemalte Tongefäße, Münzen, Perlen, Glas, Schnitzereien aus Elfenbein und Anhänger verschiedenster Formen und Größen mit Halbedelsteinen aus Europa. Das weitverzweigte Netz aus Handelsrouten erreichte bereits in vorchristlicher Zeit den Mittelmeerraum.

Nur wenige Händler begleiteten ihre Waren auf der ganzen Strecke von Ost nach West oder umgekehrt. Die wenigen, die die ganze Strecke bereisten, waren meist Reisende oder Abenteurer wie der Venezianer Marco Polo, der bereits vor mehr als 700 Jahren seine Reise in das ‚Land der Mitte‘ anschaulich beschrieb.

Marco Polo war erst 17 Jahre alt, als er mit seinem Vater und Onkel – beide waren Juwelenhändler in Venedig – die berühmte Reise nach China antrat. Als er im Jahr 1294 wieder in seine Heimatstadt Venedig zurückkehrte, hatte er bereits das 41. Lebensjahr erreicht.

Meist wurden die Waren Zwischenhändlern übergeben, die diese über eine bestimmte Etappe brachten. Die Seidenstraße verband Völker der verschiedensten Nationen, Religionen und Kulturen. Toleranz war eine wichtige Voraussetzung für eine friedliche Zusammenarbeit.

Als im Laufe der Jahrhunderte der Fernverkehr immer mehr auf dem schnelleren Seeweg erfolgte und durch den Gewürzhandel neue Märkte in Südostasien – hauptsächlich in Indonesien – entstanden, verlor die Seidenstraße langsam an Einfluss. Als der Portugiese Vasco da Gama 1497 den Seeweg rund um Afrika nach Asien entdeckte, war der Niedergang der Seidenstraßen besiegelt. Auch durch das Versiegen von Gletschern und Flüssen rund um die Wüste Takla Makan wurde der Niedergang begünstigt. Ohne ausreichend Wasser verschwanden einst blühende Städte und Kulturen. Aber der Mythos Seidenstraße blieb bis heute bestehen.

Heute bezeichnet man die alte nördliche Route der Seidenstraße als ‚Heroin-Highway‘, da auf dieser Strecke Drogen aus Afghanistan in den Westen geschmuggelt werden.

Inzwischen haben wir einen Spaziergang durchs Dorf gemacht und als Krönung dieses Spaziergangs haben wir unter dem Ladentisch eines Hunza-Geschäftes Hunza-Wein getrunken, das heißt, nicht wir waren unter dem Ladentisch, sondern der Hunza-Wein.

In einem islamischen Land ist das ungewöhnlich, aber im Hunzatal hat Weinanbau eine alte Tradition. Der Genuss von Wein war zu der Zeit unserer Reise für die Hunzukutz erlaubt. Wie lange noch? Wir wurden ins ‚Séparée‘ auf den Balkon gebeten. Seit unserer Ankunft gestern Abend pflegt Horst enge Beziehungen zu allen einheimischen Nachbarn, um an den angeblich nicht mehr existierenden Hunza-Wein zu kommen. Es dauerte fast einen ganzen Tag, bis es ihm gelang. Dabei erfuhren wir, dass die Hunzukutz natürlich nach wie vor ihren Wein herstellen und auch täglich trinken, aber das nur in ihren vier Wänden. Wenn sie ihn an Ausländer oder pakistanische Nicht-Hunzukutz ausschenken, wird dies schwer bestraft. Der Wein spielt im Kult der Hunzukutz eine wichtige Rolle und wurde ursprünglich vornehmlich bei religiösen Zeremonien getrunken. Auch hier ist wieder eine Verbindung zum Glauben Zarathustras zu sehen. Das Verbot der Pakistanis, Wein zu keltern, hat die Weinproduktion nicht mindern können, was den Pakistanis mit ihrem strengen islamischen Glauben sicher wohlbekannt ist. Daher das Verbot, an Nicht-Hunzukutz Wein auszuschenken.

Außer zum Weingenuss im Laden wurden wir noch in ein Hunza-Haus eingeladen. Wir saßen bei der Familie auf der Erde, Nachbarinnen kamen herein und wir durften sogar Fotos von den Frauen machen, was nach allen unseren Informationen angeblich nicht gerne gesehen wird und verboten sein soll.

Natürlich wollten wir auch den Weinanbau und die Weinherstellung kennen lernen, besonders weil die islamistische pakistanische Regierung den Weinanbau immer wieder verbieten möchte. Überall sieht man neben Aprikosenbäumen Rebstöcke. Aus den Trauben machen die Hunzukutz ihren eigenen Wein. Die Trauben[32] werden mit den Füßen gestampft. Der Saft wird in ein dafür vorgesehenes Reservoir im Boden geleitet, das mit einem Deckel verschlossen wird. In der Mitte des Deckels befindet sich ein Loch, das mit einem Stein abgedeckt wird. Nach etwa drei Monaten ist der Wein fertig. Das Reservoir wird geöffnet und der Wein wird zum Essen und besonders bei religiösen Festen getrunken. Der Wein spielt eine herausragende Rolle im Kult der Ismailiten. Natürlich haben auch wir dem Wein kräftig zugesprochen. Er kann natürlich nicht mit einer badischen Spätlese verglichen werden, aber der naturreine Wein war durchaus trinkbar. Selbst Kopfschmerzen blieben aus.

Bevor wir im Hunza-Haus eingeladen waren, haben wir das Baltit-Fort besichtigt. Es ist heute ein Museum, nachdem es vor ein paar Jahren mit Hilfe des Aga Khan und Geldern der UNESCO renoviert worden ist. Das Fort liegt auf der Spitze eines hohen Felsens und der Weg hinauf ist sehr steil. Es wurde vor etwa 600 Jahren erbaut und damals soll der Potala von Lhasa eine ähnliche Architektur gehabt haben, die von den gnostischen Traditionen der Manichäer beeinflusst gewesen sein soll. Deren Sage nach soll das Reich des Priesterkönigs Johannes in Mittel-Asien gelegen haben und, seine Residenz eine Gralsburg aus dem ‚großen Stein des Himmels‘ gewesen

---

32 genannt ‚Djatsh‘

sein. Auch hier wieder ein Hinweis auf die uralte Tradition des kultischen Königtums. Das Fort auf dem kosmischen Berg ist die Urburg der Ayesho-Dynastie, deren Mitglieder bis heute als kultische Herrscher in Hunza anerkannt sind. Unten sind dunkle Räume und Gänge, Wirtschaftskammern und die Räume der Soldaten, die mit Pfeil und Bogen die Burg in Krisenzeiten verteidigen konnten. Oben, auf dem Dach der Burg, von wo man einen herrlichen Überblick über Karimabad und das ganze Hunza-Land hat, empfing der Tham in einer kleinen runden Säulenhalle früher Besucher in privater oder öffentlicher Audienz.

Anschließend an die Säulenhalle gibt es noch die privaten Räume des Mirs, von denen er auch die Polospiele auf dem unterhalb der Burg gelegenen Poloplatz verfolgen konnte. Die Poloplätze sind in der Regel mindestens so groß wie ein Fußballfeld. Sitzplätze gibt es keine. Meist sind die Häuser und Poloplätze von Ost nach West ausgerichtet. Das Pferdepolo hat in Hunza eine uralte Tradition. In fast jeder Ortschaft des Hunzatals findet man einen Poloplatz. Die Größen des Pferdepolos haben in Hunza ein enormes Ansehen. Das Polospiel bietet jedem jungen Bauernsohn die Möglichkeit des sozialen Aufstiegs.

Wir konnten von hier oben nur eine Trainingsstunde beobachten. Hier ging es nicht um einen Sieg. Trotzdem wurden die Pferde mit bebenden Nüstern von ihren Reitern wie im Rausch über den Platz gejagt.

Während des englischen Mandats lernten die Engländer Ende des vorletzten Jahrhunderts durch die Hunzukutz das Polospiel kennen. Sie brachten das Spiel nach England und machten es dort populär.

Bei unserem Rundgang durch die Burg wurden wir vom Bruder unseres Freundes geführt, der uns zum Wein eingeladen hatte. An der Führung nahm auch eine pakistanische Familie mit ihrem kleinen Sohn teil, von der wir zu unserem Erstaunen in Deutsch angesprochen wurden. Er ist Offizier in der pakistanischen Armee und hat dort auch Deutsch gelernt. Das hat uns nun doch erstaunt.

So war heute wirklich ein erlebnisreicher Tag. Dabei wollten wir doch erst heute hier ankommen. Ich kann immer noch kaum glauben, dass ich tatsächlich hier bin. Die vielen neuen Eindrücke kann ich kaum erfassen. Oft stehe ich wie ein kleines Kind vor dem Weihnachtsbaum und bestaune alles. Das Wetter spielt noch nicht so ganz mit. Seit einer Woche ist es mehr oder weniger bewölkt. Das soll für diese Jahreszeit ganz ungewöhnlich sein, aber man sieht trotzdem die gewaltigen Berge, nur eben nicht immer in ihrer ganzen Schönheit. Es ist bisher wirklich eine tolle Reise.

Abb. 49: Blick über das Hunzatal. Entlang eines Bewässerungskanals wächst etwas Grün

Abb. 50: Beim Bäcker

Rund um Karimabad gibt es etliche begehbare Wasserkanäle in den unterschiedlichsten Höhen. Neben jedem Kanal befindet sich ein Pfad, damit man Reparaturen und Service durchführen kann. Es war ein Genuss, auf diesen schönen, aber schmalen Wegen entlang zu gehen und sich dabei an der Pracht des Hunzatals zu erfreuen. Da wir hier stundenlang gehen konnten und die Höhe gut vertrugen, entschlossen wir uns, einen Ausflug auf die Ultar-Wiesen und zum Gletscher zu machen. Der Weg führte entlang eines Baches immer aufwärts. Nach drei Stunden mit einigen Verschnaufpausen waren wir 1000 Meter höher. Wir kamen am strahlend weißen Ultar-Gletscher neben einer saftig grünen Wiese an. Was für ein Anblick! Was für ein Kontrast! Wir wurden mit dem Blick auf eine wilde, aber wunderschöne Landschaft belohnt. Auf dieser Hochweide sollen im Sommer und Herbst sogar Unmengen von Edelweiß wachsen.

Fast im Minutentakt lösten sich riesige Lawinenfelder und stürzten mit donnerndem Getöse die steilen Hänge hinunter. Ein tolles Schauspiel! Mitte Mai werden die Herden auf die Weidegründe getrieben, auch auf diese Hochweide am Ultar-Gletscher.

Der Ultar-Gletscher am Fuße des nahezu 8000 Meter hohen Rakaposhi ist die Hauptquelle für die Wasserversorgung Karimabads. Man ist auf das Gletscherwasser angewiesen, denn Regen gibt es so gut wie nie. Die jährliche Niederschlagsmenge liegt unterhalb von fünf Zentimetern.[33]

Nach einer Stunde mussten wir uns von dem einmalig schönen Anblick losreißen, denn wir wollten noch bei Tag in Karimabad zurück sein. Für Annette war der Abstieg sehr viel schwieriger, der Rücken machte wieder große Probleme. Mit meiner Hilfe waren wir nach vier Stunden wieder in Karimabad. Wir waren froh, dass wir diesen Ausflug gut überstanden hatten und auch stolz, dass wir es geschafft hatten. Der folgende Tag verlief wegen heftigem Muskelkater ziemlich ruhig. Einen geplanten Ausflug zu einer Mine, in der nach Rubinen geschürft wird, ließen wir daher ausfallen.[34]

Bisher bekommt mir die Höhe gut. Horst prustete gestern ein wenig beim Aufstieg zum Baltit-Fort. Heute ist das zum Glück wieder vorbei. Aber das kann sich ja von Etappe zu Etappe ändern. Übermorgen fahren wir nach Gulmit, das wieder ein Stück höher liegt als Karimabad.

---

33 Im Jahr 2015 fiel in Deutschland, alleine im Monat November, bereits mehr als doppelt so viel Regen.
34 Im Jahr 2000 gewann die Region Karimabad/Baltit den ‚World Award of Tourism‘ gegen die Mitbewerber Indonesien, Australien, Indien und Großbritannien.

Abb. 51:
Über den Dächern
von Altit

Abb. 52:
Blick ins obere
Hunzatal

Eigentlich wollte ich ja heute Post abschicken, aber da ein religiöser Feiertag ist, bleibt auch die Post geschlossen. Ich nehme an, es handelt sich um denselben religiösen Feiertag, der die Sunniten und Schiiten so sehr gegeneinander aufbringt, dass wir Gilgit vorsichtshalber vorzeitig verlassen mussten. Schon in der Nacht hörte man laute Trommeln und Gesänge, und das setzte sich den ganzen Tag fort. Aber mehr als Frauen, die große Schüsseln mit Speisen irgendwohin trugen, und eben diese unaufhörlichen Gesänge haben wir nicht mitbekommen.

Heute sind wir nach Altit gelaufen, das gut drei Kilometer von hier entfernt im Tal liegt und in dem sich das alte Fort des Mirs befindet. Es ist etwa 700 Jahre alt, also rund 100 bis 200 Jahre älter als das Baltit-Fort, das wir gestern besichtigt haben. Das Altit-Fort ist ein Wehrbau und liegt rund 300 Meter über der Seidenstraße auf einem steilen Felsen. Im Gegensatz zum Baltit-Fort wird das Altit-Fort noch nicht restauriert und verkommt so langsam. Das ist wirklich ein Jammer.[35] Ein etwa 12jähriger Junge führte uns und erklärte in recht gutem Englisch einiges über das Fort. Es ist erstaunlich, wie wenig Leute heute in Pakistan Englisch können – selbst in den großen Städten!

Horst turnte unerschrocken auf den baufälligen Teilen der Burg rum, was mir schon beim Hinschauen die Knie weich werden ließ. Er nahm aber zum Glück davon Abstand, den sehr baufälligen Turm zu besteigen, wozu er zuerst durch ein ziemlich marode aussehendes Fenster hätte hineinklettern müssen! Als wir unserem kleinen Führer hinterher ein Trinkgeld geben wollten, lehnte er kategorisch ab und flitzte davon. Das fand ich nun wieder sehr erstaunlich.

Eigentlich wollten wir in Altit, das im Gegensatz zu Karimabad noch viel ursprünglicher ist, zu Mittag essen. Aber leider gab es nur Tee. Essen konnte man erst abends bekommen, und solange wollten wir nicht warten. Also machten wir uns wieder auf den Weg zurück nach Karimabad. In Altit begegneten wir einer singenden Prozession von Frauen, die die verschiedensten Esswaren zu einer Zeremonie in ein Haus trugen, aber mehr konnten wir auch hier nicht herausbekommen. Der Rückweg war wieder ein herrlicher Spaziergang, denn zu der Aussicht auf die großartige Landschaft schien heute den ganzen Tag die Sonne und es blies ein kühler Wind.

Hier in Karimabad ist, wie gesagt, alles viel touristischer. Es gibt einige Gästehäuser und kleinere Hotels und weiter unten im Tal sogar ein 5-Sterne-Hotel,[36] das wir uns natürlich sofort ansehen mussten. Das Hotel gehört

35 2009 wurde das Altit Fort mit Hilfe der Aga Khan Stiftung restauriert.
36 5 Sterne nach dem pakistanischen Standard!

dem Mir und war völlig leer. Man hat uns 70 Prozent Rabatt auf die Zimmer und eine Einladung zum Abendessen angeboten, um uns in das Hotel zu locken, aber wir waren nicht umzustimmen. Auch als uns der Manager einen ‚Ihr könntet auch mal eine heiße Dusche gebrauchen'-Blick zuwarf – womit er durchaus recht hatte – ließen wir uns nicht erweichen. Als einzige Gäste in so einem Klotz zu wohnen, das ist eine grässliche Vorstellung. Da half nicht einmal das Locken mit heißem Wasser.

Die Sache mit dem Strom ist oben in Karimabad allerdings etwas kompliziert. Es gibt derzeit keinen! Der Generator eines kleinen Wasserkraftwerks ist defekt. Und daher gibt es auch kein warmes Wasser. Abgehärtet wie wir gerne wären, duschen wir uns unter Stöhnen und Jauchzen mit eiskaltem Gletscherwasser und freuen uns immer hinterher, wie tapfer wir doch wieder einmal waren. Nur zum Haare waschen haben wir bisher einmal zwei Eimer heißes Wasser bestellt. Abends, sobald es dunkel wird, wird der Generator angestellt, der aber immer wieder ausfällt, weil er zu klein ist und überlastet wird. Wir sitzen dann im Dunkeln. Inzwischen haben wir zum Glück Kerzen von unserem Wirt bekommen, so dass wir nicht hilflos durchs Dunkel tasten müssen. Um 21:30 Uhr wird der Generator endgültig bis zum nächsten Abend wieder abgestellt und dann haben alle Gäste im Bett zu sein. Hierzu muss natürlich unser technischer Fachmann Horst zur Elektrizität gehört werden:

Die pakistanische Schaltermanie:
Die pakistanischen Hotels scheinen ihre Bedeutung an der Anzahl der elektrischen Schalter in den Hotelzimmern zu messen. Wo immer wir hinkamen, in allen Hotels, selbst in den einfachsten, waren ganze Batterien von Stromschaltern angebracht, deren Funktion mir bis zuletzt rätselhaft blieb.
Im World Roof Hotel in Karimabad war die Schaltanlage sehr verwirrend. Hier waren neben dem Türeingang vier Schalter, an der Wand neben den Betten acht und am Kopfende der Betten nochmals zwei. Während unseres zweimaligen Aufenthaltes in Karimabad war kein Strom da, weil der Zulaufkanal zum Wasserkraftwerk gebrochen war und der Generator des kleinen Wasserkraftwerks beschädigt wurde. Abends wurde im World Roof Hotel allerdings ein kleiner Honda-Generator angeworfen. Wir durften aber nur eine einzige Lampe einschalten.
Die Schaltermanie zog sich wie ein roter Faden durch alle pakistanischen Hotelzimmer und wir hatten dadurch immer wieder Anlass zum Lachen. In Dasu fanden wir sieben Schalter für Licht, für nur eine einzige Glühbirne, und an einer anderen Stelle einen Schalter für ‚Roomservice'. Obwohl wir diesen Schalter zuerst gar nicht entdeckt hatten (und wenn wir ihn entdeckt hätten niemals auf

die Idee gekommen wären, dass er irgendwo eine Klingel auslösen könnte), kam andauernd ein Boy, der behauptete, wir hätten ihn über die Klingel gerufen. Vielleicht war ein anderes Zimmer mit unserer Klingel verbunden.

In unserem Zimmer im Hunza-Inn in Gilgit war zum Beispiel eine große Schalttafel mit der Aufschrift ‚Danger! 430 Volt‘ in die Wand eingelassen. Daneben waren zwei Reihen mit je 10 Schaltern angebracht. Hier war die Zuordnung relativ einfach, denn über zwei Schaltern war mit roter Farbe ein ‚L‘ für Light und über einem ein ‚F‘ für Fan gemalt. Die anderen 18 Schalter waren nur zur Dekoration angebracht. Aber man konnte ohnehin mit allen 20 Schaltern ohne Gefahr spielen, denn Strom war in den seltensten Fällen da und wir saßen abends immer bei Kerzenlicht. Auf dem Weg ins Badezimmer, in dem auch nur selten fließendes Wasser lief, kamen wir durch ein ‚Vestibül‘ mit Kleiderschrank, Stuhl und nur einer von der Decke herabhängenden Glühlampe. Aber eine Reihe von sechs Lichtschaltern sowie je einem Schalter für den nicht vorhandenen Deckenventilator und für eine nicht funktionierende Klingel war schon recht imposant. Hier war kein ‚L‘ aufgemalt, so dass man auf allen Schaltern wie auf einem Klavier spielen musste, um den richtigen für das Licht zu treffen – falls mal gerade Strom da war. Wo die 430 Volt herkommen sollten, war mir unbegreiflich, denn nach der Helligkeit der 220-Volt-Glühlampen zu urteilen, waren es höchstens 130 Volt.

Heute, am 8. Mai 1998, gibt's wieder Strom, aber immer nur eine halbe Stunde lang, und dann sitzen wir wieder bei Kerzenschein und warten darauf, dass er wiederkommt. Das kann allerdings auch eine halbe Stunde oder länger dauern. Es hat sich also nicht viel gegenüber dem kleinen Hotelgenerator geändert. Nur soll mit dem Strom auch das heiße Wasser wieder da sein.

Nach dem Schreiben von Postkarten waren wir auf dem Postamt, das genau gegenüber unserem Hotel liegt und zu dem sehr steile, hohe Stufen hinaufführen, die ich später ohne Horsts Hilfe gar nicht mehr herunterkam. Wir klebten eine halbe Stunde lang Briefmarken,[37] bevor wir uns endlich auf den Weg nach Ganesh machen konnten.

Ganesh liegt unterhalb von Karimabad direkt am Karakorum Highway etwa 2,5 Kilometer von Karimabad entfernt. Hier machten wir einen ausgiebigen Spaziergang auf dem KKH. Durch einen größeren Erdrutsch war jeglicher Verkehr zum Erliegen gekommen.

---

37 Anmerkung von Januar 1999: Dann habe ich beim Stempeln nicht richtig aufgepasst und so sind 50 Prozent der Karten gar nicht angekommen!

*Abb. 54: Straße ins
Hopar-Valley*

6. Das Hopartal

Während des Spaziergangs von Karimabad nach Ganesh wurden wir von dem Fahrer eines Jeeps angesprochen, ob wir nicht Lust hätten, ins Hopar-Valley zu fahren. Dieses Hochtal ist nochmals 1000 Meter höher als Karimabad, gut 3500 Meter hoch. Der Talboden ist einige hundert Meter höher als der Gipfel der Zugspitze! Das Hochtal wird überall als besonders schön angepriesen. Das Tal liegt in dem mit Hunza verfeindeten Nagar-Gebiet. Im Gegensatz zum Hunzatal sind die Menschen dort fanatische schiitische Moslems, und sie sollen auch ziemlich fremdenfeindlich sein. Aber die Chance, dorthin zu kommen, wollten wir uns nicht entgehen lassen.

Nach einigen Verhandlungen über den Preis wollte der Jeep-Fahrer uns für 1000 pakistanische Rupien[38] dorthin fahren. Wir ließen noch vom Jeep das Stoffdach runtermachen, damit wir so viel wie möglich sehen konnten, und dann ging's los. Zuerst haben wir den Hunza-Fluss überquert und sind dann mit mehr als zügigem Tempo am Nagar-Fluss entlang gerast. So schnell es ging gerast! Ein Blick nach oben – der Fahrer hielt natürlich die steilen Berghänge ständig genau im Auge – erklärte uns, warum er so raste. Man konnte es an den vielen großen und kleinen Felsbrocken auf der Straße, aber auch an den Bergen sehen, dass der Weg sehr durch Steinschlag gefährdet ist. Der Fahrer wollte die Gefahrenstellen so schnell wie möglich hinter sich bringen. Dann ging's über eine Hängebrücke über den Nagar-Fluss, und ab hier war die Steinschlaggefahr vorbei. Aber nun stieg die Straße, jetzt nur noch eine sehr schmale Lehmpiste, so steil an, dass ich immer Angst hatte, dass wir seitlich ins Tal stürzen würden, oder dass der Wagen die Steigung nicht schafft. Der ideale Weg für so wenig schwindelfreie Menschen wie mich! Allerdings muss ich sagen, dass ich – vermutlich seit ich, mehr geschoben und gezogen als selbst gegangen, Angkor Wat in Kambodscha bestiegen habe und jetzt als Härtetest den Karakorum Highway entlang gefahren bin – viel schwindelfreier geworden bin. Trotzdem wurde mir doch einige Male recht mulmig, wenn ein ganzes Stück der Straße weggebrochen war, oder ein Wagen entgegenkam, was zum Glück nur zweimal geschah.

Es war eine atemberaubende und malerische Fahrt bis hoch ins Hopar-Hochtal. Die Menschen in den Dörfern am Straßenrand waren meist freundlich und winkten, aber einige Kinder schmissen auch Steine.

---

38 etwa 25 EUR

Abb. 55:
Nagar

Abb. 56:
Der Pfad zum
Hopar-Gletscher

Hunza und Nagar, getrennt durch den Hunza-Fluss, sind seit Urzeiten verfeindet. Die Hunzukutz sind zu 98 Prozent tolerante Ismaeliten, die Nagar-Leute sind fanatische Schiiten. Vor ein paar Jahren wurde bei aufflammenden Feindseligkeiten sogar die Hunza und Nagar verbindende Hängebrücke über den tiefen Einschnitt des Hunza-Flusses abgebrannt. Unser Jeep-Fahrer stammte aus Nagar, was unsere Fahrt natürlich sehr viel sicherer machte. Ein Stück des Wegs fuhr auch sein Bruder mit, der Polizist ist. Außerdem hatte ich, wie eigentlich immer, meinen Sarong um den Kopf gewickelt. Es ist gut gegen die Sonne, aber in islamischen, besonders schiitischen Gebieten macht das immer einen guten Eindruck und man merkt auch, dass man wohlwollender angesehen wird. So kamen wir durch eine grandiose Berglandschaft ins Hopartal.

Die Natur war hier viel weiter zurück als im Hunzatal, wir waren ja jetzt auch gut 1000 m höher als dort. Während im Hunzatal die Aprikosenblüte bereits vorbei war, standen hier die Aprikosen erst am Anfang ihrer Blüte. In Hopar waren wir am Ende des befahrbaren Weges angekommen. Das Dorf bestand aus weit auseinander liegenden Höfen. Sofort bot sich ein junger Mann an, uns zum Hopar-Gletscher[39] zu führen. Zuerst fragten wir nach Lunch und bekamen zur Antwort, wenn wir zuerst zum Gletscher gingen, ständen für uns hinterher Dhal, Kartoffeln und Chapati bereit.

Also machten wir uns zuerst auf den Weg zum Gletscher. Ach du liebe Zeit! Es mag zwar sein, dass ich inzwischen schwindelfreier geworden bin, aber das war für mich nun doch ein tollkühnes Unterfangen. Der Weg war an einem sehr steilen Hang gelegen, schräg abfallend und zum Teil nur einen Fuß breit. Trotzdem habe ich schweißgebadet den halben Weg geschafft. Aber dann kam ich immer wieder ins Rutschen und habe an einer Stelle gestreikt, an dem ein größerer Stein einen guten Sitzplatz abgab und ich einen tollen Ausblick auf den Gletscher und die weißen Riesen rundum hatte. Zwei der Jungen aus dem Dorf kamen und leisteten mir Gesellschaft, bis Horst vom Gletscher zurückkam. Horst wurde von mir nur unter schwerster Bedrohung, dass ich ihn, falls er abstürzen sollte und dabei zu Tode käme, nach Deutschland überführen und dort zur Strafe mit allem erdenklichen Pomp beerdigen würde, entlassen! Das schien mir das beste Mittel, ihn von irgendwelchen Verrücktheiten abzuhalten. Er marschierte trotzdem sehr vergnügt ab und war bald nur noch als kleiner Punkt weit unter mir zu sehen. Ich beobachtete in aller Ruhe den Gletscher, der regelrecht lebt. Ununterbrochen knallt und kracht es, Steine, die auf ihm liegen

---

39 Auch Bualtar-Gletscher genannt

stürzen herab, man merkt, dass das Eis ständig in Bewegung ist. Über 20 Zentimeter soll der Gletscher täglich wandern. Es war geruhsam, ihn aus sicherer Entfernung zu beobachten.

Ich war aber heilfroh, als ich Horst und den Führer wohlbehalten wieder in der Ferne tief unter uns auftauchen sah. Die beiden Jungen, die bei mir geblieben waren, hatten die ganze Zeit versucht, mir mit viel Mühe alles Mögliche über den Gletscher, die Gegend und ihr Dorf zu erklären. Jenseits des Gletschers, ein bis zwei Tagereisen entfernt, gibt es weitere Dörfer, die aber nur über den Gletscher zu erreichen sind, und nur selten durch Trekking-Touren mit der westlichen Welt in Berührung kommen. Einen Bauern, der mit Waren von dort kam, und noch jenseits des Gletschers war, wollten sie mir zeigen, ich konnte ihn aber nicht entdecken. Um sie aber nicht allzu sehr zu enttäuschen, behauptete ich, dass ich ihn erkannt hätte. Sie meinten auch, es sei ganz einfach, den Gletscher zu überqueren, man müsse nur die richtigen Stellen kennen und die Gletscherspalten umgehen. Na, ich weiß nicht: so wie der Gletscher in Bewegung ist, kann morgen schon die heute noch richtige Stelle den Tod bedeuten. Also ich verspürte keinerlei Lust auf dieses Abenteuer, zumal ich ja auch erst einmal zum Gletscher hätte hinunterklettern müssen!

Vorerst hatte ich Mühe genug, wieder ins Dorf zurück zu kommen! Aber hinauf zu gehen ist für mich ja ein viel geringeres Problem als hinunter. Nur an den ganz schmalen Stellen klammerte ich mich an jede Hand, die sich mir bot und als wir endlich wieder oben waren, war ich richtig froh und stolz auf mich.

Am Ausgangspunkt unserer Wanderung war unter freiem Himmel schon ein Tisch mit zwei Stühlen aufgestellt, und wir bekamen unser Lunch mit einheimischem Tschumurruh-Kräutertee serviert. Tschumurruh-Tee ist ein Tee aus Pfefferminze, Koriander, Jasmin, grünen Teeblättern und anderen für das Hunzatal typischen Kräutern, die wir nicht identifizieren konnten. Das Essen schmeckte uns hervorragend, besonders die Kartoffeln, aber wie sich dann herausstellte, verlangten sie nicht nur einen unverschämten Preis für das Essen, sondern es wurde uns auch noch schlecht davon. Was wir nicht wissen konnten war, dass wir den ganzen Rest der Reise noch ,Freude' an diesem Essen haben sollten, ja selbst Monate danach in Deutschland war mein Magen- und Darmtrakt noch nicht wieder in Ordnung!

Abb. 57:
An diesem Essen im
3500 Meter hohen
Hopar-Valley hatten
wir noch lange unsere
Freude

Abb. 58:
Zurück nach
Karimabad

Mit Mühe und unter großer Not erreichten wir wieder unser Hotel, bevor eine schlimme Diarrhöe einsetzte. Die Kartoffeln und das Gemüse waren sicherlich in Gletscherwasser gekocht worden. Da wir auf über 3500 Metern Höhe waren, lag der Siedepunkt des Wassers nur bei etwa 80°C. Es wurden mit Sicherheit nicht alle Bakterien abgetötet. Es war uns auch nicht bekannt, wie lange die Lebensmittel bei 80°C gekocht worden waren. Daran hätte ich vor dem Essen denken sollen. Kein Wunder, dass die Kartoffeln auch noch ziemlich hart waren. Nach diesem Essen hatte auch ich noch wochenlang Probleme.

Wir fuhren dann dieselbe Strecke zurück, eine andere gibt es ja auch nicht. Eigentlich hätten wir gern den Mir oder Tham von Nagar aufgesucht, dem wir von Rosinys, die gut mit ihm bekannt sind, Grüße ausrichten sollten. Aber leider war er gerade nicht im Lande. Auf der Rückfahrt fielen uns besonders die überall aus den Moscheen über Lautsprecher laut schallenden Reden der Mullahs auf, die extrem fanatisch und aggressiv klangen. Selbst in Hunza jenseits des Flusses und der tiefen Schlucht, durch die er fließt, konnte man die Reden seit dem frühen Morgen hören. Wir hatten fast das Gefühl, dass die Lautsprecher provokativ direkt auf Hunza gerichtet worden waren. Da wundert man sich nicht, dass das einfache Volk aufgehetzt wird und es zu blutigen Unruhen kommt.

Gegen 16:30 Uhr setzte uns unser wirklich sehr netter und umsichtiger Jeep-Fahrer wieder am Hotel ab. Das letzte Stück zwischen Ganesh und Karimabad ist er mit uns die alte Hunza Straße gefahren, die so steil ist, dass man wirklich das Gefühl hat, senkrecht in den Himmel zu fahren. Wir konnten nur die Motorhaube des Jeeps und den Himmel sehen. Alles ist Bergsteigerei, auch auf Rädern!

Wieder im Hotel war uns zwar schlecht vom Essen im Hopar-Hochtal, wir waren auch hundemüde und total durchgeschüttelt, aber ganz begeistert von einem wunderschönen Tag.

7. Von Karimabad nach Gulmit

Am Morgen des nächsten Tages nach unserem Ausflug ins Hopar-Hochtal wollten wir uns auf den Weg nach Gulmit machen. Im Moment sollte die Straße noch durch einen Erdrutsch blockiert und erst in ein paar Tagen geräumt sein, aber es hieß, man könne hinüberklettern und auf der anderen Seite bekäme man auch wieder eine Fahrgelegenheit. Wir wollten sehen. Auf der Fahrt nach Karimabad war uns ja auch solch ein Erdrutsch angekündigt worden, aber der war schon geräumt, als wir dort ankamen.

Inzwischen, am 10. Mai 1998, sind wir in Gulmit angekommen und sitzen im Garten vor einer traumhaften Bergkulisse und genießen das Leben. Eben stellen wir fest, wie herrlich würzig die Luft hier duftet, aber es war vor allem der würzige Duft des Tschumurruh-Tees, der uns gerade gebracht worden ist. Der einheimische Kräutertee ist wunderbar, die Kräuter kommen von weit oben an den Berghängen. Aber auch ohne die Düfte des Tees ist die Luft hier oben in fast 3000 m Höhe phantastisch. Und es ist eine unglaubliche Ruhe. Wir sind wirklich vollkommen von der Hektik der Zivilisation abgeschnitten.

Gulmit ist ein Dorf in einer Hochebene zwischen den gewaltigsten Bergmassiven, die es auf dieser Welt gibt. Wir sind hier in einem kleinen Gästehaus, dem Hunza Marco Polo Inn gelandet, in dem – wie wir dachten – auch Rosinys waren. Alle erinnern sich an Mister Tonny und seine Frau. Mister Tonny aus Lahore sei ein ganz guter Freund gewesen und habe vor etwa acht Jahren zuletzt einen Monat hier mit seiner Frau und zwei Töchtern verbracht. Spätestens an dieser Stelle wurde ich etwas stutzig: Mister Tonny aus Lahore war schon merkwürdig, da Herr Rosiny in Islamabad residierte, aber auch noch mit zwei Töchtern, da konnte etwas nicht stimmen. Aber wir ließen uns unsere Verwunderung nicht anmerken, denn als Bekannte von Mister Tonny, und sollte es auch der falsche sein, waren wir besser angesehen als irgendwelche Touristen ohne Referenzen.

Aber erst mal von Anfang an: Gestern Morgen war der erste Morgen, an dem wir nicht mit eiskaltem Gletscherwasser geduscht haben, sondern – da am Abend zuvor vorübergehend für ein paar Stunden Strom da war und unser Boiler noch warm war – mit warmem Wasser. Irgendwie fehlten uns unsere eiskalte Erfrischung und unsere lautstarken Schreckensschreie aber doch!

Abb. 59:
Auf dem Weg
nach Gulmit

Abb. 60:
Mit vereinter Hilfe
überquert Annette
den Erdrutsch

Wir machten uns mit einem Jeep auf den Weg nach Gulmit. Dass die Straße blockiert sein sollte, wussten wir ja, aber ich hoffte doch sehr, dass der Erdrutsch bis zu unserer Ankunft geräumt sei. Dass uns kein Auto entgegenkam und wir auch in Richtung Gulmit so ziemlich alleine unterwegs waren, schien mir allerdings ein schlechtes Zeichen zu sein. Und tatsächlich, etwa 20 Kilometer hinter Karimabad[40] war alles zu Ende. Riesige Gesteinsbrocken lagen meterhoch auf der Straße. Der ganze Bergrutsch war, wie Horst mir hinterher erzählte, ca. 100 bis 150 Meter breit. Einige Einheimische und ein Sprengkommando der pakistanischen Armee turnten auf den Felsbrocken hoch über der Straße herum. Auf unserer Seite stand eine ganze Reihe von Autos, die auf Passagiere von der anderen Seite warteten. Ein kleiner Bus voller Touristen war mit uns angekommen, die den Erdrutsch begutachten und fotografieren wollten. Als wir unser Gepäck aus dem Jeep luden, kamen einige zu uns und fragten uns, ob wir dort wirklich hinüberklettern wollten. Wir sagten, wir wollten es wenigstens versuchen. Ich kam mir unglaublich verwegen dabei vor! Um keinen Preis hätte ich jetzt einen Rückzieher gemacht, sah mir den Erdrutsch aber auch nicht genauer an, um nicht schon vorher vor Angst in die Hose zu machen. Meine Reisetasche trug unser Fahrer, der mit uns rüberkommen wollte, um drüben für uns bei einem anderen Fahrer einen guten Preis nach Gulmit auszuhandeln. Horst gab auch seinen Rucksack an einen Träger ab, um mir helfen zu können.

Als ich kurz vor dem Erdrutsch war, wurde mir dann doch sehr mulmig, aber als mich ein älterer Herr von den Bustouristen fragte, ob das wirklich mein Ernst sei, da hinüberklettern zu wollen, da war die Frage endgültig entschieden. Ich musste es wenigstens versuchen. Der Herr klopfte mir noch auf die Schulter und wünschte ‚Good luck‘, und schon ließ ich mir von Horst auf den ersten Felsen hinauf helfen. Die ersten 20 bis 30 Meter ging es einigermaßen, aber plötzlich schrien die Soldaten: ‚Go, go, go, fast, fast‘, und ließen laute Trillerpfeifen ertönen. Ich hatte nur gehört, dass die Soldaten, kurz bevor sie sprengen, pfeifen, damit man sich in Sicherheit bringen kann. Die Lunten der Dynamitladungen hatte ich ja schon auf dem ersten Stück der Kletterpartie aus den Felsen hängen sehen. Ich geriet in Panik und dachte: ‚Die sprengen tatsächlich, obwohl sie doch genau wissen müssen, dass wir noch nicht drüben angekommen sind‘. Gleichzeitig war ich in eine Situation geraten, in der ich nicht mehr vor oder zurück kam: Ich hatte die Füße falsch stehen, einen Fuß auf einem Felsen, den anderen auf einem anderen und mit einer Hand am dritten Felsen festgeklammert, aber so, dass ich nicht mehr weiter konnte. Ich dachte, nun ist alles aus, die sprengen mich hier mit in die Luft. Was ich allerdings oder zum Glück nicht mitbe-

40 Gulmit ist ca. 40 Kilometer von Karimabad entfernt

88

kommen hatte, war, dass sich über uns die ganze Felswand in Bewegung gesetzt hatte und Anstalten machte, auf uns herabzustürzen. Horst kam ganz ungestüm zurück gerast, von hinten kam ein Einheimischer, der sich – wie ich aus den Augenwinkeln gesehen hatte – immer in meiner Nähe hielt, und mit dessen Hilfe landete ich mit einem Sprung ins Ungewisse, von dem ich immer noch nicht glauben kann, dass ich ihn gewagt habe, auf dem Felsen, auf dem Horst stand, der mich dort auffing. Von hier ab schickte ich Horst wieder vor und ließ mir von dem Einheimischen – die gehen ja hier alle über die schwierigsten Wege und Felsbrocken bergab und bergauf – weiterhelfen. Ich wusste immer noch nicht, in welcher Gefahr wir waren, obwohl ich das Gefühl hatte, dass unter uns die Felsen sich bewegten – was ich aber meinen weichen Knien zuschrieb –, und die Soldaten weiterhin ‚Go, go, fast, fast' schrien. Der Einheimische wich nicht von meiner Seite und ließ meine Hand nur einmal los, als er selbst ins Schwanken geriet, ansonsten half er mir trotz der Gefahr, zwar immer zur Eile treibend, aber doch geduldig, von Felsbrocken zu Felsbrocken. Ich habe keinmal nach unten geschaut, denn hätte ich den Blick mindestens 150 Meter steil in die Tiefe gewagt, wäre ich vermutlich keinen Meter mehr weiter gekommen. Ich habe mich immer nur auf den nächsten Schritt konzentriert. Ich merkte nichts mehr, nicht meine Beine, nicht meine Arme, ich war ausschließlich damit beschäftigt, einen Schritt nach dem anderen zu tun, während unter meinen Füßen die Geröllmassen nach unten rutschten.

Horst blieb immer ein paar Meter vor mir, um unter Umständen wieder zu Hilfe eilen zu können, und plötzlich rief er: ‚Hier ist es vorbei!'. Ich hüpfte förmlich über die nächsten Felsbrocken bis zu Horst und der Rest war dann nur noch ein Kinderspiel. Hier erfuhr ich erst, warum die Soldaten uns so zur Eile angetrieben hatten, aber bis es in meinen Kopf hineinkam, dass wir um ein Haar vom Berg erschlagen worden wären, das dauerte noch eine Weile. Als ich endlich in Sicherheit war, nahm mich Horst in seine Arme. Wir beide zitterten von der Aufregung und Anstrengung am ganzen Körper, uns beiden kamen die Tränen und wir drückten uns mächtig. Ich war aber stolz, dass ich es geschafft hatte. Der ganze instabile Bergrutsch hatte sich wieder in Bewegung gesetzt und rutschte langsam ab. Es war ein wirklich gefährliches Unterfangen!

Mit Hilfe unseres Fahrers haben wir auf der anderen Seite schnell einen anderen Jeep gefunden und einen guten Preis ausgehandelt. Und nach großer Verabschiedung von unserem Fahrer und unseren Helfern – natürlich versüßt durch ein ordentliches Trinkgeld, das sie sich aber auch redlich verdient hatten – ging's weiter nach Gulmit.

Abb. 61:
Unser Hotel
‚Hunza Marco
Polo Inn'

Abb. 62:
Die Brücke ins
Shishkat-Tal

Abb. 63:
Unser Hotelpersonal.
Der Zweite von
rechts ist der
Eigentümer des
Hotels, der meist
grimmig schauende
Kleinherrscher Raja
Hussein Khan

Abb. 64:
Teestunde im
Garten des Hotels
mit Aussicht auf
den Golden Peak

Heute habe ich noch ganz schön Muskelkater, aber ich merke, dass mir die Wege im Hopar-Valley und vor allem über den Erdrutsch ganz viel geholfen haben, schwindelfreier zu werden. Hier in Gulmit hüpfe ich schon fast wie eine Gemse bergauf und bergab – wie eine unbeholfene Gemse zwar, aber immerhin wie eine Gemse!

In Gulmit sind wir gut im Hunza Marco Polo Inn untergekommen. Gulmit, ein kleines uraltes, malerisches Dorf aus Lehm- und Steinhütten, entschädigt uns für alle Mühen. Es ist wirklich wunderschön hier. Die Wege zwischen den Häusern sind nur etwa eineinhalb Meter breit, und die Leute sind unglaublich freundlich. Alle grüßen und winken, und wir werden ständig zum Tee in die Häuser gebeten. Außer uns ist kein Tourist in der Nähe. Heute Morgen haben wir drei Stunden lang das Dorf und die Umgebung erkundet. Gestern am Tag unserer Anreise haben wir nur einen kleinen Spaziergang gemacht und ansonsten sind wir nur im Garten gesessen, haben gelesen, und uns vom Schreck des Erdrutsches erholt. Wir ließen die unglaublich schöne Umgebung auf uns wirken. Ich kann nur immer wieder davon schwärmen: Die gewaltigen schneebedeckten Riesen, die überwiegend noch nicht bestiegen sind, das liebliche Tal voller Blumen, das abgeschiedene dörfliche Leben und die unglaublich netten Menschen. Seitdem wir im Hunzatal sind, habe ich immer wieder gedacht, dass es wirklich wie im Paradies hier ist. Dass James Hilton hier zu seinem Roman über Shangri La inspiriert worden ist, ist wirklich kein Wunder. Aber während des Winters möchte ich nicht hier sein! Allerdings soll der Winter wegen der südlichen Lage und der kräftigen Sonneneinstrahlung hier gar nicht so streng sein. Wir sahen aber, dass der Frühling in Gulmit, durch die höhere Lage gegenüber Karimabad, um etwa zwei Wochen nachhinkte. Durch den milden Winter sollen in Karimabad sogar Südfrüchte, wie Orangen, gedeihen.

Aber jetzt wieder zurück zu unserem heutigen Spaziergang. Es ist der erste absolut wolkenlose Tag, seitdem wir von Islamabad abgefahren sind. Die Sonne ist sehr stark hier oben,[41] aber die Luft ist ganz klar und frisch, so dass man wunderbar gehen kann. Morgens und abends braucht man allerdings dicke Pullover und nachts sind wir dick eingepackt mit Bauchbinde, Schal und Ski-Unterhosen! Nicht sehr kleidsam, aber nützlich. Heute wollten wir uns die ‚Fußgängerbrücke' ins Shishkat-Tal ansehen. Dazu mussten wir ein Stück über den KKH gehen und dann steil bergab zum Hunza-Fluss hinunter klettern. Mit meiner bis jetzt gesammelten Hochgebirgs- und Bergrutsch-Erfahrung war das für mich ein lösbares Problem geworden. Ich

41 Das Hunzatal liegt auf der Höhe von Süditalien

turnte sogar die meiste Zeit vorneweg! Aber die Brücke – nein! – keine zehn Pferde hätten mich dort hinauf, geschweige denn hinübergebracht! Es ist eine etwa hundert Meter lange schwankende Hängebrücke, auf der nur alle halbe Meter ein Ast liegt. Erdrutscherfahrung hin oder her, das war keine Bekanntschaft, die ich auch noch zu machen beabsichtigte. Man muss ja nicht gleich mit den Mutproben übertreiben! Aber Horst konnte nichts halten, schon gar nicht vernünftige Argumente, er musste auf die Brücke und meinte, es sei ein Kinderspiel! Aber selbst diese Versicherung konnte mich nicht verlocken, mich diesem Vergnügen und dem vermutlich daraus folgenden Bad im Hunza-Fluss hinzugeben. Mir zuliebe ist er nicht über die ganze Brücke bis zum Eingang des Shishkat-Tals hinüber geturnt – und bedauert das heute, Ende Dezember 1998, immer noch zutiefst.

Es ist wirklich malerisch hier, und wir haben heute schon mehr als einen Film belichtet. Gulmit und auch Karimabad sind umgeben von Gletschern, die in der Sonne strahlend weiß blenden. Dutzende Gletscher befinden sich hier in der Umgebung. Morgen werden wir noch hier bleiben und dann die Fahrt nach Kashgar antreten. Dort wollen wir gut eine Woche verbringen, bevor wir wieder für einige Tage hierher zurückkommen werden.

Heute Abend wurde uns wieder ein Bekannter von Mister Tonny gebracht, ein Mister Khan Beg. Mister Khan Beg ist ein Bergführer, mit dem Mister Tonny trekken und jagen war, und außerdem war Mister Khan Beg zwei Monate bei Mister Tonny in Deutschland zu Besuch. Der Flug sei frei gewesen und auch alles andere. Er hätte viel Alkohol getrunken, Mister Tonny sei immer so großzügig gewesen und hätte so viel Spaß gemacht. Auch in Lahore sei er bei Mister Tonny zu Besuch gewesen, und Tonnys Tochter habe ihm sehr geholfen. Als Mister Khan Beg uns dann noch nach Mister Tonnys Mutter fragte, habe ich sie kurzerhand für tot erklärt. Dass es sich um eine andere Familie Tonni oder Tonny handeln musste, war uns ja inzwischen klar gewesen – auch wenn mich Horst immer wieder fragte, ob ich denn sicher sei, dass Rosinys keine Tochter hätten –, und so hatte ich keine Hemmungen, die Mutter unter die Erde zu bringen, was acht Jahre nach Mister Tonnys letztem Besuch ja auch nicht so unwahrscheinlich war.

Heute, am 11. Mai, sind wir etwas daneben. Müde, etwas kurzatmig und leicht schwindelig. Aber das kann daher kommen, dass wir beide heute Nacht um 3:00 Uhr aufwachten, weil wir so aufgeregt waren. Wir waren beide wach geworden und hatten schon jeder für sich überlegt, was wir nun für China einpacken sollen – denn wir wollen für uns beide ja nur einen einzigen kleinen Rucksack mitnehmen – und was wir auf die Fahrt anziehen wollen. Außerdem haben wir über unsere Träume nachgedacht. Erst als wir aufs Klo mussten, merkten wir, dass der andere auch wach lag. Also verkürzten wir uns die Nacht, indem wir ein bisschen erzählten und lachten, und zur weiteren Erheiterung spielte Horst eine imaginäre Geige und ich vollendete den Kunstgenuss durch eine Balletteinlage. Die künstlerische Vollendung bekam das Ganze durch unsere Kleidung: Lange Skiunterhosen, Bauchbinde, Schal und Gummilatschen!

Wir schütteten uns aus vor Lachen und dachten gar nicht daran, dass zu unserem Ärger am Abend zuvor eine deutsche Familie, Eltern und Tochter, für eine Nacht hier eingezogen waren und rechts und links von uns schliefen. Nach unserer Showeinlage schliefen sie vermutlich nicht mehr. Als wir gegen 4:00 Uhr immer noch hellwach und aufgekratzt waren, nahmen wir jeder eine Insidon-Tablette zum Entspannen, damit wir noch ein wenig schlafen konnten. Das hat uns sicherlich heute so umgehauen.

Die deutsche Familie, die gestern Abend hier eintrudelte, hätte so nett sein können, wie sie wollte, und vielleicht hätten wir sie überall woanders gemocht, nur hier nicht! Hier wollten wir alleine sein! Aber ich vermute, dass wir auch sonst keinen Kontakt gewollt hätten. Die Tochter von gewaltigen Ausmaßen, der Vater von gewaltigen Ausmaßen, die Mutter von normalem Format. Die Tochter scheint irgendwo in Pakistan zu arbeiten. Darauf kamen wir, als der Hotelbesitzer sie auf ihre Kopfbedeckung ansprach – sie trug ein bunt besticktes Hunza-Käppchen für Frauen – und meinte, sie sähe aus wie eine Hunza-Frau. Darauf antwortete sie, dass sie vor einem Monat im Hunzatal einen Sonnenstich bekommen habe. Das erklärte natürlich sofort, warum sie das Käppchen auch in Räumen und beim Essen nie absetzte! Aber wenn sie vor einem Monat schon hier gewesen ist, dann ist sie vermutlich keine normale Touristin. Inzwischen sind sie abgereist und wir wieder zufrieden.

Jetzt haben wir auch unsere Sachen für China gepackt und wieder einmal festgestellt, dass die Hälfte unseres Gepäcks durchaus ausreichend gewesen wäre. Aber das ist ja immer so, man nimmt ,sicherheitshalber' immer zu viel mit.

Heute waren wir von einer Familie in ihr Haus zum Tee eingeladen, von deren sechs Kindern die beiden jüngsten Söhne schwer geistig und körperlich behindert sind. Es gibt doch auffallend häufig mehr oder weniger geistig und auch körperlich Behinderte hier. Ich vermute, das kommt von Inzucht. So abgeschnitten von der Welt, wie die einzelnen Dörfer jahrhundertelang gewesen sind, mag es ja ganz gut und schön sein, wenn man nicht innerhalb seines Clans heiraten durfte, aber auch wenn man lange genug von Clan zu

Clan geheiratet hat, sind die einzelnen Clans so eng miteinander verwandt, dass es nicht mehr ratsam ist, untereinander zu heiraten.

Wie ich gerade feststelle, scheint es auch für Engländer nicht ratsam zu sein, innerhalb der Insel zu heiraten: Eben waren nämlich drei Engländer auf der Durchreise hier – der KKH war nach sieben Tagen Sprengungen und Räumarbeiten seit heute wieder frei –, die sehr gewöhnungsbedürftig und arrogant auftraten. Wir sind froh, dass sie gleich weiterreisten!

Im Moment regnet es und das macht die Strecke in Richtung Gilgit – also die Gegenrichtung – wieder sehr erdrutschgefährdet. Nach dem Traumwetter gestern kann uns der Regen heute überhaupt nicht beeindrucken. Wir freuen uns nur, wenn wir die Pakistanis im Regen stehen sehen. Unsere Hoffnung ist nämlich, dass der Regen eine Körperwäsche ersetzt. Daran wird hier offensichtlich mächtig gespart. Allen voran riecht unser Wirt äußerst unangenehm nach ungewaschener Kleidung, aber alle anderen sind auch nicht viel besser. Dafür sind aber alle unheimlich nett und hilfsbereit.

Unser Wirt, Raja Hussein Khan, ersetzt für uns zur Zeit die ‚Mutter‘: Alles organisiert und erledigt er, ohne uns vorher zu fragen. Er hat für uns zwei Plätze für die Reise nach Tashkurgan in China organisiert,[42] zwei Lunchpakete bestellt, er wird uns nach Sust bringen, von wo aus der Bus nach China abfährt, und vermutlich dafür sorgen, dass wir im richtigen Fahrzeug auf dem richtigen Platz sitzen. Und wahrscheinlich wird er für uns auch noch die Passformalitäten erledigen! Außerdem hat er schon angedroht, unsere Rückreise von Sust hierher zu organisieren, irgendwem hat er schon Bescheid gesagt, dass wir irgendwann übernächste Woche wieder nach Pakistan zurückkommen werden, und der soll uns dann vermutlich in Sust einfangen!

Im Moment riecht es verheißungsvoll aus der Küche: Unser Abendessen wird vorbereitet. Unser Koch, Hassan, kommt aus Karimabad und kann – wie er sagt – alles kochen! Bisher hatte er Recht, aber wir hatten auch keine allzu hohen Anforderungen. Vor allem fragen wir nach Hunza-Küche. Er sieht zwar ziemlich schmuddelig aus, riecht wie alle hier und kratzt sich an intimen Stellen,[43] aber bisher haben wir all sein Essen gut vertragen, auch wenn in allen Aprikosenspeisen haufenweise Sand enthalten ist. Eben berichtete er uns noch, dass in etwa vier Wochen überall Pilze aus dem Boden schießen würden, wunderbare Speisepilze. In Karimabad würde man die Pilze essen, aber hier in Gulmit, würden die Menschen die Pilze zertreten und niemals verspeisen.

---

42 In Tashkurgan müssen wir übernachten und dann in einem chinesischen Bus weiterreisen
43 Ich empfahl ihm: ‚Nicht kratzen, waschen!‘

Abb. 65:
Der Garten
im Hunza
Marco Polo Inn

Abb. 66:
Begegnung
unterwegs

Abb. 67: Die Schule in Gulmit

Abb. 68: Begegnung unterwegs

Wir haben das ‚Restaurant‘, den Speiseraum unseres Gästehauses, zu unserem Wohnzimmer gemacht, in dem wir schreiben, Tee trinken und lesen, wenn es draußen im Garten zu windig, oder zu kalt ist, oder wie jetzt regnet. Von hier wie auch vom Garten aus hat man einen hervorragenden Blick über das Hunza-Flusstal hinauf zu den schneebedeckten Bergen.

Nach dem Essen hatten wir noch eine Begegnung mit Shah Khan, dem Eigentümer des Silk Route Hotels, der im Zustand geistiger Entrückung durch übermäßigen Alkohol-Zuspruch war. Horst war ja schon in dessen Hotel gewesen, als wir eine Unterkunft in Gulmit suchten.

Unten am KKH, gleich neben der Straße, ist das Silk Route Hotel, dem seinerzeit Herr Rosiny den Namen gegeben hat. Vorgestern, als wir hier ankamen, habe ich die Zimmer und Betten angesehen und den Preis erfragt. Das ganze Hotel war leer, alle Zimmer einfach und karg eingerichtet, aber relativ sauber. Der Preis für das Doppelzimmer betrug 1150 Rupien. Nach Verhandlungen mit dem Manager in Anzug, Hemd und Krawatte kam ich auf 800 Rupien herunter. Immer noch viel zu teuer, und ich machte ihm ein letztes Gegenangebot: 500 Rupien und keinen Cent mehr. ‚No! No! Not possible!‘ Aber als ich mich zum Gehen anschickte, rief er mir nach, ‚Ok, I give you single room charge for double‘. Ich ging hocherfreut wieder zurück, um den Preis zu erfahren. Er nannte mir Rp. 798, also 2 Rupien weniger als sein letztes Angebot. Ich hatte genug und wir machten uns auf den Weg und fuhren zum Hunza Marco Polo Inn, in dem wir bestens und mit Hilfe des falschen Mister Tonny auch preisgünstig unterkamen.

Und eben steht der Eigner vom Silk Route Hotel höchstpersönlich vor uns: Mister Shah Khan, jovial, betrunken, im Maßanzug eines englischen Kolonialbeamten, Seidentüchlein am Hals und die Cognac-Flasche ragte aus der Tasche. Auch er war ganz begeistert über die Begegnung mit Freunden von Mister Tonny, wobei er mit Sicherheit vom richtigen Mister Tonny sprach, aber den feinen Unterschieden in seinem fröhlichen, alkoholumnebelten Zustand keine Bedeutung mehr beimaß. Er versuchte heftig, uns zum Trinken zu animieren, was wir aber ablehnten, weil wir im Gegenzug nicht unseren eigenen guten Whisky opfern wollten! Sein Redefluss war nicht zu stoppen, und hochbeglückt, deutsche Gäste vor sich zu haben, berichtete er von seinen Erlebnissen in Deutschland, die er als Offizier der Britischen Air Force hatte. Das Größte dabei waren die deutschen Fräuleins! Alle waren so schön und so fröhlich.

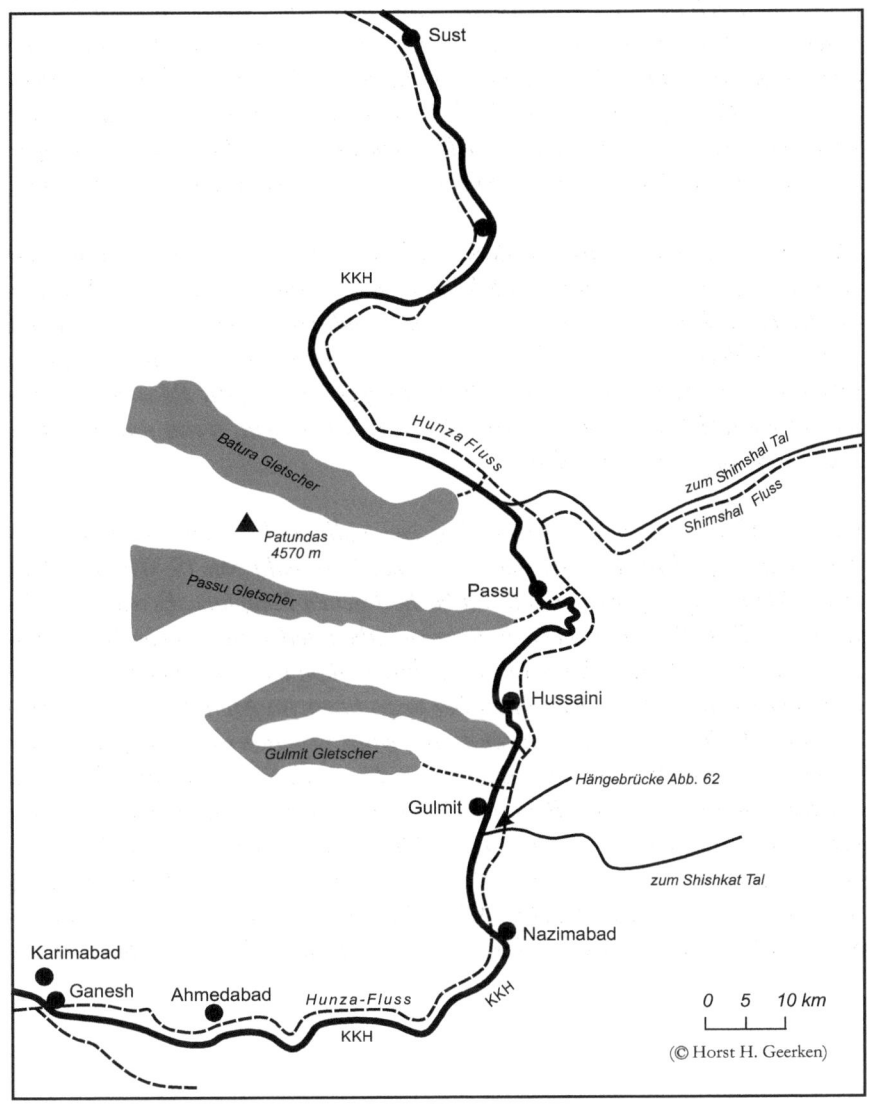

Abb.69: Karimabad bis Sust

Morgen früh geht es weiter zum Khunjerab-Pass, fast 2000 Meter höher als hier, und heute sitzen wir da wie zwei schlappe Fische, ausgelaugt, ohne Kraft und wir schnappen nach Luft. Das kann ja heiter werden! Selbst der kleine Spaziergang zur Poststelle und zurück ist uns schwer gefallen. Vielleicht liegt es bei mir auch an der Enttäuschung, dass im ,Gulmit Post Office‘ noch keine Briefe aus Deutschland und aus Australien angekommen sind. Das dauert halt alles länger hier. Dem Postbeamten konnte ich nicht klar machen, was ,Poste restante‘ – Postlagernd – ist, und ich habe dann den Hotelchef Raja Hussein Khan vom Hunza Marco Polo Inn losgeschickt, um nochmals nachzufragen. Nun hoffen wir, dass bei unserer Rückkehr in gut einer Woche Briefe da sind.

Heute ist der Himmel wieder bedeckt und ein kräftiger kalter Wind weht. Wir gingen einige Kilometer auf dem KKH spazieren. Alles ist ruhig, kein Verkehr, der KKH nach Karimabad ist immer noch – oder schon wieder – durch einen Erdrutsch blockiert. Nun ist die Straße schon seit sieben Tagen gesperrt, und wir sahen nur eine Schlange von etwa 20 Lastwagen, die auf die Räumung warteten. Der KKH kann ja wohl nicht sehr frequentiert sein, wenn nur so wenige Fahrzeuge aufgehalten werden.

Gestern Abend haben wir, einen Tag vor Vollmond, einen wunderschönen Mondaufgang erlebt. Und das sogar zweimal innerhalb von 15 Minuten. Den ersten Mondaufgang erlebten wir am hochgelegenen Poloplatz. Es war faszinierend, wie die helle Mondscheibe hinter den nahen steilen Bergen von Nagar aufstieg, alles in ein helles, blaues Licht tauchte, in dem wir und alles andere lange Schatten warfen. Die langen Gletscher erstrahlten im Mondlicht und warfen das fahle Licht zurück. Es entstand eine ganz verzauberte Atmosphäre. Wir gingen den steilen Weg hinunter zu unserem Hotel, dabei verschwand der Mond wieder langsam hinter dem Bergmassiv, um uns herum wurde alles wieder dunkel. Dann konnten wir einen zweiten Mondaufgang vom Garten des Hotels erleben, und wie alles um uns mehr und mehr in die mystische Beleuchtung unseres Erdtrabanten eintauchte. Wir erlebten einen Himmel aus schwarzem Samt und eine mächtige schneebedeckte Bergwelt in strahlendem Mondlicht.

8. Von Gulmit nach Sust

Seit gestern Abend, 14. Mai, haben wir unser Ziel, Kashgar, erreicht. Was für eine Reise! Am 12. Mai morgens machten wir uns auf den Weg nach Sust. Uns wurde für die Fahrt nach Sust von unserem Wirt ein ganz ‚neues' Auto – Baujahr 1981! –, ein neugekaufter LKW, zur Verfügung gestellt, in den wir uns beide vorne mit hinein quetschten. Das Auto musste natürlich auch richtig in die Familie aufgenommen werden und deshalb wurde eine Feier vorbereitet. Dazu wurde – während wir unser Frühstück einnahmen – im Hof vor unseren Augen ein Ziegenbock geschlachtet. Guten Appetit! Die Fahrt fing gut an! Hätte der Schlachter sich nur am Geruch orientiert, hätte er vermutlich den Wirt geschlachtet!

Der Wirt begleitete uns nicht nach Sust, da er an diesem Tag hohen Besuch erwartete, aber er gab uns in die getreuen Hände seines Bruders. Nach ungefähr 20 Kilometern passierten wir Passu. Passu ist ein unscheinbarer Ort, aber bis vor ein paar Jahrzehnten war dies ein strategisch sehr wichtiger Ort. Hier ist die Abzweigung über den Hunza-Fluss ins Shishkat-Tal, hier laufen die Pfade von Ladakh, Xinjiang, dem Pamir und Afghanistan zusammen. Die Pfade zu den beiden Pässen Mingteke und Kilik nach Xinjiang, die wichtigsten Pässe vor der Fertigstellung des Khunjerab-Passes, zweigten auch von hier ab. In Passu wurden Fremde und feindliche Horden immer zuerst entdeckt und nach Karimabad gemeldet.

Die Hilfe des Bruders war auch nötig, denn ohne die Hilfe von Einheimischen wären wir heute noch in Sust und würden herumirren. In der kleinen Ansammlung von Gebäuden gab es nur Zoll- und Immigrationsstellen, ein Postamt, Verkaufsstellen für Bustickets und mehrere ‚Hotel' genannte schäbige Herbergen.

Der Bruder brachte uns zuerst in ein Hotel in Sust, wobei für uns im Dunkeln blieb, was wir dort sollten, bis wir gefragt wurden, ob wir ein Lunchpaket bestellt hätten. Da wir aber das Innere des Hotels nicht ohne Schaudern betrachten konnten und uns ganz und gar übel war, als wir in einem der Zimmer auf dem Klo gewesen waren, verneinten wir sofort, obwohl wir wussten, dass der Wirt in seiner nicht enden wollenden Fürsorge ein Lunchpaket für uns geordert hatte. Nach dem Zustand des Hotels konnten wir uns ziemlich genau vorstellen, wie die Küche dort aussah. Denn das einzige, was an dem gesehenen Zimmer in Ordnung war, war die Rolle Klopapier, die wir dann auch sofort requiriert haben! Die Toilette selbst war in so einem schrecklichen Zustand, dass wir sie unbenutzt fluchtartig verließen.

Abb. 70:
Noch 55 km
bis Sust und
136 zum
Khunjerab-Pass.
China naht!

Abb. 71:
Es geht immer
weiter nach
oben

Außerdem hatten wir schon selbst für Reiseproviant gesorgt und uns in Gulmit zwei Packungen TUC-Kekse und Apfelsaft gekauft. Zweimal Kekse, zweimal Apfelsaft und Quellwasser zum Verdünnen des Safts, damit konnten wir durchaus die zwei Tage bis Kashgar aushalten. Aber wir gingen ja davon aus, dass wir abends in Tashkurgan etwas zu essen bekämen. Als wir uns auf kein Lunchpaket einließen – die Begründung, dass wir kein Fleisch essen, reichte aus –, brachte uns der Bruder zum Busbahnhof. Im Schmuddelhotel hatten wir ihn schon gefragt, ob wir nicht zum Ticketschalter müssten, aber er meinte, es sei noch viel zu früh. Als wir dann endlich am Ticketschalter ankamen, mussten wir uns fast entschuldigen, weil wir die letzten waren.

Und als wir das Ticket hatten, fing das Chaos an: auf dem Busbahnhof ein riesiges Durcheinander. Überall Menschen, Busse, verschnürtes Gepäck. Irgendwer hatte uns gesagt, wir würden nur mit Einheimischen im Bus reisen, aber auf der Liste standen auch zwei Amerikaner, nach denen ich mich nun umsah. Nur ein Mann sah etwas westlicher aus. Er hatte helle Haare und trug eine Jeansjacke und Jeanshosen, aber er reiste mit vier Katzen und einer alten Frau, die mit ihrem Kopftuch und der ganzen Bekleidung überhaupt nicht westlich, aber auch nicht pakistanisch aussah. In meinem Bedürfnis, allen eine Geschichte zuzuordnen, beschloss ich, dass es sich um Amerikaner handeln müsse, die irgendwann dorthin emigriert seien und nun wieder einmal ihre alte Heimat – wo immer sie auch sein mag – besuchen. Die Katzen und die Unmengen Gepäck konnte ich allerdings in meiner Geschichte noch nicht unterbringen. Aber viel Zeit, darüber nachzudenken, blieb mir auch nicht, denn ich musste erst einmal für mein körperliches Wohlbefinden sorgen und irgendwo eine einigermaßen reinliche Toilette finden.

Vom ‚Bruder‘ war uns ein Pakistani zugeordnet worden, der uns ständig begleitete und durch das Chaos half. Der ‚Bruder‘ selbst musste ständig Leute begrüßen und war wohl auch für so niedere Arbeiten zu vornehm. Dieser Pakistani machte sich nun endlich nach mehreren Aufforderungen mit mir auf den Weg, um ein einigermaßen sauberes Klo zu suchen. Horst begleitete mich sicherheitshalber. Über Stock und Stein aus dem Busbahnhof hinaus, über einen Abflussgraben gesprungen und glücklich, nicht in die Kloake gestürzt zu sein, kamen wir auf der anderen Straßenseite zu einem ‚Hotel‘, wo unser Betreuungspakistani mich nach einigen Verhandlungen an einen Boy des Hotels übergab. Der führte mich zu einem Zimmer, das offensichtlich von mindestens drei Personen bewohnt war. Zwei benutzte Betten mit Kleidungsstücken drauf und eine Matratze auf dem Boden, die auch mit Kleidungsstücken und sonstigen Reiseutensilien übersät war. Damit ich überhaupt zum Klo kam, wurde kurzerhand die Matratze hochgeklappt, alles fiel auf den Boden und mir wurde mit der Geste eines großen Herrn der Weg zum Klo gewiesen. Das war einigermaßen sauber, und vor der langen Fahrt war es mir vor allem wichtig, mich so weit wie möglich zu erleichtern.

Der Betreuungspakistani brachte uns dann zurück zum Busbahnhof. Der war inzwischen noch viel bevölkerter geworden durch Reisende, die offensichtlich von der Hadj aus Mekka zurückkamen. Nun musste Horst auch noch aufs Klo, und hatte auch in einer Ecke des Busbahnhofs etwas Ähnliches entdeckt und als Klo klassifiziert, da ständig Frauen dorthin liefen und sich auf dem Weg dorthin schon aufknöpften und die Röcke lüfteten. Auf die Frage an einen gewichtig und bedeutungsvoll aussehenden Beamten, ob das das Klo sei, bekamen wir nur die Antwort: ‚Out of order‘. Horst ließ sich aber nicht beirren, und ging dorthin und erleichterte sich irgendwie in den Raum hinein, der in einem unbeschreiblichen Zustand war. Der bedeutungsvoll aussehende Beamte war in seiner Beamtenehre sehr getroffen und beschwerte sich empört bei allen umstehenden Offiziellen, wobei ich natürlich nicht mehr als ‚out of order‘ verstand. ‚Du liebe Zeit‘, dachte ich, ‚wenn wir gleich die Tickets registrieren lassen müssen, zerreißt er sie uns glatt, da wir nun personae non gratae sind‘.
Aber nun kam ein anderer der Offiziellen, der mir einen Stuhl anbot, was mich doch beruhigte. Wir standen nun schon eine Stunde im Busbahnhof vor einem Tisch mit einem Stuhl davor und einem dahinter, auf denen sich immer wieder Beamte mit Passagierlisten niederließen, die dann aber wieder aufstanden und wegliefen, und nichts passierte. Unser Bus, teilte man uns mit, sei noch gar nicht da. Aber eigentlich sollten wir schon eine gute Stunde unterwegs sein.

Plötzlich tat sich doch etwas, unsere Reisepassnummern wurden in die Passagierlisten eingetragen und unser Gepäck registriert. Ich begriff, dass das nichts mit dem Einchecken zu tun hatte, sondern es sich um die pakistanische Zollkontrolle handelte. Der erboste Beamte – der sicher gedacht hat, dass nicht einmal mehr auf die Deutschen Verlass ist, wenn die jetzt schon ‚out of order-Anweisungen‘ uniformierter Beamter missachten! – konnte uns also unsere Tickets gar nicht zerreißen. Nach der Zollregistrierung führte uns unser Betreuungspakistani wieder aus dem Busbahnhof hinaus, durch eine Marktstraße, über eine Baustelle, in eine ganz andere Ecke von Sust und dort fand dann die Passkontrolle statt. Als der Passbeamte sah, dass wir ein Visum für eine zweifache Einreise nach Pakistan hatten, war er hocherfreut, erklärte uns, dass wir sicher überaus beglückt sein würden, wieder nach Pakistan zurückkommen zu dürfen und verabschiedete uns, obwohl wir gerade ausreisen wollten, mit ‚Welcome to Pakistan'.

Als wir die Odyssee zurück zum Busbahnhof geschafft hatten, war tatsächlich unser Bus da. Ein vornehmer Bus mittlerer Größe und wir hatten unsere Plätze ganz vorne. Der Herr mit den Katzen war schon eingestiegen und seine Mutter auch. Der Bus war nur zu zwei Dritteln besetzt und daher sehr komfortabel. Nach und nach stiegen auch die anderen Mitreisenden ein und mit eineinhalb Stunden Verspätung konnte die Fahrt losgehen.

9. Von Sust über den Khunjerab-Pass nach Kashgar

Wir waren ganz dick angezogen, weil wir ja wussten, dass der Khunjerab-Pass fast 5000 Meter hoch ist und es dort noch sehr kalt sein soll. Die Berglandschaft war grandios, und immer höher und höher schraubte sich der Bus auf der Straße. Es war atemberaubend, aber ganz anders als wir den KKH bisher erlebt hatten. Bis hierher verlief die Straße immer an einer Felswand oberhalb des Hunza-Flusses. Das sah immer sehr bedrohlich und auch beängstigend aus. Jetzt wurde die Strecke freier, während sich der Bus an den Hängen hinaufschraubte. Laut Horst war der Weg nun eher wie der über die Pässe nach Leh in Ladakh.

Wir sind hier mitten im bis zu 8600 Meter hohen Karakorum-Gebirge. Die Berge sind schwarz, rundum gibt es schwarze Geröllhalden, kein Wunder, dass dieses Gebirge den Namen Karakorum erhielt: Türkisch bedeutet Kara ,schwarz' und Korum ,Geröll'.

Hier kollidiert die nach Norden drückende indische Platte mit der eurasischen Platte. Die indische Platte schiebt sich unaufhörlich unter die eurasische, was regelmäßig Verschiebungen auslöst. Diese Spannungen entladen sich in gewaltigen Erdbeben und daraus folgenden Steinschlägen. Zum Beispiel forderte das Erdbeben vom 8. Oktober 2005 rund 75 000 Menschenleben in Pakistan und Indien. Das Karakorum-Gebirge ist in dauernder Bewegung.

Der höchste Berg im Karakorum ist mit 8611 Metern der K2, der zweithöchste Berg der Erde. Wenn man hier den Blick umherschweifen lässt, sieht man eine Anhäufung von über 60 Bergen mit einer Höhe von über siebentausend Metern. Überall begegnet man im Karakorum einem der über 50 Gletscher. Mit einer Länge von bis zu 70 Kilometern sind dies die längsten Gletscher außerhalb des Polargebietes. Für Geologen und Glaziologen ist das Karakorum-Gebirge äußerst interessant.

Plötzlich fiel uns ein, dass wir vergessen hatten, unser Allheilmittel Aspirin – in diesem Fall gegen die Höhenkrankheit –einzunehmen und holten es schnell nach. Als wir oben am Pass waren, immerhin fast 5000 Meter hoch und nahezu 2000 Meter höher als die Zugspitze, ging es uns sehr gut. Keine Spur von Höhenkrankheit. Ob das nun am Aspirin lag, oder ob es an unserem langsamen Herantasten an immer größere Höhen von Gilgit (rund 1800 Meter hoch gelegen) nach Karimabad (rund 2500 Meter hoch) und weiter nach Gulmit (rund 3000 Meter hoch) lag, kann ich nicht beurteilen.

Abb. 72: Karakorum, das schwarze Gebirge

Abb. 73: Auf der Passhöhe, der Grenze zu China

Als wir allerdings schnell und unerlaubterweise durch den Schlagbaum auf die chinesische Seite rannten, weil wir jenseits der Grenze ein Klo entdeckt hatten, waren wir ziemlich kurzatmig vom schnellen Laufen und das Herz klopfte heftig.

Der Grenzposten dort ist eine ziemlich ärmliche Angelegenheit, er besteht nur aus einer Art etwas größerem Bauwagen, der einsam und allein in der kargen Landschaft steht. Dass die Beamten dort so weit weg von jeglicher Zivilisation vor Langeweile bald umkommen, kann man sich gut vorstellen. Und trotzdem haben Grenzen immer etwas Merkwürdiges an sich. Noch ein paar Gedanken von Horst dazu, zu denen er von dem Indonesienreisenden Karl Helbig inspiriert wurde:

Es ist merkwürdig, dass Grenzen immer einen besonderen Reiz auf den Menschen ausüben, obwohl sie doch nur tote Linien sind und es jenseits von diesen meistens genauso aussieht wie diesseits. Aber zu wissen, dass jene Steine dort, jene kahlen Gipfel dort oben schon in China sind, das lässt eben doch ein ganz besonderes Gefühl entstehen. Hier ist die Grenze absolut nichts Konkretes, sondern nur ein imaginärer Begriff im leeren Raum. Dutzende von Kilometern weit befindet sich auf beiden Seiten der Grenze nicht die kleinste Siedlung. Die Passhöhe ist ziemlich flach und lang. Auf pakistanischer Seite standen Ruinen. Es waren die ehemaligen Unterkünfte der chinesischen Straßenbauarbeiter.

Auf unseren Wunsch hielt der Bus kurz an den Grenzsteinen an, die an dem höchsten Punkt des Passes stehen – nur wenige Kilometer vor dem Grenzposten mit der Pass- und Zollkontrolle. Ich wollte ein paar Fotos machen, denn an dieser historischen Stelle standen auch schon der schwedische Forscher Sven Hedin und der Deutsche Adolf Schlagintweit. Eigentlich müsste hier an diese großen Forscher erinnert werden, und daran, dass wir uns hier im Zentrum des Pamir Knotens befinden. Aber hier steht nur ein Gedenkstein, der an die Eröffnung des Passes im August 1982 hinweist.

Diesen Stopp nutzten alle männlichen Pakistanis, um an den chinesischen Grenzstein zu pinkeln. Dadurch wollten sie unter allgemeinem Gelächter ihre Geringschätzung gegenüber China zum Ausdruck bringen. Auch das erste chinesische Verkehrsschild sah aus wie ein Sieb. Den Pakistanis dient es als Zielscheibe für Schießübungen.

Bei der Weiterfahrt musste die Straßenseite gewechselt werden: Linksverkehr in Pakistan, Rechtsverkehr in China. Dann mussten noch die Uhren vorgestellt werde. Dabei gab es große Verwirrung! Die einen sagten 1 Stunde, andere 4 Stunden. Diese Frage konnte an der Grenze – auch mit Hilfe der Grenzbeamten – noch nicht geklärt werden. In ihrer Abgeschiedenheit lebten die Grenzposten ohne Uhr und Zeitgefühl.

Abb. 74: Chinesischer Grenzposten

Abb. 75: Zollkontrolle in fast 5000 Metern Höhe

Dann mussten wir uns mit der chinesischen Pass- und Zollkontrolle auseinandersetzen, die in dieser totalen Weltabgeschiedenheit mitten auf der Straße stattfand! Wir hatten uns schon ein Visum für China in Bonn besorgt. Trotzdem gab es ein großes Palaver, da die Einreise nach China über diesen Grenzposten für Besucher aus dem Westen äußerst ungewöhnlich ist. Schließlich ließ man uns passieren mit dem Hinweis, dass eine weitere Kontrolle im Hauptzollamt in Tashkurgan erfolgen müsse. Hauptsache, wir waren erst mal durch.

Alles Gepäck musste vom Bus abgeladen werden und Horst versicherte mir gerade, dass wir als Ausländer unser Gepäck sowieso nicht öffnen müssten, da hockte ich schon mitten auf der Straße und durfte unsere Reisetasche unter den wachsamen Augen eines chinesischen Beamten auspacken, und zwar restlos! Ich ließ es mir aber nicht nehmen, ihm alles, auch was er nicht sehen wollte, zu zeigen. Er sagte immer schon ‚ok, ok‘, aber ich packte stur immer weiter aus, öffnete selbst noch das Nähzeug, die Zahnpasta, die Sonnencreme und erklärte ihm mit Händen und Füßen und in deutscher Sprache, wozu alles gut sei, und er musste daneben hocken! Horst stand daneben und gab seinen Senf auf Schwäbisch dazu!

Der Katzen-Amerikaner wurde am längsten von allen durchsucht, und was kam nicht alles zum Vorschein: Töpfe, Kochlöffel, Schlafsäcke, kurz ein kompletter Haushalt in vier riesigen Reisetaschen. Horst hatte schon in Sust, als ich auf dem Klo war, einiges über ihn erfahren. Er war tatsächlich kein eingeborener Amerikaner, sondern ein Emigrant aus dem Ostblock, offensichtlich aus Sibirien. Er hatte mit seiner Mutter sechs Jahre in den USA gelebt, war dann nach Griechenland weitergezogen (von dort stammten zwei Katzen), dann nach Mazedonien (1 Katze) und weiter nach Syrien (Katze Nr. 4), und nun war er mit seiner Mutter und den vier Katzen von den verschiedenen Stationen seines Lebens auf dem Weg zurück – wie wir vermuteten – nach Sibirien, weil es dort am allerschönsten für sie sei und auch nicht so heiß. Wir vermuteten, dass sie Zigeuner sind, da sie auch eine Weile in Rajastan in Indien gelebt hatten. Als auch er endlich abgefertigt und alles Gepäck wieder auf dem Bus verstaut und festgezurrt war, hob sich für uns der Schlagbaum und wir konnten, vorbei an salutierenden chinesischen Grenzbeamten, weiter in Richtung Tashkurgan, dem nächsten, etwa 160 Kilometer entfernten Ort ziehen.

Kurz nach der Grenze sahen wir die erste ‚Kleinkunst‘: Ein Uigure – wie ich aus dem Hut schloss – mit Kamel! Sehr malerisch und leider so schnell vorbei, dass es für ein Foto – das größte Vergnügen eines Touristen, der seine Lieben zu Hause beeindrucken will – zu spät war. Jetzt, ein Stückchen nach der Grenze, änderte sich die Landschaft erheblich. Es sah genauso aus, wie ich mir die Äußere Mongolei vorstelle. Auch die Nomadenjurten mit den Kamelen und die Ziegen- und Yakherden fehlten nicht. Ich war ganz aufgeregt, weil ich doch immer in die Mongolei wollte und nun hatte ich sie schon fast vor mir![44]

Je näher wir auf Tashkurgan zukamen, desto trockener wurde die Landschaft, die Jurten verschwanden und es gab immer mehr feste Behausungen, aus Lehm gebaute Höfe, die sich so perfekt in die Landschaft einpassten, dass man mitunter zweimal hinsehen musste, um sie zu erkennen.

Die Höfe sind rundum von einer Lehmmauer umgeben, und wenn die Straße oberhalb von ihnen verlief, konnte man erkennen, dass sie mehrere Innenhöfe hatten, vermutlich für Vieh und Bewohner. Es sind wohl reine Viehzüchter, denn für Landwirtschaft ist die Gegend viel zu karg. Dass dort überhaupt Menschen leben können, ist fast unglaublich. In dieser kargen Geröllwüste schien mir eigentlich keine Existenz vorstellbar, aber das ist offensichtlich ein Trugschluss. Wir fuhren durch einige kleinere Windhosen, die Staub und Sand hoch aufwirbelten und den Eindruck der Unwirtlichkeit dieser Gegend verstärkten. Kamele, Reiter und Bauern mit von Eseln gezogenen Wagen zeigten uns aber immer wieder, dass die Gegend bewohnt war.

Wir erreichten das 3700 m hoch gelegene Tashkurgan. Ein so trostloses Nest habe ich noch nie gesehen. Es besteht nur aus einer etwa drei Kilometer langen Straße, an der rechts und links mehr oder weniger baufällige Hütten und einige größere Gebäude stehen. Zuerst mussten wir aber noch einmal durch die angekündigte Pass- und Zollkontrolle, die aber reibungslos ablief. Dann tauschten wir Geld in chinesische Währung, weil wir sofort die Tickets für die Weiterfahrt nach Kashgar kaufen mussten. Eine Chinesin in Uniform stand schon beim Geldwechsler, die uns auch die Tickets für die Weiterreise besorgte – doppelt so teuer für Touristen wie für Chinesen. Dabei sollten doch alle Menschen im real existierenden Sozialismus gleich sein! Mit für uns kaum verständlichen Worten: ‚This bus will bring you to your hotel‘, komplimentierte sie uns zu einem Bus.

Und da saßen wir nun alleine in dem Bus, der uns nirgendwohin brachte, sondern einfach da stand! So lange bis Horst sich auf den Weg machte, um der Sache auf den Grund zu gehen, warum wir dort nicht weg kamen. Er fand den Busfahrer und die Chinesin schlafend im Zollgebäude! Als er sie geweckt hatte, ging es tatsächlich weiter.

---

44 2005 wurde uns auch dieser Wunsch erfüllt. Wir durchquerten zusammen die Wüste Gobi in der Mongolei

Abb. 76: Von Sust bis Tashkurgan

Abb. 77: Jurten in einer öden Landschaft

Abb. 78: Auf dem chinesischen Hochplateau auf guten Straßen

Der Bus brachte uns aber nicht etwa zum Pamir Hotel, das wir uns eigentlich ausgesucht hatten, sondern zum Traffic Hotel, gleich an der Busstation,
wo uns von der Chinesin kategorisch und ohne einen Widerspruch zu dul-
den mitgeteilt wurde: ‚This is your hotel!‘ Laut Reiseführer und unterwegs
getroffener Japaner, die den Reiseführer bestätigten, gibt es dort nie Wasser
und die Klos sind schon bei der Ankunft voll!! Kein Wunder: Es ist ein
staatliches Hotel und da herrschen Nachlässigkeit und Faulheit!

Wir ließen uns ein Zimmer zeigen und da wir nicht gerade empfindlich sind, dachten wir, für eine Nacht wird es schon gehen. Außer einem
funkelnagelneuen Fernseher war es entsetzlich heruntergekommen und das
Bad eine Katastrophe. Natürlich gab es kein Wasser, aber die Chinesin versprach, dass in zehn Minuten das Wasser fließen würde. Horst drohte, wenn
das nicht so wäre, würden wir unser Geld zurück fordern! Und tatsächlich
lief nach zehn Minuten das Wasser, allerdings nur im Waschbecken.

Also blieben wir in dieser Absteige, auch weil das Traffic Hotel direkt an
der Busstation gelegen ist, von der aus am nächsten Morgen unser Bus nach
Kashgar abfuhr. Bis zu dem von uns ausgesuchten Pamir Hotel – die Num-
mer Eins am Platze, aber das Traffic Hotel sollte das zweite Haus am Platz
sein! – hätten wir noch etwa einen Kilometer mit unserem Gepäck gehen
müssen, denn Taxis oder andere Transportmöglichkeiten gibt es in Tashkurgan nicht. Und am nächsten Morgen hätten wir natürlich auch wieder
zurückgehen müssen. Da es etwas schwierig war, herauszufinden, wann genau unser Bus abfahren sollte und ob es sich um lokale inoffizielle Zeit[45]
handeln sollte, war es uns auch aus diesem Grund wichtig, uns nicht allzu
weit vom Busbahnhof zu entfernen. Die Verwirrung mit der korrekten Zeit
war groß! So richteten wir uns also sicherheitshalber hier ein.

Dann machten wir uns auf die Suche nach einer Möglichkeit zum Abendessen, denn wir hatten außer einem sparsamen Frühstück – wir waren ja seit
dem Hopartal etwas magen- und darmkrank geworden – noch nichts gegessen und es war nach pakistanischer Zeit inzwischen später Nachmittag.

In unserem Hotel gab es sowieso nichts und an der trostlosen Straße entdeckten wir nichts, was auch nur einigermaßen vertrauenerweckend erschien. Also wanderten wir bis zum Pamir Hotel und besuchten auf dem
Weg dorthin die einzige Sehenswürdigkeit Tashkurgans, das auf dem einzigen Hügel der Stadt stehende Fort.

---

45 lokale inoffizielle Zeit: 1 Stunde früher als in Pakistan; offizielle Peking-Zeit: 4
  Stunden früher als in Pakistan

Abb. 79 und 80: Tashkurgan

Aber im Pamir Hotel gab es auch kein Essen, da keine Gäste dort waren. Man zeigte uns aber freundlich ein Zimmer, und es war zwar auch nicht der Hit, aber um Klassen besser als das Traffic Hotel. Für unsere Rückkehr stellte man uns auch gleich eine VIP-Karte aus, damit wir auch ja dort einkehren würden, was wir uns auch vornahmen. Man gab uns auch noch den Rat, zum Essen in ein Restaurant namens ‚Mohammeds Restaurant‘ zu gehen. Das konnten wir aber nicht finden, und da uns auf der Straße auch niemand verstand, kauften wir uns zwei Flaschen Bier, gingen in unsere schmuddelige Bude zurück und genossen das Bier mit einer unserer beiden Packungen pakistanischer TUC-Kekse. Es schmeckte uns herrlich und wir fühlten uns restlos satt und glücklich. Nur zwei Flaschen Bier reichte uns nicht, also marschierten wir wieder los, um weitere Flaschen zu kaufen! Das taten wir in einem kleinen Geschäft im Icefall Hotel schräg gegenüber, einem kleinen Hotel, dessen Zimmer nicht einmal so schlecht sind, allerdings kein eigenes Bad haben.

In diesem Geschäft trafen wir unseren pakistanischen Busfahrer wieder, der uns von Sust nach Tashkurgan gebracht hatte. Er war sturzbesoffen und so begeistert über das Wiedersehen, dass er uns um jeden Preis einladen wollte, ihm bei der Vernichtung jedweder alkoholischer Getränke behilflich zu sein. Als guter Moslem muss man ja wenigstens versuchen, dieses Teufelszeug von der Erde zu verbannen! Wir lehnten aber ab und kauften nur unsere Flaschen Bier. Dann spazierten wir noch ein wenig weiter.

Bei diesem Spaziergang durch Tashkurgan, das wirklich den Eindruck erweckt, dass hier das Ende der Welt ist – es wirkt wie ein ehemaliges Räubernest –, entdeckten wir in einem Hinterhof tatsächlich auch noch Mohammeds Restaurant und es war wirklich nett. Keiner verstand uns, aber wir wurden gleich in die sehr saubere Küche gezogen, damit wir uns etwas zu essen aussuchen konnten. Als wir dann wieder gingen, weil wir ja schon satt waren, waren alle enttäuscht und uns tat es leid, sie so zu enttäuschen, aber wir nahmen uns vor, dass wir auf der Rückreise dort essen werden – falls wir nicht gerade magenkrank sind.

Wider Erwarten schliefen wir sogar sehr gut in unserem zweiten Haus am Platze. Die Betten waren zwar auch nicht sehr gepflegt, ich glaube kaum, dass sie regelmäßig frisch bezogen werden – lohnt sich ja auch kaum, die Reisenden bleiben ja jedes Mal nur eine Nacht dort! –, aber wir haben ja immer genug Sarongs und unsere eigenen Kissen mit, so dass wir mit der Bettwäsche gar nicht in Berührung kommen müssen.

Nächtliche Störungen mussten wir allerdings hinnehmen, als die ‚Beschließerin' unserer Etage uns plötzlich bei Nacht einen total besoffenen und grölenden Pakistani ins Zimmer schieben wollte. In China bekommt man ja keinen eigenen Zimmerschlüssel, man muss sich immer an die Etagenaufsicht wenden. Unsere ‚Beschließerin' erfreute mich immer wieder sehr durch ihr durchsichtiges Nylon-Rüschenkleid und hochhackige rote Stöckelschuhe, mit denen sie bei jedem zweiten Schritt umknickte. Als sie uns den besoffenen Gast ins Zimmer schieben wollte, haben wir aber so lange laut gebrüllt, bis sie unser Refugium wieder verließen.

Hinterher haben wir die sowieso schon völlig desolate Türe mit unserem Kleiderständer und einer Thermosflasche verbarrikadiert. Nachts gab es dann noch eine Störung, als wieder jemand in unser Zimmer wollte. Durch den Lärm der heruntergefallenen Thermosflasche und des umgefallenen Kleiderständers wurde der Eindringling jedoch sofort in die Flucht gejagt.

Ich hatte dann nachts noch ein wenig höhenbedingte Atemnot, und weil Horst so ruhig schlief, hatte ich den Verdacht, dass er vermutlich schon an Luftmangel gestorben sei. Aber anstatt nachzusehen, machte ich mir erst einmal verzweifelte Gedanken darüber, wo ich ihn in einem islamischen Land verbrennen lassen könnte und wo ich ihn dann überhaupt ausstreuen sollte! Als ich immer aufgeregter wurde ob der Probleme, die ich da auf mich zukommen sah, und immer weniger Luft zu bekommen glaubte, habe ich mich dann doch entschlossen, mit der Taschenlampe nachzusehen, ob meine Überlegungen überhaupt notwendig seien. Und siehe da, er schlief tief und fest. Also dachte ich, was er kann, das kann ich auch, vergaß die Atemnot und schlief tatsächlich sehr schnell wieder ein.

Annette hatte einfach das Gefühl, nicht genug Sauerstoff zu bekommen. Aus meinen Erfahrungen während eines mehrwöchigen Trecks durch das ebenso hoch gelegene Zanskartal in Westtibet[46] sollen die Füße bei Nacht immer etwas höher liegen als der Kopf. Dadurch wird das Gehirn besser durchblutet und die Atemnot bleibt aus. Dort baute ich mein Zelt immer an einer Stelle auf, an der die Beine höher lagen.

Trotz der freundlichen, aber zweifelnden Bemerkungen von Annette machte ich mich am Abend im Hof des Hotels auf die Suche nach geeigneten Gegenständen, um das Fußende meines Bettes zu erhöhen. Ich wurde fündig und kam mit zwei Backsteinen zurück. Annette ließ sich nicht überzeugen, es mir gleich zu tun! Dies wird der Grund gewesen sein, weshalb ich so tief schlafen konnte.

46 Ladakh in Nordindien

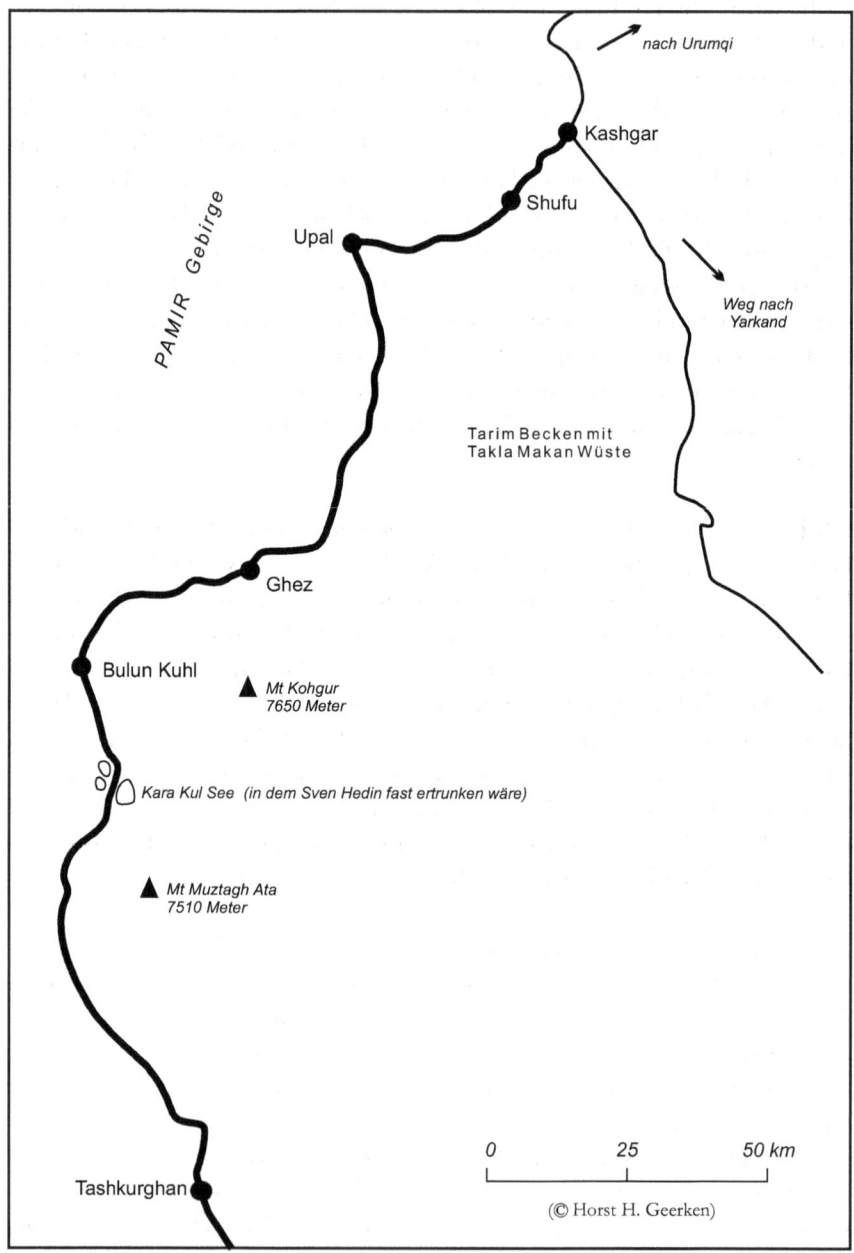

Abb. 81: Tashkurgan bis Kashgar

Am nächsten Morgen war Frühstück im Hotel Fehlanzeige. Wir labten uns feudal an unserem ständigen Reisegetränk, bestehend aus Wasser mit einem Schuss Apfelsaft und einem Teil unserer zweiten Packung TUC-Kekse. Und dann ging's weiter! Diesmal in einem total überfüllten und klapprigen alten chinesischen Bus. Hier stießen auch die Hadj-Rückkehrer aus Mekka, die wir schon in Sust gesehen hatten, wieder zu uns, allen voran eine richtig bösartige Hexe, die von Anfang an für Aufregung sorgte. Außer uns waren die einzigen Ausländer im Bus noch zwei Japaner und eine Engländerin. Ein Japaner und die Engländerin saßen vor uns im Bus und die Engländerin wurde direkt von der Hexe angefaucht, als diese ihr einen Kanister mit Wasser – vermutlich irgendein heiliges Wasser aus Mekka – direkt vor die Füße stellen wollte und die Engländerin sich dagegen wehrte. Meine Güte, konnte diese alte Hexe keifen. Dabei hat sie zwei Plätze für sich selbst beansprucht, vermutlich weil sie von der Hadj kam und keinen Mann neben sich duldete. So mussten einige Männer auf dem Boden sitzen.

Die Fahrt ging mit fast einer Stunde Verspätung los. Horst und ich hatten uns einigermaßen auf den sehr engen Sitzen arrangiert, auf denen wir laut Fahrplan sieben bis acht Stunden verbringen sollten. In diesem Bus waren auf der einen Seite drei Sitze nebeneinander und auf der anderen – auf der auch wir saßen – zwei Sitze. So waren die Sitze entsprechend schmal. Wir saßen halb übereinander und wenn einer die Sitzposition verändern wollte, musste der andere sie auch verändern.

Die Fahrt ging wieder durch eine phantastische Gegend. Große Hochplateaus umgeben von gletscherbedeckten Bergen, eine Landschaft, die völlig anders ist als die, durch die der KKH auf der pakistanischen Seite verläuft. Man kommt auf dem Hochplateau, dem Subash-Plateau, ganz nah an die afghanische und tadschikische Grenze, die durch das Pamir-Gebirge verläuft. Es gibt auch Möglichkeiten, dort die Grenze zu überqueren, aber für Touristen soll es bislang unmöglich sein. Das Subash-Plateau liegt wieder ein Stück höher als Tashkurgan, und der Bus kroch nur noch mühsam die Berge hoch, da die Motoren – wie Horst sagte – in der Höhe nicht genügend Sauerstoff bekämen. Aber nach einiger Zeit ging es eigentlich mehr oder weniger ständig bergab und unsere Fahrt ging schnell voran. Die Straße war hier sehr gut. Ein Flüsschen schlängelte sich durch die Plateaus, an dessen Rändern es genug zu fressen für die Yak- und Ziegenherden gab.

Nach einigen Stunden erreichten wir den Karakul-See, der Sven Hedin, als er ihn halb verdurstet erreichte, wie ein Paradies in der Wüste Takla Makan erschien und in dem er fast noch ertrunken wäre. Es ist wirklich wunderschön, wie die schneebedeckten Berge sich in dem tiefblauen Wasser spiegeln und es gibt sogar ein paar einfache Jurten, in denen man übernachten kann. Allerdings weiß man nie, wann man von dort einen Transport bekommt, um den Ort wieder zu verlassen. Deswegen hatten wir hier auch keinen Aufenthalt eingeplant. Je näher wir der Ebene, dem Tarim-Becken, kamen, desto karger wurde die Landschaft und trotzdem gab es immer noch vereinzelte Gehöfte.

Sven Hedin, 1865 in Stockholm geboren, war ein schwedischer Geograph, Entdeckungsreisender und Reiseschriftsteller, der zwischen 1893 und 1927 drei Expeditionen nach Zentralasien und den Transhimalaya unternahm. Seine erste Expedition endete in einem Drama. Mehrere seiner Begleiter und die Kamele sind in dem sogenannten ‚Todeslager‘ verdurstet. Sven Hedin hat diese Expedition in seinem 1899 erschienenen Buch ‚Durch Asiens Wüsten‘ beschrieben. Seine vierte und letzte Expedition führte ihn 1935 erneut durch die Wüstenflächen der Takla Makan, der zweitgrößten Sandwüste der Welt, im Nordwesten Chinas. Im Osten grenzt sie an die Wüste Gobi. Sven Hedin war vermutlich der erste Europäer, der das Herz der Takla Makan, der ‚Wüste ohne Wiederkehr‘ durchquert hat. Extreme Trockenheit und verheerende Sandstürme machen die Takla Makan zur lebensfeindlichsten Wüste der Welt.

Die Expedition von 1935 wurde im Auftrag des Deutschen Reichs durchgeführt. Er sollte die Möglichkeit einer Flugverbindung zwischen Deutschland und China für die Lufthansa erkunden. Für die damaligen Maschinen mussten Plätze mit genügend Wasser und Möglichkeiten zum Auftanken bei Zwischenlandungen gefunden werden.

Bereits im Jahre 1926 fand eine erste Flugexpedition mit zwei dreimotorigen Junkers G 24-Flugzeugen statt. Auch 1934 gelang ein Flug von Berlin über Moskau nach Shanghai – der kürzeste Weg – mit einer einmotorigen Junkers W 34 in genau vier Tagen. Im selben Jahr wurde eine Junkers Ju 52 auf der längeren Route über Indien nach China überführt. Aus politischen Gründen, vor allem der innerchinesischen Wirren und Schwierigkeiten zum Erhalt von Überfluggenehmigungen für Britisch Indien und Russland, konnten diese Strecken nicht mehr überflogen werden. Die deutsche Wirtschaft benötigte jedoch eine Flugverbindung in den Fernen Osten. So blieb allein die Flugroute Griechenland, Rhodos, Syrien, Irak, Iran und Afghanistan über das Hindukusch- und Pamir-Gebirge nach China übrig.

1936 erfolgte zur Vorbereitung ein erster Erkundungsflug mit einer Junkers Ju 52 von Kabul über den Hindukusch und das Pamir-Gebirge. An Bord waren auch afghanische Fliegeroffiziere und deutsche Flugmeteorologen. Nachdem die Maschine chinesisches Gebiet erreicht hatte kehrte sie um und erreichte wieder Kabul. Um die schnell wechselnden Wetterverhältnisse im Hindukusch und

Pamir-Gebirge genau beobachten und darauf reagieren zu können, wurde im entlegensten Teil des Pamir mit Genehmigung der afghanischen Regierung eine Wetterstation errichtet.

Nachdem Sven Hedin die Strecke über den Westen Chinas erkundet hatte und seine Aufzeichnungen ausgewertet waren, fand im August 1937 unter Leitung von Carl August Freiherr von Gablenz der erfolgreiche Flug nach China mit zwei Junker Ju 52 statt. Die erste Maschine hatte die Zulassung D-ANOY. Zusätzliche Treibstofftanks waren in der Kabine eingebaut. Die zweite Maschine sollte eine Woche später starten. Der uns hier interessierende Teil der Route verlief von Kabul über die Pässe des Pamir, Hunza und Xinjiang. Der Flug ging nördlich vorbei an Gilgit und dem nördlichen Hunzatal, über Tashkurgan nach Yarkand, wo die erste Landung in China stattfand. Von Yarkand, das in der Nähe von Tashkurgan liegt, ging der Flug weiter nach Chotan⁴⁷ und dann über die Takla Makan Wüste nach Xian im Osten Chinas. Yarkand und Chotan lagen auf dem damals noch zu Hunza gehörenden chinesischen Mandatsgebiet im heutigen Xinjiang, in der Nähe des nordöstlichen Endes des Hunzatals.

Auf derselben Route erfolgte die Rückreise. In Lob bei Chotan, einer Oase am Rande der Takla-Makan-Wüste, musste wegen Motorschaden eine Notlandung gemacht werden. Räuberische turkmenische und chinesische Horden nahmen die Deutschen fest und sperrten sie in die Zitadelle von Chotan ein. Ein Krieg zwischen verschiedener Warlords war ausgebrochen und ein Ende der kriegerischen Handlungen in der Gegend von Chotan war nicht abzusehen. Der Warlord, der in Chotan gerade das Sagen hatte, nahm den Deutschen die Pässe ab, die sie auch nicht wieder erhielten. Während des unfreiwilligen Aufenthalts in Chotan konnte die Mannschaft die Unterkunft besichtigen in der Wilhelm Filchner – über den später berichtet wird – nur wenige Monate zuvor ein halbes Jahr festgehalten wurde. Nun waren für die Mannschaft der D-ANOY schon fast vier Wochen in der Haft vergangen und es gab keine Anzeichen, wann sie diesen Ort wieder verlassen konnten. Sie machten schon Pläne, mit einer Karawane über Tashkurgan und durch das Hunzatal nach Britisch-Indien zu reisen.

Die Hunzukutz aus Yarkand und Chotan hatten schon Sven Hedin, Wilhelm Filchner⁴⁸ oder Peter Fleming⁴⁹ geholfen. Nun setzen sie sich auch für die Flugzeugmannschaft ein. Eine provisorische Startbahn wurde vorbereitet. Da Chotan 1400 Meter hoch liegt, musste sie entsprechend lang sein. Nach einem abenteuerlichen Start überflog die D-ANOY wieder den Pamir-Knoten. Der Aufwind ließ die Maschine trotz stotterndem Motor auf 6500 Meter steigen.

---

47 heute Hotan
48 über den an späterer Stelle berichtet wird
49 Autor von: *One's company: A Journey to China in 1933*, 1934 und *News from Tartary: Journey from Peking to Kashmir*, 1936

Abb. 82: Der Karakul See mit dem 7510 Meter hohen Muztag Ata im Süden[50]

Abb. 83: Der Karakul See mit dem 7650 Meter hohen Mount Kohgur im Norden[51]

50 https://commons.wikimedia.org/wiki/File%3AKarakul_Lake_-_Muztag_
    Ata%2C_China.jpg
51 https://upload.wikimedia.org/wikipedia/commons/c/c5/Mt_Kongur_Lake_
    Karakul_China.jpg

Immer wieder musste die Mannschaft einen Schluck aus der Sauerstoffflasche nehmen. Die Berge waren teilweise in den Wolken. Man konnte sie nur erahnen und der Flugzeugführer musste blind fliegen – mit krankem Motor. Plötzlich kam die Sonne durch und bei klarem Wetter kam der Nanga Parbat wieder in Sicht. Als sie wieder zu Hause waren, sagten sie, es war der schönste Flug, den sie je erlebten. Mit dem letzten Tropfen Benzin und schüttelndem Motor landet die D-ANOY nach einem erfolgreichen Flug wieder in Kabul. Sie waren Gäste im Haus der deutschen Gesandten. Die Familien wurden unterrichtet, dass alle Mann wohlauf wären.

Vier Wochen lang galten das Flugzeug und die Mannschaft der D-ANOY als vermisst. In Deutschland hatte der Reichsminister der Luftfahrt sofort eine Suchaktion eingeleitet. Zunächst wurden zwei Junkers Flugzeuge Ju 52 entsandt, die in nur 28 Stunden Kabul erreichten. Ein drittes Flugzeug wurde für Langstreckenflüge hergerichtet und folgte später nach Kabul. Ein Suchflug nach dem andern wurde durchgeführt. Immer wieder wurden der Hindukusch, der Karakorum und das Pamir-Gebirge überflogen, um in der Tälern und Pässen nach dem vermissten Flugzeug zu suchen. Ohne Erfolg. In diesem Gebiet wurde ein Absturz vermutet. Das Flugzeug stand aber nur wenig weiter nach Osten in dem wüstenartigen Gebiet am Rande der Takla-Makan-Wüste um Yarkand und Chotan. Auch von Osten her, von China her, wurde nach den Vermissten Ausschau gehalten. Wegen der kriegerischen Ereignisse konnten die Suchmannschaften aber nicht bis nach Xinjiang vordringen.

So schnell wie möglich wollte die Mannschaft zurück nach Deutschland. Der stotternde Motor wurde notdürftig repariert, aber auf dem Flug stieg der Ölverbrauch so gewaltig, dass in Teheran ein Flugzeugwechsel vorgenommen werden musste. Über Bagdad und Rhodos kehrte die Mannschaft nach Deutschland zurück und landete am 3. Oktober 1937 auf dem Flughafen Tempelhof in Berlin.

Es war eine wagemutige Pionierleistung. Ein neuer Luftverkehrsweg nach dem Fernen Osten über das ‚Dach der Welt‘ war erkundet. Diesen Flug hat der Leiter der Mission und Flugkapitän Carl August Freiherr von Gablenz äußerst interessant und spannend in seinem Buch ‚D-Anoy bezwingt den Pamir‘ beschrieben. Heute, 2016, kann die D-Anoy auf dem Münchner Flughafen besichtigt werden.

1935 und auch während des Zweiten Weltkriegs wurde Sven Hedin mehrmals von Hitler und anderen leitenden Nationalsozialisten empfangen. Dies ist verwunderlich, denn Hedin hatte jüdische Vorfahren.[52] Wegen seiner Nähe zu Hitler und dem Dritten Reich wurde Sven Hedin nach 1945 im eigenen Land, in Schweden, geächtet.

52 Eric Wennerholm, *Sven Hedin – En Biografi*, 1978, S. 304f

Abb. 84: Unsere Straße in der öden Einsamkeit

Abb. 85: Eine kleine Karawane

Der von Annette genannte Karakul-See wurde vor rund zehn Millionen Jahren durch einen Meteoreinschlag gebildet. Er ist bei einer Höhe von 3650 Metern einer der am höchsten gelegenen Seen der Welt. Der See wird von mehreren über 7500 Meter hohen schneebedeckten Bergen umgeben, die sich im glasklaren See spiegeln. Gletscher schlängeln sich bis in die Wüste die Berge hinab. Es ist eine beeindruckend schöne Landschaft.

Einmal kamen wir an einen chinesischen Checkpoint, an dem wir alle aussteigen mussten, um unsere Pässe vorzuzeigen und dort standen auch gleich mehrere Frauen mit Schüsseln voller Brote und gekochten Eiern. Keiner der Mitreisenden wagte sich an das Brot, aber alle stopften sich die Taschen voll mit Eiern, obwohl das Brot eigentlich gar nicht so schlecht aussah. Wir hielten sicherheitshalber Abstand von diesen kulinarischen Genüssen, wir hatten ja auch noch ein paar Kekse übrig. Horst wollte sich vom Blasendruck befreien und stürmte in Richtung des Klos. Er wurde aber sofort von dem Pakistani, der uns immer wieder etwas von der Gegend erklärte und schon seit Sust mit uns reiste, gebremst mit den Worten: ‚Better outside‘!

Zum Glück war ich nicht auf diese sanitären Anlagen angewiesen, da der Bus etwa eine Stunde zuvor – auch auf Veranlassung dieses Pakistanis – zu einer Pinkelpause in freier Natur Halt gemacht hatte, mitten auf einem Hochplateau. Die Männer stellten sich direkt an den Straßenrand, und ich stand auch da und wusste nicht, wohin. Da sah ich eine pakistanische Frau hinter einem größeren Felsbrocken, den ich in der einförmigen Landschaft gar nicht entdeckt hatte, verschwinden. Sie war anscheinend die einzige Frau, die außer mir menschliche Bedürfnisse hatte. Ich dachte, wo's für eine reicht, reicht es auch für zwei und drängte mich einfach neben sie. Sie hatte auch gar nichts dagegen. Sie reiste auch bereits seit Sust mit uns und da sie alleine reiste, hatte ihr Mann mich gefragt, ob ich nicht neben ihr sitzen wolle, aber das Problem löste sich dadurch, dass es in diesem Bus für solche Fälle sogar einige Einzelsitze gab.

Die Pakistanis, die mit uns im Bus reisten, waren alles Geschäftsleute, die vom Handel mit China lebten. Vermutlich kamen sie aus Gilgit oder noch weiter aus dem Süden. Sie fuhren mit fast leeren Taschen nach Kashgar, kauften dort Haushaltsgeräte, Seide, Armbanduhren und andere Gebrauchsgegenstände und füllten damit ihre Taschen. Mit vollen Taschen kamen sie nach wenigen Tagen wieder in Sust an, wo die Zollkontrolle war. Anscheinend war es dort sehr einfach, mit einem kleinen Bakschisch die Ware günstig zu verzollen. In Sust übergeben sie ihre Ware einem Mittelsmann, und in Pakistan wird alles mit

Gewinn verkauft. Mit leeren Taschen machen sie sich am nächsten Tag erneut auf den Weg nach Kashgar.

Nach dem Checkpoint fuhren wir noch eine Stunde durchs Gebirge, aber jetzt wurde das Wetter immer schlechter. Zuerst dachten wir, dass wir in ein Regengebiet kommen würden, aber es stellte sich heraus, dass es Staub war. Es wurde immer dunkler. Man konnte die Berge nur noch ahnen. Wir überlegten noch, dass irgendwo ein großer Sandsturm sein müsse, wenn schon hier die Luft so staubig sei. Dann kamen wir in die Ebene, in die Takla-Makan-Wüste, und nach einer halben Stunde wussten wir genau, wo der Sandsturm war: Wir waren nämlich mitten drin!

Es war unglaublich! Anfangs war ich ganz begeistert, weil ich doch noch nie einen Sandsturm erlebt hatte, aber die Begeisterung hielt nicht lange an! Zuerst konnte der Bus noch im Schritttempo fahren, aber dann ging nichts mehr. Man konnte buchstäblich keine zwei Meter mehr sehen. Es wurde abwechselnd nachtschwarz, rot oder weiß, je nachdem, wie der Sand gefärbt war, der gerade angeflogen kam. Auch im Bus konnte man kaum noch etwas sehen, weil der feine Sand durch alle Ritzen drang. Man bekam fast keine Luft mehr und alle husteten fürchterlich. Horst und ich zogen unsere Sarongs über den Kopf und waren dadurch besser geschützt als die meisten anderen, aber selbst durch die Sarongs kam der feine Sand, und auch wir mussten husten und versuchten, möglichst nur durch die Nase zu atmen. Es dauerte stundenlang und das Atmen wurde immer schwerer. Der Lärm von dem gegen den Bus geblasenen Sand war unbeschreiblich. Vor uns die Engländerin moserte erst fürchterlich herum, weil der Bus nicht weiterfuhr. Wie er das allerdings hätte machen sollen, ist mir völlig schleierhaft. Irgendwann aber hörte sie auf, weil sie nur noch husten und nicht mehr reden konnte. Wir richteten uns darauf ein, die Nacht dort zu verbringen und waren froh, dass wir kurz vor dem Sturm schon ein paar von unseren Keksen gefuttert hatten und sparsam mit unserem Wasser gewesen waren.

Nach mehr als fünf Stunden ließ der Sandsturm endlich nach und unerwarteter Weise ging's plötzlich doch weiter. Endlich, denn wir konnten es auf den harten schmalen Sitzen kaum noch aushalten. Als wir uns aus unseren Sarongs schälten und man im Bus wieder ein bisschen besser sehen konnte, sahen alle gleich aus: Grau! Die Gesichter, die Haare, die Kleidung und die Gepäckstücke ebenfalls. Auch wir, die wir durch den Schutz unserer Sarongs zuerst noch abstachen, wurden zusehends grauer, denn der Staub wirbelte ja nach wie vor im Bus herum und der Sturm draußen war keinesfalls vorbei, er hatte nur nachgelassen.

Abb. 86: Ein kleines Dorf

Abb. 87: Wie kann man hier nur leben?

Aber das stundenlange Warten hatte Aggressionen geweckt. Plötzlich hinter uns ein Tumult! Die bösartige Hexe hinten hatte einen Chinesen angespuckt, der zurückgespuckt hatte, was wiederum einen der mit ihr reisenden Männer veranlasste, ihn an den Haaren zu reißen. Der Chinese, nicht faul, knallte ihm ein paar und zum Ausgleich der Hexe auch. Horst und der Pakistani, der sich immer wieder mit uns unterhielt und der sich offensichtlich auch über die alte Hexe geärgert hatte, feuerten den Chinesen an. Nun stürmte von vorne einer nach hinten und verpasste dem Chinesen Backpfeifen. Gerade in dem Moment, als die Insassen des Busses sich in zwei Lager spalteten und die schönste Massenschlägerei drohte, mischten sich die Soldaten – in der grauen Masse der Businsassen nur durch ihre Kopfbedeckung auszumachen – ein und beendeten das herrliche Spektakel! Um allen Seiten zum Schluss noch eine Freude zu machen, stoppte der Busfahrer auf freier Strecke und schmiss ein paar der Insassen aus dem Bus, die scheinbar nicht bezahlt hatten. Das konnte dem Busfahrer aber nicht neu sein, denn er selbst hatte sie unterwegs aufgelesen und bis dahin kein Fahrgeld von ihnen verlangt. Diese Aktion beruhigte die erregte Menge einigermaßen und die Fahrt konnte fortgesetzt werden.

Nun dauerte es nicht mehr lange und wir waren, 13 Stunden nach unserer Abfahrt, in Kashgar. Zur allgemeinen Erheiterung im Busbahnhof zogen wir erst mal alles, was möglich war ohne öffentliches Ärgernis zu erregen, aus. Wir schüttelten alle Kleidung aus, um wenigstens ein wenig von dem Sand, der überall an uns klebte, loszuwerden. Danach suchten wir uns ein Taxi und fuhren ins Seman Hotel. Wir waren am Endpunkt des KKH angekommen.

Als wir ausstiegen und unseren Bus wieder von außen sahen, konnten wir ihn kaum wieder erkennen. In Tashkurgan war ein großer Teil des chinesischen Busses noch mit roter und blauer Farbe bedeckt. So waren wir losgefahren. Nun strahlte der Bus in silbernem Glanz! So kamen wir in Kashgar an. Selbst der kleinste Rest von Farbe war weg. Der Sandsturm hatte wie mit einem Sandstrahlgebläse den Bus perfekt und kostenlos blank geschmirgelt!

10. Xinjiang[53]

Nachdem wir den Khunjerab Passes hinter uns gelassen haben, sind wir in der chinesischen Provinz Xinjiang, die etwa dreimal so groß wie die Bundesrepublik Deutschland ist. Der Begriff Zentralasien umfasst den geographisch-historischen Raum, der früher als Ostturkestan bezeichnet wurde. Eine Eroberungswelle nach der andern überflutete das Land, bis es China gelang, in der letzten Hälfte des 18. Jahrhunderts das Land zu unterwerfen. Es wurde aber niemals fest in das chinesische Reich integriert. Ab 1884 wurde Ostturkestan von den Chinesen Xinjiang genannt, was ,Neue Provinz' bedeutet. Russland annektierte jedoch das Land auf kaltem Wege und übte einen starken Einfluss aus. Seit 1949 wird das Gebiet ,Uigurisches Autonomes Gebiet Xinjiang' genannt.

Bis zum Zerfall der Sowjetunion in den Jahren 1990/91 grenzte das Gebiet im Norden und Westen an die UdSSR und im Süden an Afghanistan, Pakistan, Indien, im Osten an die Mongolei und Tibet. Nach der Auflösung der Sowjetunion kamen als Grenzstaaten im Westen noch die neuen, nun unabhängigen Staaten Tadschikistan und Kirgistan hinzu. Die Hauptstadt Xinjiangs ist Urumtschi,[54] die bedeutendste Stadt in Xinjiang ist jedoch bis heute Kashgar.

Der Islam hat in China eine lange Tradition. Schon zu Beginn der christlichen Zeitrechnung unterhielt China enge Beziehungen zu den arabischen Ländern. Nach der Begründung des Islams durch Mohammed intensivierten sich die Beziehungen weiter. Der Austausch von Waren fand über den Seeverkehr und auf dem Landwege über die Seidenstraßen statt. Durch die arabischen Händler wurden die Medizin, die Mathematik und die Astronomie in China eingeführt. Auf umgekehrtem Wege kamen das Schießpulver, die Kunst Papier herzustellen und der Kompass in den Westen.

Die ersten chinesischen Moslems stammten aus Mischehen zwischen arabischen Händlern und Chinesinnen. Rund 25 Millionen Chinesen bekennen sich heute zum Islam. Vorwiegend sind dies die Hui, Uiguren, Usbeken, Tadschiken, Kirgisen und Kasachen. Die größte Anzahl chinesischer Moslems lebt im Nordwesten Chinas, in Xinjiang, da wo wir gerade sind. Meist wohnen sie konzentriert in eigenen Vierteln. Die chinesischen Moslems haben eine ruhmreiche Tradition. Viele hervorragende Staatsmänner, Gelehrte, Dichter, Ärzte und Wissenschaftler sind unter ihnen hervorgegangen.

---

53 In der deutschen Literatur auch: Sinkiang, in korrektem Mandarin Hsin Chiang
54 auch Ürümqi

In Nordindien und hier, in den Regionen der Bergwelt, entstanden große Weltreligionen, wie der Hinduismus und der Buddhismus. Von hier aus verbreiteten sie sich über die Seidenstraßen über den ganzen asiatischen Raum, bis nach Japan.

Die Gebirge Himalaya, Karakorum und Hindukusch bilden einen großen geographischen Riegel, der Asien teilt und den Süden vom Norden abgrenzt: die fruchtbaren Gebiete Südostasiens von den Steppen und Wüsten des Nordens. Schon seit Jahrhunderten haben sich Schicksale in diesem Raum entschieden. Zentralasien lag unmittelbar im politischen Interessensbereich Russlands. Bis gegen Ende des 19. Jahrhunderts traten die Chinesen meist als Eroberer, die Russen dagegen eher als Beschützer der stark islamisch geprägten Bevölkerung auf. Die Turkvölker wurden durch China unterdrückt. Es ist daher kein Wunder, dass das Ziel des neuen Herrschers Muhammad Yakub Bek[55], der sich 1867 selbst zum Khan von Kashgar ausrufen ließ, die vollständige Unabhängigkeit von der chinesischen Zentralregierung war. Sein Vorhaben scheiterte. Wie er zu Tode kam ist ungeklärt, die Angaben variieren von Vergiftung über Ermordung bis Selbstmord. Seine Söhne erlitten ein schreckliches Schicksal. Zum Teil wurden sie enthauptet, wer überleben durfte wurde kastriert und musste bis zum Lebensende als Eunuch in chinesischen Diensten dienen.

Obwohl China seit 1949 auf dem Papier eine Politik der Religionsfreiheit betreibt, fühlen sich die Moslems in Xinjiang ausgegrenzt und durch die Ansiedlung von immer mehr Han-Chinesen aus dem Osten massiv unterdrückt. Alleine in den Jahren von 1949 bis 1973 wuchs der Anteil der Han-Chinesen in Xinjiang von 3,7 auf gewaltige 38 Prozent. Heute (2016) wird der Prozentsatz noch viel höher sein. Dies führt regelmäßig zu Aufständen und Unruhen in der Region, die aber von der chinesischen Zentralregierung brutal niedergeschlagen werden.

Die bis heute andauernden Grenzstreitigkeiten zwischen Indien und China einerseits und Indien und Pakistan andererseits sind laut Lamb[56] auf die überhastete, unüberlegte und künstliche Grenzziehung durch die Briten zurückzuführen. Weitere Konflikte sind vorprogrammiert.

Bis heute dauern die politischen Auseinandersetzungen von Indien mit Pakistan über Kaschmir an. Der Streit über den Grenzverlauf entlang der sogenannten ‚Line of Control' (LOC) in der Himalaya-Region führt in einer eisigen Höhe von über 5000 Metern immer wieder zu Feuergefechten. Als ich 1985 nahe der

---

55 Neben vielen anderen Schreibweisen hauptsächlich auch Yakub Beg
56 *The Sino-Indian Border in Ladakh*, 1975, S. 12 u. 116

LOC in 3230 Metern Höhe in Dras – dem kältesten Ort Indiens mit bis zu -40°
Celsius – auf dem Weg nach Leh in Ladakh übernachtete, wurde der Ort von
den Pakistanis kurz beschossen.

Auch die Grenzstreitigkeiten zwischen China und Indien sind noch nicht geklärt. Die Grenze zwischen diesen beiden Großmächten wurde nie genau festgelegt und führte bereits zu einem Krieg. Seit vor wenigen Jahren der 4545
Meter hohe Nathula-La-Pass zwischen Gangtok in Sikkim und dem tibetischen
Hochland wieder geöffnet wurde, ist allerdings eine Entspannung zu beobachten.

Die Auseinandersetzungen zwischen den Minderheiten in Xinjiang und der
kommunistischen Volksrepublik wiederholen sich regelmäßig, besonders über religiöse Streitfragen; der religiöse Fanatismus hat in der Region gewaltig zugenommen.

Die Lage in der gesamten Region ist – wie wir sahen – bis heute explosiv. Die
Wurzeln der Konflikte liegen in der Expansion der beiden Großmächte des 19.
Jahrhunderts: Russland und England. England schob die Grenze seiner indischen Kolonie immer weiter nach Norden, und gleichzeitig unterwarf der
russische Zar immer mehr zentralasiatische Fürstentümer. Am Ende des 19.
Jahrhunderts hatten sie sich mehr oder weniger etabliert. Die Briten versuchten,
eine direkte Konfrontation mit Russland zu vermeiden, da sie in Europa durch
das erstarkende Deutsche Reich immer mehr unter Druck gerieten.

Aber diese Grenzverschiebungen erfolgten ohne die Beratungen mit den be-
troffenen Ländern oder Fürstentümern, geschweige denn mit deren Zustimmung.
Diese Grenzen wurden von den beiden Mächten Russland und Britannien will-
kürlich und ohne Rücksicht auf ethnische Gegebenheiten festgelegt.

Meine Erkenntnisse über die oben genannte Problematik habe ich durch viele
Gesprächen mit dem leider viel zu früh verstorbenen Orientalisten Prof. Dr.
Hans Bräker gewonnen. Eines seiner primären Forschungsgebiete war Zent-
ralasien.

11. Die Oase Kashgar

Eigentlich wollten wir im alten russischen Konsulat des Seman Hotels nächtigen, aber da war gerade eine Tagung. Kaum angekommen, gab es erst mal wieder einen Aufstand, weil Horst sich nicht mit dem Zimmer zufrieden geben wollte, das man uns anbot. Es sei zu dunkel, und das war es wirklich. ‚Wir könnten doch Licht anzünden, das funktioniere!‘ wurde uns gesagt. Oh je, da hatten sie aber noch nie mit Horst verhandelt, er ließ sich so lange Zimmer zeigen, bis wir das Schmuckstück vom ganzen Seman Hotel mit Sitzgruppe, Schreibtisch und Erker hatten. Ich hatte nach dem dritten Zimmer aufgegeben, mitzugehen, weil es mir zu anstrengend wurde, und wartete gottergeben mit unserem kleinen Gepäck auf einem gemütlichen Sofa in der Halle. Dann zeterte Horst noch mit der Chinesin, die ihn herumgeführt hatte, weil sie kein Wort Englisch sprach und er mit ihr nach jedem Zimmer, das ihm nicht passte wieder in die Halle hinunter musste, damit sie dort fragen konnte, was denn der verrückte Ausländer jetzt noch wolle. Horst beschwerte sich: ‚Kein Wort Englisch zu sprechen, das ginge ja nun schließlich nicht in einem Hotel, das internationale Gäste hätte. Sie solle entweder den Job wechseln oder schleunigst Englisch lernen!‘ Hier brachte Horst sein lückenhaftes Mandarin an. Das hatte zur Folge, dass wir die ganze Zeit, die wir dort verbrachten, vom Management und von allen Angestellten des Hotels außergewöhnlich freundlich und zuvorkommend wie VIP-Gäste behandelt wurden!

Nachdem wir nun endlich unsere Zimmer beziehen konnten, drängte es uns nur noch nach einer Dusche. Auf dem Weg zu unserem Zimmer kam uns der Japaner, der mit uns im Bus gewesen war, entgegen und beklagte sich lautstark bei der Etagenfrau, dass es kein heißes Wasser gebe. Der hat Sorgen, dachten wir, nach der Fahrt ist man doch auch mit Gletscherwasser zufrieden, egal was, Hauptsache der juckende Sand kommt irgendwie von der Haut herunter. Unser Hochmut dauerte nicht lang, es gab nämlich nicht nur kein heißes Wasser, es gab überhaupt kein Wasser, in ganz Kashgar nicht! Und wir hatten den Sand überall, er war durch all unsere übereinander gezogenen Klamotten – Windjacke, Sweatshirt, Pullover, T-Shirt und Unterhemd – bis auf die Haut gedrungen und bildete dort einen kribbelnden, juckenden Film, und dazu noch die Haare, die klebrig und grau vom Kopf abstanden. Aber da nützte kein Jammern, wir nahmen für das Gröbste wieder einmal unsere feuchten Tüchlein zu Hilfe und rieben uns grob Gesicht und Hände damit ab. Die feuchten Tüchlein waren ja schon seit Sust unsere einzige Reinigungsmöglichkeit, denn in Tashkurgan verhinderten die sanitären Einrichtungen jeglichen größeren Reinigungsdrang. Wenigstens war es so warm, dass wir die dicken Kleidungsstücke ablegen und nur mit T-Shirt und Jeans bekleidet herumlaufen konnten. Da fühlte man sich schon ein wenig besser.

Abb. 88: Das Seman Hotel ...
Abb. 89: ... mit dem ehemaligen russischen Konsulat

Dann machten wir uns auf den Weg, unseren müden und hungrigen Leibern Nahrung zuzuführen. Schließlich hatten wir uns seit Sust ja nicht nur nicht mehr richtig gewaschen, wir hatten auch nur gemeinsam 200 g TUC-Kekse zum Essen gehabt, die wir nicht mal ganz aufgebraucht hatten.

Schräg gegenüber dem Seman Hotel fanden wir auch ein Lokal, das Café-Oasis-Limmin Restaurant. Den Namen kannten wir aus einem Reiseführer, und außer der schönsten Restaurantbesitzerin der ganzen Seidenstraße wurde auch das Essen dort sehr gepriesen. Die Restaurantbesitzerin war allerdings, seitdem der Buchautor sie zuletzt gesehen hatte, vermutlich um 20 Jahre gealtert. Aber gut sah sie immer noch aus und das Essen war einfach ein Gedicht. Wir konnten zwar nicht in einem Straßencafé sitzen, wie Horst mir auf der Fahrt nach Kashgar versprochen hatte, um mich aufzuheitern. Das hatte ich Horst nicht geglaubt: In Kashgar ein Straßencafé, das konnte ich mir beim besten Willen nicht vorstellen! Aber im Café-Oasis-Limmin Restaurant konnte man wohl draußen sitzen. Und es gab auch Kaffee. Nur weil der Sandsturm auch Kashgar in dicke Staubwolken gehüllt hatte und draußen immer noch ein heftiger Wind wehte, mussten wir an diesem Tag drinnen an einem wackeligen Tisch, auf wackeligen Stühlen zwischen Fahrrädern, Unmengen Kisten mit leeren Flaschen, einem Regal mit dem ganzen Bestand an Geschirr und dem Fernseher, vor dem die ganze Familie saß, Platz nehmen. Die Familienmitglieder schlürften laut eine Gemüse-Nudel-Suppe direkt aus der Suppenschale. Auch uns wurde diese Suppe vorgesetzt, zu deren Verzehr wir aber noch zusätzlich Stäbchen bekamen, keine Löffel! Dazu tranken wir eine ganze Menge Bier, um unser Inneres wieder anzufeuchten und den Sand hinunterzuspülen. Wir waren restlos zufrieden.

Während unseres Aufenthalts in Kashgar zogen wir praktisch im Café-Oasis-Limmin Restaurant ein. Die Tische im Freien wurden zu unserem Wohnzimmer. Wir aßen ausschließlich dort und tranken Unmengen des hervorragenden Biers. Dort schrieben wir alle unsere Briefe, Karten und auch unsere Tagebücher. Wir hatten einige Restaurants gesehen, die sehr gut aussahen. Das Problem war allerdings, dass man in Kashgar mit Englisch gar nichts anfangen kann. Obwohl die schönste Wirtin an der Seidenstraße auch kein Wort Englisch sprach, so hatte sie doch eine Speisekarte, auf der alle Gerichte außer in Chinesisch auch in Englisch geschrieben waren. Man konnte mit dem Finger darauf zeigen und ziemlich sicher sein, dass man das, was man essen wollte, auch bekommen würde. Also, die nächste Woche schliefen wir im Seman Hotel und wohnten im Café-Oasis-Limmin Restaurant.

Abb. 90:
Vor dem
Café-Oasis-
Limmin

Abb. 91:
Die Fremden
werden
bestaunt

Als wir von unserem ersten Essen ins Seman Hotel zurückkamen, wurde unser Glück perfekt gemacht, es gab nämlich wieder Wasser. Zum Haare waschen war es bei mir zwar viel zu spät, denn ich wollte nicht mit nassen Haaren ins Bett gehen, hatte aber daraufhin bis zu unserer Abreise immer Sand im Bett. Die Dusche – sogar warm – war herrlich! Dass das Wasser unten aus der Badewanne herauslief und das Badezimmer unter Wasser setzte, konnte uns überhaupt nicht beeindrucken. Hauptsache, wir hatten Wasser! Am liebsten hätte ich am selben Abend noch angefangen, alle unsere Sachen zu waschen, aber wir waren zu müde. Zum Glück waren unsere Sachen in der Reisetasche alle noch einmal in Plastikbeutel verpackt und daher vom Sand verschont geblieben. So hatten wir wenigstens am nächsten Tag noch etwas ohne Sand anzuziehen.

Am nächsten Morgen fing dann die große Wäsche an: Bis zu sieben Mal hatten wir alles ausgespült und immer noch kam Sand heraus. Auch aus uns, unsere Hälse waren rau und aus unseren Nasen kamen bei jedem Schniefer Sandberge. Selbst die Reisetaschen mussten innen und außen abgewaschen werden. Nur die Jeans und ein paar T-Shirts gaben wir zum Waschen weg. Die schöne Wirtin von unserem Restaurant nahm sich für ein paar Cent dieser Sachen an. Alles andere, die Regenjacken, die dicken Fleece-Shirts, die Pullover, die Sarongs und so weiter wuschen wir nach und nach selbst.

Nach der ersten Runde Wäsche gingen wir zum Frühstück. Jetzt konnten wir im Café-Oasis-Limmin Restaurant draußen sitzen, denn es war herrliches Sonnenwetter und der Sandsturm und der Staub waren Vergangenheit. Nach dem Frühstück machten wir einen kleinen Spaziergang in die allernächste Umgebung, und haben ansonsten einen ruhigen Entspannungstag mit kurzen Unterbrechungen in unserem Restaurant genossen. Ganz faul waren wir aber nicht, wir mussten ja noch unsere Reiseberichte auf den neuesten Stand bringen, und dazu bot sich das Straßencafé ja förmlich an. Erst am Abend machten wir einen längeren Spaziergang und kamen dabei in eine Ecke von Kashgar, die scheinbar die Hälfte aller Einwohner abends zum Essen aufsucht. Überall Straßencafés, meistens voll besetzt, auch sehr schöne Lokale, wie man sie um das Seman Hotel herum gar nicht findet, Straßenbäckereien und Gewürzhändler in Massen. Sogar einen Konditor mit schönen bunten Sahnetorten und übersüßen Törtchen – auch mit grüner Glasur!

Abb. 92: Straßenbäcker

Abb. 93: Gewürzhändler

Dabei begegneten wir auch der Engländerin aus dem Bus, mit der wir hier-
hergekommen sind. Irgendetwas ist merkwürdig mit ihr. Wir hatten sie im
Bus gefragt, wo sie in Kashgar wohne und sie stellte nur die Gegenfrage, wo
wir denn wohnen würden, und als wir ihr ‚im Seman Hotel' antworteten,
sagte sie nur, dass sie woanders wohnen würde. Wo sagte sie aber nicht.
Jetzt sahen wir sie in Begleitung einer anderen jungen weißen Frau, die wie
sie sehr herausgeputzt war. Es war ihr offensichtlich nicht besonders angenehm uns zu begegnen, denn sie grüßte nur ganz kurz und machte dann,
dass sie schnell wegkam. Irgendwie kam sie mir vor, als ob sie in Kashgar
im horizontalen Gewerbe tätig wäre. Ach ja, es ist meine Schwäche, jedem
eine Geschichte zuzuordnen!! Wir konnten uns eben über die Welt und die
Menschen amüsieren. Sie war ja auch fast ohne Gepäck in Tashkurgan und
wirkte auch sonst nicht, aufgetakelt wie sie war, wie eine normale Touristin.

Die Oase Kashgar liegt ungefähr 1600 m hoch und war in den vergangenen 2000 Jahren von großer strategischer Bedeutung als Knotenpunkt
der für den Handel so wichtigen Seidenstraßen. Im 1. Jahrhundert n.Chr.
kamen die Han-Chinesen bei der Konstruktion der Großen Mauer bis nach
Kashgar und kontrollierten es bis ins 3. Jahrhundert. In der anschließenden
Periode, die bis ins 7. Jahrhundert hinein dauerte, stand Kashgar unter der
Oberherrschaft der Hunnen, was eine lange Zeit der Instabilität und des
daraus folgenden Niedergangs bedeutete. Dann kam es wieder unter die
chinesische Oberherrschaft der T'ang Dynastie. 752 eroberten die Araber
das Gebiet. Sie schlugen die Chinesen in der Schlacht am Talas vernichtend.
In der Folge wurde der Islam die beherrschende Religion, die er bis heute in
der autonomen Provinz Xinjiang geblieben ist.

Auf seiner Rückreise nach Venedig besuchte Marco Polo Kashgar und berichtete in seinem Reisebericht darüber. 1219 eroberte Dschinghis Khan
Kashgar. Die mongolische Herrschaft Dschinghis Khans und seiner Nachfolger brachte eine Zeit der Blüte und Stabilität in das gesamte Reich. Der
Handel florierte. Die Zeit der Mongolenherrschaft dauerte bis ins 14. Jahrhundert, als Kashgar von Timur Lenk[57] erobert wurde. Seine Macht weitete
sich in den 1390er Jahren vom Irak über den Iran, Aserbaidschan, Usbekistan, Armenien, Georgien und Syrien bis in die Türkei aus. Timur Lenks
Tod im Jahre 1405 hatte eine neue Zeit der Instabilität zur Folge, die etwa
350 Jahre andauerte.

Mitte des 18. Jahrhunderts geriet Kashgar wieder unter die Herrschaft
Chinas, unter die Mandschu-Herrschaft der Ching Dynastie, bis etwa 100

57 auch Tamerlan oder Timur der Lahme

Jahre später, im Jahr 1865, Yakub Bek das Pamir-Gebirge überschritt und Kashgar unter seine Kontrolle brachte. Er erklärte Kashgar für unabhängig. Einer der ersten Europäer, der nach Kashgar gelangte, war 1857 der Deutsche Adolf Schlagintweit. Er wurde in Kashgar gefoltert und enthauptet.

Adolf Schlagintweit, in München geboren, war ein Forscher, Landvermesser, Wissenschaftler und Entdecker, der sich als Geologe und Botaniker Mitte des 19. Jahrhunderts besonders bei der Erforschung Innerasiens einen herausragenden Namen gemacht hat. Durch die Vermittlung des mit ihm befreundeten Alexander von Humboldt erhielt er von der britischen ‚East India Company' den Auftrag, die bisher unerforschten Bergketten im Norden Indiens und des Himalaya-Gebietes zu vermessen. In der britischen Presse gab es zunächst heftige Proteste und Vorbehalte, für diese Aufgabe einen Deutschen zu beauftragen. Der Plan wurde trotzdem realisiert. 1854 schifft er sich mit zwei seiner Brüder in Southampton ein.

Zusammen mit seinen Brüdern Robert und Hermann, letzterer war ebenfalls ein Geograph, erforschten sie das Gebiet. Teils reisten sie gemeinsam, teils getrennt. Nach einigen Monaten trafen sie aber immer wieder zusammen. Der bekannteste der drei Brüder war allerdings Adolf. Die Aquarelle, die Adolf Schlagintweit vom Nanga Parbat malte, sind die ersten Bilder, die von diesem Bergmassiv existieren. Sie gelten bis heute als Meisterwerke und dienen den Glaziologen der Neuzeit als Vergleich für das Abschmelzen der Gletscher.

Die Brüder Robert und Hermann reisten vorzeitig nach Deutschland zurück. Hermann ritt von Rawalpindi in Indien über Nepal nach Kalkutta, um sich dort einzuschiffen. Robert brachte eine riesige Ansammlung von Kisten mit Gesteinsproben, ethnographischen Objekten, Pflanzen und Samen, Baumdurchschnitten und das gesamte Forschungsmaterial mit magnetischen und meteorologischen Daten, Handschriften und Landschaftsskizzen mit bis zu vier Metern langen Panoramen mit einer Karawane aus Pferden und Kamelen in den Hafen von Bombay. Von dort wurde das wertvolle Forschungsmaterial nach Deutschland verschifft. Im Juni 1857 trafen die beiden Brüder wieder in Berlin zusammen.

Adolf Schlagintweit wollte über Turkestan, Taschkent und Russland auf dem Landwege nach Deutschland zurück reiten. Da dieser Weg durch das damalige, politisch unstabile Turkestan große Gefahren barg, verkleidete er sich als Einheimischer. Nachdem er den Khunjerab Pass überquert hatte, wurde er in der Nähe von Yarkand ergriffen und zu dem Stammesführer, dem Emir von Kashgar, Wali Khan, gebracht. Kashgar wurde damals bewacht wie eine Festung. Wali Khan aus Russisch-Turkestan war ein fanatischer Moslem. Alles Fremde war ihm verhasst. Er kämpfte vor allem gegen alles, was christlich oder englisch war.

Im Gepäck von Adolf Schlagintweit fand man natürlich einige Zeichnungen, Aufzeichnungen von Flüssen, Bergen und Ortschaften. Das waren für Wali Khan genügend Beweise. Man war sich sicher, einen Spion der Engländer vor sich zu haben. Am 26. August 1857 wurde Adolf Schlagintweit im Alter von nur 28 Jahren in Kashgar enthauptet. Er wusste natürlich, wie gefährlich seine Reise durch das Gebiet von Wali Khan war, und ließ die große Sammlung seiner Aufzeichnungen in Gilgit zurück, um sie der Nachwelt zu erhalten.

War Adolf Schlagintweit das erste Opfer der Fee und Naturgottheit Peri, die der Legende nach auf dem Gipfel des Nanga Parbat in einem Eispalast wohnt? Die Hunzukutz glauben bis heute fest daran, dass Peri sich gegen eine Störung ihres Reiches durch Bergsteiger und Forscher mit Lawinen, heftigen Stürmen und Schnee wehrt. Sie sucht aber auch andere Wege, um sich zu schützen. Die Hunzukutz fürchten Peri auch heute noch!

Es stimmt, es gab viele Tragödien und Niederlagen am Nanga Parbat. Dutzende Bergsteiger haben am ‚Schicksalsberg der Deutschen‘ ihr Leben gelassen. Die Hunzukutz sind sich bis heute sicher, dass Adolf Schlagintweit das erste Opfer war, das die Fee Peri zu sich gerufen hat – nicht am Berg direkt, aber immer noch auf dem damaligen Gebiet der Hunza. Er hatte als erster Europäer den Nanga Parbat, den ‚Nackten Berg‘ entdeckt, vermessen und in Aquarellen abgebildet.

Die Brüder von Adolf Schlagintweit sichteten das wissenschaftliche Material in Deutschland, das während der 30 000 Wegkilometer in Asien gesammelt worden war. Es ist bis heute das wichtigste Forschungsmaterial neben dem von Humboldt. Die Ära der Universalgelehrten wie Humboldt ging mit Adolf Schlagintweit leider zu Ende.[58]

2015 wurde in München die Ausstellung ‚Über den Himalaya. Die Expeditionen der Brüder Schlagintweit nach Indien und Zentralasien 1854-1858‘

---

58 Der Enkel eines weiteren Bruders von Adolf Schlagintweit, der deutsche Diplomat Reinhard Schlagintweit, war von 1958-1961 Legationsrat an der Deutschen Botschaft in Kabul, von 1963-1967 war er Stellvertreter des deutschen Botschafters in Bangkok/Thailand. Hier traf Annettes Vater, der Orientalist Hans Bräker, mit Reinhard Schlagintweit zusammen. Danach war Schlagintweit Leiter des Kulturreferats im Auswärtigen Amt in Bonn. In dieser Zeit lernte auch Annette Reinhard Schlagintweit persönlich kennen. Von 1976 bis 1979 war Reinhard Schlagintweit Deutscher Botschafter in Saudi Arabien. Im September 2016 konnte ich Reinhard Schlagintweit telefonisch kontaktieren. Im Internet gibt es viele Hinweise, dass er im Auftrag des Auswärtigen Amtes auch in Indonesien war. Bei dem Telefonat konnte aber geklärt werden, dass diese Informationen falsch sind!

eröffnet. Im Zusammenhang mit dieser Sonderausstellung wurden auch meh-rere hundert Aquarelle von Adolf Schlagintweit gezeigt. Die Ausstellung wurde begleitet von Vorträgen und Filmen. Die Aquarelle werden in der Staatlichen Geographischen Sammlung in München aufbewahrt. Anlässlich dieser Ausstel-lung wurde ein Buch mit dem gleichnamigen Titel veröffentlicht.

Ein weiterer Europäer, der 1868 Kashgar erreichte, war der Abenteurer Ro-bert Shaw. Glücklicherweise erlitt er nicht das gleiche Schicksal wie Adolf Schlagintweit. In der folgenden Zeit wurde Kashgar genau wie Hunza einer der Hauptinteressenspunkte des ‚Großen Spiels' in der kolonialen Expansi-onspolitik der beiden Großmächte Russland und England. 1877 schlug die chinesische Ching-Armee die Rebellion Yakub Beks nieder und gestattete 1882 Russland, ein Konsulat in Kashgar einzurichten. Die Engländer, die mit Yakub Bek kooperiert hatten, durften erst einige Jahre später mit ei-nem Konsulat in Kashgar präsent werden. Nachdem 1905 die Mandschu-Herrschaft der Ching gestürzt worden und China zu einer Republik erklärt worden war, kam für Kashgar erneut eine Zeit der politischen Wirren und Unruhen. Es fiel abwechselnd unter russische, bolschewikische und tunga-nische[59] Herrschaft und die des einheimischen Kriegshelden Sheng Shitsai. Den Schlussstrich zog der Staatsgründer Mao Zedong durch die Einverlei-bung in die Volksrepublik China. Im Zuge der nun anschließenden Mo-dernisierung Kashgars wurde der größte Teil des alten Stadtkerns wie auch die über 500 Jahre alten Stadtmauern niedergerissen. Die Volksrepublik hat Kashgar in eine typisch chinesische Stadt mit langweiligen, an Hässlichkeit kaum zu überbietenden Plattenbauten verwandelt. In den folgenden Jah-ren gab es Berichten zufolge immer wieder Aufstände der Uiguren, die den größten Bevölkerungsanteil in Kashgar stellen. Neben den Uiguren leben in Kashgar noch Minoritäten wie Usbeken, Tadschiken, Kirgisen, Kasachen und eine immer weiter ansteigende Anzahl von Han-Chinesen.

Die Uiguren kämpfen bis heute um ihr Recht der Selbstbestimmung, obwohl Beijing immer mehr Han-Chinesen in die Region Kashgar umsiedelt, um die Übermacht der Minderheiten zu brechen. Die offizielle Sprache ist Mandarin, aber Uigurisch ist die im Bazar am häufigsten gebrauchte Sprache.

Neun Jahre vor unserer Reise, 1989, wurde das Seman Hotel als achtes unter den zehn besten Touristenhotels der Welt eingestuft. Da hat sich aber in der Zwischenzeit viel verändert, denn das Hotel ist schon sehr in die Jahre gekom-men! Es ist aber immer noch das einzige zumutbare Hotel in Kashgar und das

59 Chinesische Muslime

einzige, das im uigurischen Stil eingerichtet ist. Heute (2016) gibt es in Kashgar viele neue moderne und gute Hotels.

Im Hinterhof des Seman Hotels findet man die alten Gemäuer des ehemaligen Russischen Konsulats, stuckverzierte düstere Häuschen mit dunkel gestrichenen Holzböden. Hier herrscht noch die alte Atmosphäre und Spannung von ‚The Great Game‘. Das Seman Hotel hat in diesen alten Gemäuern vier Doppelzimmer und zwei Suiten eingerichtet. Wenn man in diesem Haus nächtigt, hat man das Gefühl, in einem Museum zu sein. Stundenlang bummelten wir durch alle Räume und den Garten. Kein Hotelangestellter war zu sehen. Uns begleitete im Garten lediglich ein wunderschöner goldgelber Wiedehopf mit seiner hohen Federhaube und den schwarz-weiß gemusterten Flügeln.

Zwischen 1813, dem Russisch-Persischen Vertrag und 1907, der Einigung zwischen Großbritannien und Russland, war Kashgar das Zentrum der Machtkämpfe, die zwischen den beiden Großmächten ausgetragen wurden. Verniedlichend wurde die Rivalität zwischen den beiden Großmächten von den Briten ‚The Great Game‘, das große Spiel, genannt. Beiden Großmächten ging es um die ökonomische und politische Vorherrschaft in Zentralasien. Großbritannien wollte die ihm freundlich gestimmten Länder als Puffer vor seiner Kolonie Britisch-Indien haben. Nachdem der russische Zar ein Khanat[60] nach dem anderen – Samarkand, Taschkent, Chiwa, Buchara, die Oase Merv und andere – in seinen Einflussbereich brachte, stieg bei den Briten die Angst, dass er aus dem Norden eine Invasion Britisch-Indiens vorbereite. Russlands Wunsch war schon lange, einen Zugang zum Indischen Ozean zu bekommen. Großbritannien versuchte, China auf seiner Seite gegen Russland zu mobilisieren. China rüstete auf und kaufte große Mengen der modernsten Waffen in Deutschland.[61]

Nachdem Deutschland durch den Bau der Bagdad-Eisenbahn der neue Rivale im ‚Großen Spiel‘ wurde, stellten die bisher zerstrittenen Großmächte Großbritannien und Russland 1907 ihre Feindseligkeiten ein und richteten ihr Augenmerk gemeinsam gegen Deutschland. Im Endeffekt führte dies dann auch neben anderen Vorkommnissen zum Ersten Weltkrieg. Das ‚Große Spiel‘ jener Zeit war natürlich viel vielfältiger und verwickelter als hier in dieser Kurzform geschildert werden kann. Es war ein Katz-und-Maus-Spiel der beiden Großmächte über das noch nicht vollkommen vermessene und aufgeteilte Gebiet des Pamir und des Hindukusch.

Nach dem Zweiten Weltkrieg gab es eine Fortsetzung des ‚Großen Spiels‘, da einige Westmächte unter Führung der USA mit Großbritannien, aber auch Russland, versuchten, aus geopolitischen Gründen ihren Einfluss in der Region, besonders in Afghanistan und im Irak, mit militärischer Gewalt auszuweiten.

---

60 Fürstentum
61 Alex Marshall: *The Russian General Staff and Asia*, 1860-1917, S. 79ff

Abb. 94: Auf dem Pferdewagen unterwegs

Abb. 95: Männer vor der Idkah-Moschee

So, nach diesem kleinen Überblick über die Geschichte von Kashgar und das ‚Große Spiel' geht's weiter mit dem Reisebericht:

Am nächsten Morgen machten wir uns nach dem Frühstück auf den Weg, Kashgar ein wenig näher zu erkunden. Ich wollte unbedingt mit einem der Pferdewagen fahren, die mir am Vortag schon so gut gefallen hatten, wenn sie am Café-Oasis-Limmin Restaurant vorüber ratterten. Was ich nicht ahnte war, dass diese gar nicht mehr überall in Kashgar fahren dürfen. Wir begannen Verhandlungen mit einem Pferdewagenbesitzer. Es wurden immer mehr Einheimische hinzugezogen, von denen jeder ein anderes Wort verstand.

Jemanden zu finden, der einen kompletten englischen Satz sprechen konnte war ziemlich schwierig und wenn es doch gelang, dann konnte man den Satz, den dieser gerade beherrschte, im Moment sicherlich nicht gebrauchen. Selbst im Hotel ist es – wie schon erwähnt – manchmal ziemlich schwierig. Endlich! Mit Händen und Füßen, ein bisschen Englisch, Türkisch und Chinesisch hatten wir erreicht, dass der Pferdewagenchauffeur uns über holprige gepflasterte Straßen bis in die Nähe der Idkah-Moschee bringen wollte.

Die Idkah-Moschee in Kashgar wurde im 15. Jahrhundert erbaut. Sie ist die größte Moschee in der Volksrepublik China und das größte Heiligtum für die Moslems in China.

Eigentlich kamen wir mit unseren Sprachkenntnissen immer besser zurecht: Englisch sprechen wir beide, Türkisch gebrochen, Annette durch ihr Studium des Alttürkischen und ich durch einen längeren Studienaufenthalt als Austauschstudent in der Türkei. Und in Mandarin kannte ich durch Aufenthalte in Singapur, Hongkong und China einige wichtige Redewendungen. Vorzugsweise verwendeten wir nun Türkisch, da eine Verständigung in Englisch kaum möglich war.

Es war eine schöne Fahrt mit dem Pferdewagen, die zum Teil durch eine reine Wohngegend führte, die wirklich sehenswert war. Aber mein Rücken machte diese Erfahrung gar nicht gerne, denn die Wege, die der Pferdewagen nehmen musste waren überaus holprig und die Wagen waren nicht gefedert. Leider hatte ich vergessen meine Rückenbandage, die ich auf der Herreise ständig trug, anzuziehen. Von dem Punkt, an dem der Pferdewagenbesitzer uns ablud, mussten wir noch ein Stückchen bis zur Idkah-Moschee zu Fuß gehen. Aber da rechts und links der Straße überall Stände und kleine Geschäfte waren, war der Weg bis zur Moschee sehr abwechslungsreich. Wir besuchten die Moschee, die ich nicht so überwältigend fand, und schlenderten dann stundenlang durch den Basar und fotografierten ununterbrochen sogenannte ‚Kleinkunst': Gewürzhändler, Bäckereien, Gemüsehändler, Spengler, Schreiner, Schmiede, usw. Man fühlte sich ins Mittelalter zurück versetzt.

Die ganzen fünf Stunden, die wir unterwegs waren, sahen wir nicht einen Touristen. Das hob unsere Stimmung natürlich ungemein. Aber nicht nur das Fehlen anderer Touristen, sondern Kashgar überhaupt gefiel uns sehr gut, das Leben in den Straßen und Basaren, die Freundlichkeit der Leute und die Neugier der Kinder machten uns sehr viel Spaß. Wir haben schon beschlossen, einen Tag länger als geplant zu bleiben. Auch die Wärme hier ist nach der Kälte im Hochgebirge sehr angenehm.

Man merkt übrigens, dass der Sonntagsmarkt näher rückt, denn waren wir bisher ganz alleine als Westler hier, treffen jetzt – am Samstag – Touristengruppen in Bussen ein, die nur zum Sonntagsmarkt her gekarrt werden und spätestens am Montagmorgen wieder irgendwo anders hin reisen. Heute sind zwei Busse von ‚Exodus Overland Expeditions' eingetroffen. Sie parken auf dem Parkplatz des Seman Hotels. Es sind offene Busse und der Reisestil ist so eine Art Pfadfinder-Tourismus. Man reist nicht nur im Bus, man schläft und kocht auch dort. Es sind lauter junge Leute in dieser Gruppe und es herrscht so eine Art Rudelzwang – sie machen alles gemeinsam. Sie werden begleitet von einem chinesischen Führer, der aussieht wie Horsts früherer Boy Wardi aus Jakarta, und einer chinesischen Führerin, die ununterbrochen Eis am Stiel isst. Wir als Individualreisende kommen uns denen natürlich unendlich überlegen vor und tun so, als bemerkten wir sie überhaupt nicht.

Der hiesige Volkssport ist Billard. Überall stehen Billardtische entlang der Straßen, und es ist ungewöhnlich, wenn mal an einem Tisch nicht gespielt wird. Dann ist aber meist der Billardnachwuchs, der noch kaum über den Tischrand schauen kann, da und fuhrwerkt ungeschickt mit dem Billardstock auf dem Tisch herum, um wenigstens irgendeine Kugel zu erwischen. Die kleinen Kerle sind konzentriert wie die Großen, wenn sie auf den Zehenspitzen stehend versuchen, Bewegung in die Kugeln zu bringen. Am ersten Nachmittag konnten wir von ihnen kaum den Blick abwenden, weil diese ‚Dreikäsehochs' zu komisch waren. Zum großen Teil sind sie noch gar nicht ‚stubenrein', was man an ihren im Schritt offenen Hosen, wo die Popochen rausgucken, sehen konnte.

Abb. 96: Am frischen Duft der Backwaren konnte man nicht einfach so vorbeigehen

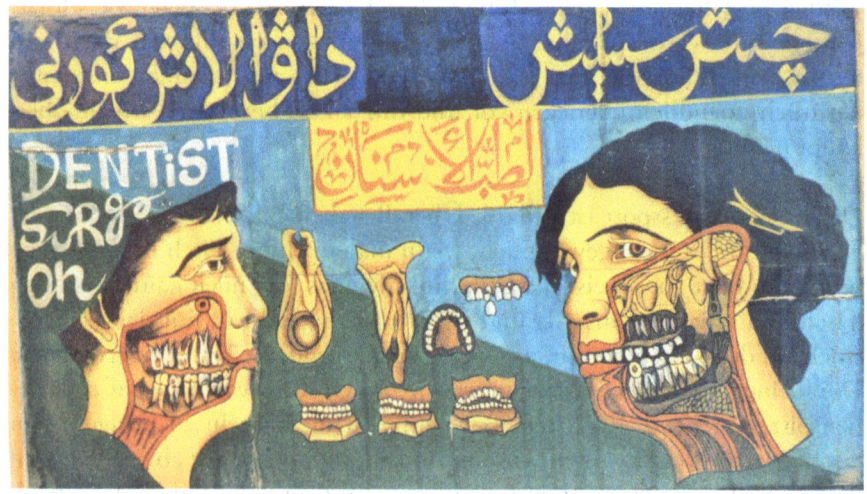

Abb. 97: Zum Glück benötigten wir keinen Zahnarzt

Neben Billard gibt es noch eine Freizeitbeschäftigung, die sich bei der Jugend Kashgars allgemeiner Beliebtheit erfreut: KARAOKE! Wenn man abends durch die Straßen schlendert, sieht man vor oder in Karaoke-Lokalen junge Damen oder Herren mit einem Mikrofon, die aus vollem Halse zur Musik singen! Zunächst hatten wir diese Karaoke-Lokale gar nicht als solche erkannt, denn oft gab es nur einen Fernseher vor oder in einem Geschäft und ein paar Stühle davor. Es dauerte eine Weile, bis wir begriffen, dass sich dort kein Fernsehprogramm abspielte, sondern verhinderte Künstler ihr Bestes gaben. Eine besonders gesellige Freizeitbeschäftigung schien uns das nicht zu sein, weil die tapferen Sängerknaben und -mädels oftmals ganz alleine dort saßen und ihre Stimmbänder aufs heftigste strapazierten!

Wieder in Zentralasien zu sein, ist für mich wie ein Wunder. In Buchara, Chiwa oder Samarkand stehen zwar noch viel mehr historische Gebäude, die hier ja vor allem von der von Mao Zedong ausgelösten Kulturrevolution von 1966 bis 1976 zum Opfer gefallen sind. Aber die orientalische Atmosphäre, durch die ich mich wieder wie in ein Märchen aus 1001 Nacht versetzt fühle, hat die Kulturrevolution überdauert. Was hier noch auffällt ist, dass man nie einen Muezzin rufen hört. Vielleicht ist der Aufruf zum Gebet per Lautsprecher an sich untersagt, oder ist im real existierenden Sozialismus der Ruf des Muezzins gänzlich verboten? Zum Ausgleich dafür ruft morgens um 6:00 Uhr schon unüberhörbar das chinesische Frühsportprogramm über alle Lautsprecher zur Leibesertüchtigung auf. Das geht ziemlich an die Nerven und man sehnt sich erst recht nach einem Muezzin-Ruf!

Heute ist Sonntag, der 17. Mai. Da mussten wir natürlich zum in ganz Zentralasien bekannten Sonntagsmarkt in Kashgar. Bis zum Anfang dieses Jahrhunderts war Kashgar aufgrund seiner Lage ein sehr bedeutender Umschlagplatz für den Karawanenhandel, aber auch heute noch ist der Sonntagsmarkt der größte Markt im westlichen China. Aber Kamele sieht man auf dem Sonntagsmarkt nur noch selten. Aus der ganzen näheren und ferneren Umgebung kommen die Händler und Bauern herbei. Sie sind oft tagelang unterwegs, um mit ihren Waren Handel zu treiben.

Wir wollten möglichst früh dort sein, um den Touristen, und seien es nur die wenigen, die wir in den letzten zwei Tagen in Kashgar eintreffen sahen, zu entgehen. Also hatten wir unseren Wecker auf 6:00 Uhr gestellt. Um 7:00 Uhr wollten wir in unserem Stammlokal frühstücken, aber da wir schon um 6:30 Uhr fertig und auf der Straße waren, beschlossen wir, das Frühstück erst nach dem Sonntagsmarkt einzunehmen.

Abb. 98:
Mit dem Motorrad
zum Sonntagsmarkt

Abb. 99:
Durch enge Gassen

Da Horst schon seit zwei Tagen nach einer Fahrt auf einem Motorrad mit Beiwagen jammerte, hielten wir nach so einem Gefährt Ausschau und wir hatten Glück! Vor dem Seman Hotel stand eines und war auch bereit, uns für einen Spottpreis zum Sonntagsmarkt zu chauffieren. Es war wirklich ein Erlebnis. Im Beiwagen haben zwei Personen Platz und eine dritte Person kann noch auf dem Sozius Platz nehmen. So ein Motorrad kann ja durch die engsten Gassen fahren, durch die ein Auto gar nicht hindurch kommt. Horst und ich im Beiwagen genossen die Fahrt sehr, und sowohl der Fahrer, der uns zum Markt brachte, als auch der, der uns wieder zum Hotel zurückfuhr, schienen es sich zur Motorradfahrer-Ehre gemacht zu haben, uns durch die malerischsten Stellen der Altstadt zu fahren.

Um 7:00 Uhr morgens waren wir schon auf dem Sonntagsmarkt, und er ist wirklich eine Attraktion. Um diese frühe Zeit trafen immer noch viele Händler mit ihren Tieren und Waren ein, luden ihre Wagen ab und bauten ihre Stände auf. Es war zwar nicht mehr richtig dämmrig, aber durch den Staub, der durch die Wagen aufgewirbelt wurde und den Rauch aus den Garküchen, die ihre Holzkohlegrills fürs ‚Schaschlik‘ anwarfen, entstand eine ganz unwirkliche Atmosphäre. Ganz faszinierend war natürlich der Viehmarkt. Hier fühlte man sich erst recht um ein Jahrhundert zurückversetzt. Kamele gab es zwar nicht – die sollen schon seit Jahren nicht mehr regelmäßig auf dem Markt verkauft werden –, aber Pferde, Rinder, Esel, Schafe, einige wenige Ziegen und ein paar Hunde. Pferde wurden zur Probe geritten und ihre Zähne überprüft. Es wurde gehandelt und gefeilscht. Es war ein tolles Bild und man konnte nicht genug fotografieren.

Hier gab es Obst und Gemüse in Hülle und Fülle. Hier vereinigten sich die Düfte des Orients. Immer wieder suchten wir die Bäcker auf, deren Sesamringe einen unwiderstehlichen Duft verbreiteten.

Kashgar und seine Umgebung beherbergen eine faszinierende Mischung von Minderheiten, die sich an Sonntagen auf dem Markt zusammenfinden. Hier empfindet man noch das ursprüngliche Gefühl der alten Seidenstraße. Auf dem Markt sieht man nur wenige chinesische Gesichter. Die Minderheiten der Uiguren, der Kirgisen oder der Tadschiken sind hier die Händler. Die Uiguren, die man an ihren Kopfbedeckungen erkennen kann, sind am häufigsten vertreten. Die ‚Sprachverwirrung‘ ist hier am Pamir-Knoten besonders groß. Es wird neben den Sprachen der Minderheiten auch Persisch, Türkisch, Dardisch, Burushaski, Chinesisch und Russisch gesprochen.

Abb. 100 und 101: Es wird gehandelt und gefeilscht

*Abb. 102
und 103:
Gemüse und
Joghurt*

Beim Gemüsemarkt gingen Horst die Augen über, obwohl neben Bergen von Gemüsen auch Innereien und Köpfe von Schafen lagen. Überall wurde frischer Joghurt angeboten. Obwohl es noch früh im Jahr war, gab es Melonen, Trauben und Maulbeeren. Hauptsächlich werden in der Oase Kashgar aber Getreide und Baumwolle angepflanzt.

Wir hatten ja noch nicht gefrühstückt und waren entsprechend hungrig! Horst sah rote Rettiche, und das Paradies schien nahe. Er musste unbedingt welche kaufen. Auf unsere mit Händen und Füßen, drei Brocken Türkisch und zwei Brocken Chinesisch gestellte Frage, was ein Bund koste, hielt der Uigure fünf Finger hoch und sagte ‚beş'. Horst fand fünf Yuan für ein Bund Rettiche weit übertrieben, gab drei Yuan, griff sich einen Bund Rettiche und wandte sich zum Gehen. Der Uigure kam uns aber mit zwei weiteren Bund Rettichen nach. Wir waren hocherfreut über die Ehrlichkeit der Einheimischen und überlegten uns dann, dass die fünf Finger vermutlich 0,5 Yuan bedeutet hatten, wir also für drei Yuan eigentlich sechs Bund Rettiche hätten bekommen müssen. Trotzdem fanden wir es hochanständig, dass wir überhaupt drei Bund bekommen hatten. Wir trieben uns stundenlang auf dem Markt herum, man konnte nicht genug Augen haben, um alles aufzunehmen. Touristen sahen wir fast gar keine, und erst als wir uns auf den Rückweg machten, kamen einige mehr zum Sonntagsmarkt.

Jetzt ist es 13:30 Uhr örtlicher Zeit und wir sitzen in unserem Café-Oasis-Limmin Restaurant, trinken Bier und essen dazu gesalzene Rettiche, die Horst ganz fein nach schwäbischer Art aufgeschnitten hat. Was für ein heimatlicher Genuss in fernen Landen! Heute ist es sehr heiß, 30° Celsius. Horsts Augen sind immer noch vom Sandsturm entzündet. Sie hatten auf dem Sonntagsmarkt wieder zu leiden. Zum Glück hatte ich Bepanthen-Augensalbe dabei und konnte ihn ein wenig verarzten. Außer mit Augensalbe pflegen wir Horsts Augen noch mit Teebeutelkompressen. Ich habe mal gelesen, dass das lindern soll und das wird jetzt an ihm ausprobiert. Da er sich nicht wehrt, scheint es wirklich zu helfen.

Nach einem Mittagsschlaf sitzen wir wieder hier im Restaurant. In den letzten Tagen sind wir ein wenig schlaff. Die ständigen klimatischen Veränderungen, die Anstrengungen der Herreise, vor allem jetzt auch die Hitze und der Staub, dazu unsere verstopften Nasen seitdem wir hier sind, machen uns müde. Dazu hat Horst immer noch vom Sand entzündete Augen, aber es scheint eine leichte Besserung eingetreten zu sein. Im Moment – es ist jetzt fast 17:00 Uhr – beobachten wir die Bauern, die mit ihren Eselskarren vom Markt den Rückweg nach Hause angetreten haben. Mit ihren Einkäufen, wie ich hoffe, und nicht mit ihren nicht verkauften Waren! Eben kam ein Eselskarren, auf dem vorne der Vater saß und hinten die Mutter, auf der einen Seite einen Säugling im Arm, auf der anderen Seite zwei Lämmer. Kurz dahinter kam ein Mann, der eine Karre vor sich herschob, auf dem drei Schafe standen. So gibt es ununterbrochen etwas zu beobachten und man kommt kaum zum Schreiben.

Gerade kommt unser unvermeidlicher uigurischer Lehrer ins Lokal. Jeder Ausländer, so auch wir vor ein paar Tagen, wird von ihm sofort darüber aufgeklärt, was er ist und dass er irgendwann ein Buch oder Lexikon geschrieben habe, das aber niemand kaufe. Er will dieses Buch vermutlich an Touristen verkaufen, er biedert sich aber so unangenehm an, dass es ganz sicher niemals zu einem Geschäft kommt. Vielleicht will er auch nur Geld, um es verlegen zu können, denn gesehen habe ich das Buch bisher noch nicht.

Schön sind hier auch die Frauen zu beobachten. Sie sind in die erstaunlichsten Kreationen gehüllt. Pailletten, Spitzen und Rüschen, Strass-Steine auf Tüll in Pink, Hellblau oder Orange. Das alles über weißen Unterkleidern. Es ist scheinbar der große Modetrend des Jahres. Die Farbzusammenstellungen sind für unsere Augen sehr gewöhnungsbedürftig: Zum Beispiel ein orangefarbenes Tüllkleid zu grünen Stöckelschuhen, lila Jacke und sehr häufig ein braunes Sticktuch zum Verschleiern über dem Kopf. Daneben Chinesinnen mit den kürzesten Miniröcken, die man sich vorstellen kann. Mit dem Verschleiern ist es hier so eine Sache. Unten oft Rüschen, Spitzen und Tüll, dass man alles durchsehen kann, die Füße in hohen Stöckelschuhen, mit einem dünnen bunten Tuch über dem Kopf. Da muss gar nicht erst die mit einem Minirock bekleidete Chinesin daneben stehen, damit ein Kontrast da ist. Noch Anfang des 20. Jahrhunderts waren die Frauen Kashgars für ihren lockeren Umgang mit Reisenden berühmt.

Seit 2011 gibt es in Kashgar einen Anschluss an das Streckennetz der chinesischen Eisenbahn. Man kann nun mit der Eisenbahn von Kashgar über Urumqi bis nach Beijing fahren. Die Chinesen planen sogar eine Eisenbahnverbindung von Kashgar über den Khunjerab-Pass bis nach Pakistan. Bis zum Pass, oder bis nach Sust wäre das vermutlich durchführbar. Aber durch das enge Hunzatal? Unmöglich!

Oder doch? Den Chinesen ist ja auch das technische Meisterwerk einer Eisenbahnverbindung in das hoch gelegene Lhasa in Tibet gelungen. Damals sagten alle Experten auch – unmöglich! Ein weiteres positives Beispiel ist der KKH.

Abb. 104
und 105:
Uiguren

Inzwischen, am 22. Mai, sind wir wieder in Gulmit angelangt. Wie unser geistiger Zustand ist, kann man an unserem soeben geführten Gespräch ermitteln: Horst sagte zu mir, ‚Heute ist Christi Himmelfahrt‘. Ich antwortete: ‚Nein, das war gestern‘. Horst: ‚Doch, heute ist Freitag‘. Ich: ‚Ja, heute ist Freitag, aber nicht Christi Himmelfahrt, das war gestern‘. Horst: ‚Aber heute ist Freitag! Das weiß ich bestimmt!‘ Ich: ‚Ja, natürlich, aber Christi Himmelfahrt ist immer an einem Donnerstag‘. Horst: ‚Ach, ist heute Freitag?‘ Er hatte Christi Himmelfahrt mit Karfreitag verwechselt! Ich habe mich halbtot gelacht. So weit sind wir schon nach zwei Tagen Busfahrt von Kashgar zurück nach Gulmit. Aber die Rückfahrt war nicht so anstrengend wie die Hinfahrt, der Sandsturm fehlte! Ereignisreich war sie aber auch. Aber erst einmal berichte ich noch über unsere letzten Tage in Kashgar.

Ab Sonntagnachmittag wurde es wieder sehr ruhig in Kashgar. Schon nachmittags fuhren zwei Busse mit Touristen ab, allerdings nicht die Pfadfindertruppe von ‚Exodus Overland Expeditions‘. Es waren außer denen nur noch zwei weitere Busse mit Touristen gekommen, die uns natürlich nicht verborgen bleiben konnten, weil solche Gruppen offensichtlich immer im Seman Hotel untergebracht werden. Was uns bei den Touristengruppen am meisten störte, war, dass sie auch im Café-Oasis-Limmin Restaurant ihre Mahlzeiten einnahmen, das wir immerhin zu unserm ‚Wohnzimmer‘ erkoren und bis dahin immer für uns alleine gehabt hatten. So fühlten wir uns erheblich in unserer Privatsphäre gestört. Die Alternativ-Touristen von ‚Exodus Overland Expeditions‘, bestehend aus überwiegend englischsprachigen Mitgliedern, ernährten sich vornehmlich von Chips, Cola und Bier, was bei dem hervorragenden Essen in diesem Lokal eine wahre Schande war.

Wir selber futterten uns die Speisekarte rauf und runter und schwelgten in solchen Genüssen wie Vegetable Noodle Soup, oder Fried Vegetable, Fried Eggplant with Tomato, Fried Potatoes with Tomato and Onion, Fried Peanuts with Tomato, Tomato Cutlet und so weiter. An einen kulinarischen Höhepunkt wagten wir uns aber erst ziemlich zum Schluss, nämlich an ‚Typical German Brat Kartoffeln‘! So stand es auf der Speisekarte. Es erschien uns merkwürdig, dort ‚typisch deutsche Bratkartoffeln‘ zu bestellen, als würden wir auf Bali Eisbein mit Sauerkraut essen wollen, das es komischerweise auch dort gibt. Aber schließlich überwog die Neugierde und wir bestellten sie doch. Was wir uns eigentlich unter ‚Typical German Brat Kartoffeln‘ vorgestellt hatten, weiß ich nicht, aber was wir bekamen, war alles andere als typisch deutsch. Es war so gut, dass wir sofort beschlossen, es in unseren heimatlichen Speiseplan aufzunehmen. Genauso wie am Tag drauf die Fried Peanuts. Also hier die Rezepte:

‚Typical German Brat Kartoffeln'
Kartoffeln, roh in dünne Scheiben geschnitten
Lauchzwiebeln, in etwa 2 cm lange Röhrchen geschnitten
Knoblauch, in feine Scheiben geschnitten
Ingwer, in sehr dünne Scheiben geschnitten
Sojasauce
Hauchdünn geschnittene Kartoffeln anbraten, mit Zwiebelröhrchen, Knoblauch und in feine Scheibchen geschnittenem Ingwer braten, bis alles gar aber noch bissfest ist. Mit Salz, Pfeffer und Sojasauce abschmecken.

‚Fried Peanuts with Tomato'
Erdnüsse
Tomaten, in Würfel geschnitten
Zwiebeln, in Scheiben geschnitten
Knoblauch, in Scheiben geschnitten
Ingwer, in dünne Scheiben geschnitten
Salz, Pfeffer und Sojasauce
Erdnüsse in Öl scharf anbraten. Zwiebeln, Knoblauch und Ingwer in einer anderen Pfanne anbraten, Tomaten zugeben, kurz weiterbraten, dann mit Salz, Pfeffer und Sojasauce abschmecken. Die Erdnüsse zugeben und sofort servieren.

Tomato Cutlet waren einfach Tomaten in einem Eierkuchenteig ausgebacken,
Fried Vegetables eine Gemüsepfanne mit viel Ingwer, Sojasauce und Lauchzwiebeln, während
Fried Eggplants eine Gemüsemischung waren, in der Auberginen vorherrschten.

Jedes einzelne Gericht war ein Genuss und wir standen ständig vor der Schwierigkeit, uns zu entscheiden, was wir zuerst essen wollten.

Die Alternativ-Touristen verließen Kashgar endlich am Montagmorgen. Wir waren sehr froh, Kashgar noch die beiden Tage bis zu unserer Rückfahrt nach Pakistan für uns alleine zu haben. Ganz Kashgar verfiel merklich in einen Halbschlaf. Wir liefen viel in der Stadt herum, besonders hatte es uns der Basar angetan, in dem wir ein paar Päckchen Safran kauften und ich mir eine Pelzmütze, die mir vom ersten Tag an nicht mehr aus dem Kopf gegangen war. Horst ging noch zum Friseur, das heißt zu zwei netten Friseurinnen. Wir entdeckten viele schöne Ecken in Kashgar, ganze Wohnviertel bestehen aus mehrstöckigen Lehmhäusern, was sehr malerisch wirkt, und wodurch man sich in frühere Zeiten zurückversetzt fühlt, obwohl – wie oben bereits erwähnt – sehr viel von dem alten Kashgar der Kulturrevolution zum Opfer gefallen ist, was man aber in diesen Vierteln vergisst.

Bei unseren Spaziergängen durch Kashgar fiel uns immer wieder auf, wie sauber Kashgar ist, nirgendwo liegen Dreck oder Zigarettenkippen herum. Die Ecke mit den Garküchen und Straßencafés, die wir am ersten Tag in der Nähe unseres Hotels entdeckt hatten, war ein Nachtmarkt. Tagsüber ist es bis 17:00 Uhr ein Kleidermarkt. Dann werden die Kleider eingepackt und es rücken die kleinen Garküchen mitsamt der Tische und Stühle an.

12. Die Rückreise ins Hunzatal

Langsam mussten wir uns Gedanken über unsere Rückreise machen und überlegten, ob wir nicht bis Tashkurgan ein Auto mieten sollten. Dann könnten wir schließlich anhalten und Pause machen, wo wir wollten, auch am Karakul-See. Ab Tashkurgan darf man dann aber nur noch mit dem Bus nach Pakistan weiterreisen. Zunächst erkundigte sich Horst nach einem Privattransport im Touristenbüro direkt bei der Busstation, als er einmal alleine unterwegs war. Zu seinem großen Vergnügen traf er die Angestellten alle beim Deutschunterricht an, bei dem sie so wichtige Dinge lernten wie: ‚Wollen Sie mit mir tanzen‘, und als Antwort: ‚Ich bin schon verheiratet, ich habe einen Trauschein!‘ Aber bei der Organisierung unserer Rückfahrt waren sie keine Hilfe.

Also erkundigten wir uns bei verschiedenen Taxifahrern und in verschiedenen Lokalen nach Privattransportmöglichkeiten. In Kashgar gibt es viele VWs, Audis und Opel. Wir hatten verschiedene Angebote, die natürlich die Kosten der Busreise um ein vielfaches überstiegen, aber trotzdem hatten wir uns schon fast dazu entschlossen, als wir auf der Busstation am Tag vor unserer geplanten Abreise sahen, dass der Bus nach Tashkurgan und weiter nach Sust nur mit sechs oder sieben Leuten besetzt war. Da wurden wir wankend. Bis zum Nachmittag hatten wir uns entschieden: Der Bus sollte es sein! Also liefen wir wieder zur Busstation und kauften zwei Fahrscheine für den nächsten Tag. Horst meinte noch, dass wir darauf achten müssten, dass das Datum auf den Fahrscheinen stimmt, aber wir beide vergaßen es sofort, bis wir wieder zurück im Seman Hotel waren! Dort stellten wir dann fest, dass die Fahrkarten für den übernächsten Tag, also den 21. Mai ausgestellt waren. Also lief Horst, der arme Kerl, wieder zur Busstation, um die Tickets umschreiben zu lassen. Das war gar nicht so einfach, da der Verkäufer zwar eine Uhr mit Datumsanzeige hatte, aber er hatte keinen Kalender verfügbar. Und seine Uhr zeigte das falsche Datum an. Also musste Horst mit dem Verkäufer ins nächstgelegene Hotel, das Quiniwake-Hotel gehen, die zum Glück besser ausgestattet waren und aus irgendeiner Ecke einen Kalender hervorkramten, der dann auch den Ticket-Verkäufer überzeugte, dass sich seine Uhr im Datum vertan hatte. Danach stand unserer Rückreise am nächsten Tag nichts mehr im Weg und wir begossen das – wie hier üblich – mit einem Bier.

Auch im Seman Hotel gab es keinen Kalender, was an der Rezeption bei der Berechnung unserer Aufenthaltsdauer Probleme gab, die sich erst mit Hilfe von Horsts Kalender lösen ließen!

Ja, wir begossen den Kauf unserer Bustickets mit einem Bier: Ich glaube, ich habe noch nie im Leben so viel Bier getrunken wie in Kashgar, aber bei der Wärme, der Trockenheit und dem Staub schmeckte das auch besser als alles andere. Abends kauften wir noch zwei weitere Flaschen chinesischen Whisky (eine hatten wir schon ein paar Tage früher gekauft), die wir nach Pakistan hineinschmuggeln wollten. Schließlich musste unsere Hausbar völlig neu bestückt werden, wir hatten ja unsere aus Deutschland mitgebrachten Vorräte schon längst aufgebraucht.

Das beliebteste Bier der Volksrepublik, das auch uns am besten schmeckte, war das Tsingtao Bier. Tsingtao ist eine Hafenstadt[62] im Osten Chinas, die von 1898 bis 1919 die Hauptstadt des 'Deutschen Schutzgebietes Kiautschau' war. Das Schutzgebiet Kiautschau war für 99 Jahre von China gepachtet. Die Tsingtao-Brauerei wurde 1903 von Deutschen gegründet. Das ursprüngliche, typisch deutsche Gebäude der Brauerei ist bis heute erhalten. Obwohl der Ortsname heute Qingdao geschrieben wird, wurde der Name der Biermarke Tsingtao mit der alten deutschen Schreibweise Tsingtau beibehalten. In gut sortierten Geschäften ist Tsingtao-Bier auch in Deutschland zu bekommen. Jedes Jahr findet in Qingdao ein zweiwöchiges deutsches Bierfest statt, wie das Münchner Oktoberfest, das immer Millionen von Besuchern anlockt.

Neben dem Tsingtao-Bier gab es natürlich noch viele weitere Sorten, wie Snow Beer, Harbin Beer oder China Pabst Beer. In den letzten Jahren hat China als der größte Bierproduzent der Welt die USA und Deutschland auf die Plätze zwei und drei verdrängt.

Wie uns erzählt wurde, werden immer mehr regionale Brauereien eröffnet. Wir tranken auch sehr gerne das in China gebraute Löwenbräu oder auch Paulaner. Paulaner beschäftigte 2013 bereits 15 deutsche Braumeister in China und betrieb 16 'Brauhäuser' mit bayrischer Bier- und Esskultur. Auch der Export von in Deutschland gebrauten Bieren nach China ist ein gutes Geschäft.

---

62 heutige Schreibweise: Qingdao

Abb. 106:
Tsingtao Bier[63]

Abb.: 107:
Löwenbräu Bier

---

63 https://commons.wikimedia.org/wiki/File:Bottle_and_glas_of_Chinese_
Tsingtao_beer.jpg

Unser Gepäck war auch durch einen Haufen Zahnbürsten und Zahncreme, Kämme, Seifen, Duschgel und Shampoo bereichert, denn im Hotel Seman wurden zwar keine Betten gemacht oder frisch überzogen, aber täglich wurde der Teppichboden gefegt, das Waschbecken gereinigt und zwei Kämme, zwei Seifen, zwei Zahnbürsten und Zahncreme und je zwei Mal Duschgel und Shampoo verteilt. Da soll mal einer sagen, das sei kein feines Hotel gewesen.

Am nächsten Morgen um 9:00 Uhr Lokalzeit – das ist ja ein Quatsch mit der Zeit, man muss ständig fragen, welche Zeit gemeint ist – waren wir am Busbahnhof. Im Gegensatz zum Tag vorher wollten nun viel mehr Leute nach Tashkurgan fahren. Aber das ist ja normal: In einem leeren Bus sitzen immer nur die anderen! Es waren auch einige Europäer da, denen wir schon zuvor begegnet waren, außerdem einige Japaner und ein paar Uiguren und Pakistanis. Zuerst war der Bus noch verschlossen, Zoll- und Passformalitäten mussten erledigt werden, aber wir brachten uns und unser Gepäck in eine gute Startposition für die Erbeutung der besten Plätze.

Und wir hatten wieder einmal Glück. Horst war der erste, der den Bus bestieg, und er sicherte uns direkt die ersten beiden Bänke rechts und links hinter dem Fahrer, indem er all unser Zeug auf beide Plätze verteilte. So wurde verhindert, dass irgendeiner sonst auf die Idee kam, sich noch neben uns zu setzen. Als ich dann einstieg, ich war die dritte oder vierte, ließen wir uns nieder und schauten unbeteiligt in die Gegend, so nach dem Motto: Hier sind wir und hier bleiben wir auf unseren vier Sitzplätzen, und es wage niemand, uns auch nur einen davon streitig zu machen! Wir waren wieder einmal erfolgreich! Wir hockten auf unseren weitaus besten Plätzen im Bus, den Logenplätzen, von denen man eine ungehinderte Sicht nach vorne und beiden Seiten hat und auch noch die Beine ausstrecken kann, und hinten fand das Gerangel statt. Unsere nicht einheimischen Mitreisenden waren, außer den paar Pakistanis und Uiguren mit dicken Reisetaschen, zwei Engländer, ein Australier mit japanischer Freundin und Tochter, eine Schweizerin mit österreichischem Freund und zwei weitere Japaner, wovon einer fast wie ein Uigure aussah. Die beiden Engländer und der Australier mit seiner japanischen, sehr primitiv aussehenden Freundin und dem Kind und auch ein weiterer Japaner, waren schon in Kashgar, wo wir sie seit dem Sonntagsmarkt öfter gesehen hatten, immer als Gruppe aufgetreten. Die Schweizerin und der Österreicher waren aber erst nach dem Sonntagmarkt angekommen. Nur den Uiguren-Japaner hatten wir noch nicht gesehen, wir tauften ihn 'Gnom', nicht nur weil er so aussah, sondern weil er wie ein Troll überall herum hüpfte und sich – im Zweifelsfall auf allen Vieren zwischen allen hindurch – immer nach vorne mogelte, um ja nichts zu verpassen.

Aber wenn seine Anwesenheit wirklich gebraucht wurde, weil zum Beispiel der Bus abfahren wollte, dann war er unter Garantie nicht auffindbar.

Schon in Kashgar mussten sich alle nach ihm auf die Suche machen, ich hatte schon die Befürchtung, dass die Folge dieser großangelegten Suchaktion sein würde, dass noch mehr Fahrgäste verschwinden würden. Aber als man ihn nach 20 Minuten endlich auf einer Bank im Schatten sitzend und das Leben genießend fand, war kein Fahrgast verloren gegangen. Nach dieser Einfangaktion mit glücklichem Ausgang konnte es nun endlich mit der üblichen Verspätung von einer Stunde losgehen.

Aber wir waren noch nicht weit gekommen, vielleicht 100 Meter, gerade aus der Umzäunung des Busbahnhofs hinaus, da hielt der Busfahrer wieder an und lud noch einen Gast ein, offensichtlich einen Freund, der bis Tashkurgan umsonst mitfuhr. Es handelte sich um einen kugelrunden, kleinen Uiguren, der aussah wie ein Frosch; nicht nur im Gesicht, sondern auch weil sein Bauch erst unterhalb der Gürtellinie anfing. Der bekam den allerbesten Platz im Bus, nämlich den neben dem Busfahrer. Dieser Paradesitz war ein Liegesitz und darauf ließ sich der Frosch, profitlich um sich blickend, ganz stolz nieder. Aber ach, wie sollte er da bequem sitzen? Die Rückenlehne seines Sitzes konnte er nicht verstellen und die Beine musste er waagerecht ausstrecken! Mal saß er im Schneidersitz, mal seitlich, mal lag er halb, aber egal wie er sich drehte und wendete, der Bauch war immer im Weg! Er fand nie eine bequeme Position und rutschte ständig hin und her. Aber bloß nichts merken lassen! Und so machte er immer ein begeistertes Gesicht und plusterte sich auf wie ein Pfau. Wir beobachteten ihn mit klammheimlicher Schadenfreude, aber wir saßen ja auch viel bequemer als er. Nachdem nun der Frosch mitsamt Gepäck auch eingeladen war, konnte es – nun mit einer noch größeren Verspätung – wirklich losgehen.

Zunächst ging es noch eine Zeitlang durch eine Oasenlandschaft und dann war nur noch die Takla-Makan-Wüste um uns herum. Trostlos![64] Irgendwo dort muss es gewesen sein, wo wir bei der Anreise im Sandsturm gestanden haben. Für uns war ja alles, was nach den Bergen gekommen war, erst durch aufgewirbelten Staub und dann durch den Sandsturm unsichtbar geblieben. Nach etwa zwei Stunden kamen wir wieder an eine Oase, die Berge waren jetzt schon in der Ferne sichtbar, obwohl es an diesem Tag ziemlich dunstig war.

Mitten im Dorf der Oase stoppte unser Bus: Lunchpause! Auch das noch! Aber da sich bei mir schon wieder ein menschliches Regen meldete, dachte ich, dass es gar nicht so schlecht sei, mich irgendwo erleichtern zu können.

---

64 Kein Wunder, dass die Takla-Makan-Wüste als ‚Meer der Toten‘ und ‚Wüste ohne Wiederkehr‘ bezeichnet wird.

Nur stellte sich das als nicht ganz so einfach heraus. Der Wirt von dem ‚Lokal‘, in dem der Busfahrer und sein profitlicher Frosch-Freund sich niedergelassen hatten, wies uns einen Weg irgendwo links um die Ecke und dann in unbestimmte Ferne. Zuerst meinten wir, das Klo sei hinter einer der drei Türen, die links um die Ecke außen am Gebäude waren, aber hinter der ersten hing nur ein toter Hammel von der Decke, und hinter den beiden anderen war je ein Tisch mit ein paar Stühlen drum herum: Sozusagen eine Vorratskammer und zwei Séparées! Und das bei so einer Bude. Was also tun? Nirgendwo sonst war ein stilles Eckchen zu ermitteln. Hinter dem Gebäude war nur ein großes freies Feld mit einem kleinen Gemüsegarten beim Haus, in dem ein paar Tomatenstauden etwas Sichtschutz boten. Hatte der Wirt diesen Platz als öffentliche Toilette angeboten?

Der Druck auf die Blase wurde stärker und die Zeit bis zur Weiterfahrt des Busses immer kürzer. Also entschloss ich mich mit Horsts redegewandter Unterstützung kurzerhand, die Tomaten zum stillen Örtchen zu deklarieren. Horst wollte Schmiere stehen, da könne gar nichts schief gehen! Gesagt, getan, ich huschte hinter die Stauden und ach, was für eine Erleichterung! Aber diese währte nur kurz, denn plötzlich rief Horst: ‚Da kommt einer‘! Ich riss die Hose hoch, aber zu war sie noch nicht, als ein Einheimischer mit ärgerlichem Blick vor uns stand. Vermutlich war es der Koch des Lokals. Hui, war der ärgerlich und peinlich! Er bedeutete uns immer wieder, indem er von einem imaginären Teller imaginäres Essen in seinen Mund schob, dass dies Esstomaten seien, während Horst ihm genauso lautstark in schönstem Schwäbisch mitteilte, dass dieser Dünger doch gut für die Tomaten sei und dass man uns genau hierhin geschickt habe! Nach dem lautstarken Austausch von unflätigen Heftigkeiten, die uns vermutlich vor einer Tracht Prügel bewahrt haben, machten wir uns ganz schnell davon und hofften, dass der Bus bald abfahren möge. Was er natürlich nicht tat, denn der Busfahrer und sein Frosch-Freund hatten unendlich viel Zeit, wie uns schien.

Wir drückten uns in den Ecken herum, möglichst außer Sicht des Lokals, was nicht ganz einfach war, denn der Bus stand genau vor dem Lokal. Wir waren nicht sicher, ob sich nicht doch noch der Zorn des Lokalbesitzers in handgreiflicher Weise über uns ergießen würde. Horst meinte, dass wir froh seien könnten, dass uns nicht das Schicksal von Adolf Schlagintweit ereilt hätte, der ja in Kashgar – von dem wir ja noch nicht allzu weit entfernt waren – enthauptet wurde. Als wir dann sahen, dass der Busfahrer sich zum Aufbruch rüstete, sprinteten wir in den Bus, ziemlich erleichtert, dass wir diesen Ort unserer – entdeckten – Schande endlich verlassen konnten. Als wir dann in Sicherheit waren, waren wir aber auch recht erfreut über dieses erbauliche Erlebnis und lachten herzlich!

Abb. 108: Unser Reisebus

Abb. 109: Wieder in den Bergen

So, inzwischen habe ich hier im Gulmit unser Gepäck etwas erleichtert, indem ich nach einer großen Waschaktion offensichtlich Horsts Socken in den Abwasserkanal entsorgt habe. Er hatte sie schon selbst gewaschen, aber sie hielten meinem kritischen Blick für blütenreine Wäsche nicht stand und ich entriss sie ihm nochmals, um sie mit anderer Kleinwäsche, derer ich mich angenommen hatte, noch strahlender weiß zu waschen. Dann habe ich Horst genötigt, den Eimer mit dem Waschwasser– leider mit seinen So- cken drin – für mich zu entsorgen. Aber dass es möglich ist, zwei zusam- mengehörende Socken aus einem Eimer Wäsche gleichzeitig zu verlieren und sie stundenlang nicht zu vermissen, ist schon eine Leistung!

So, nach diesem kurzen Ausflug ins Alltagsleben eines Reisenden, wieder weiter mit dem Reisebericht der Rückreise ins Hunzatal. Nach dem Toma- ten-Eklat in der Oase passierten weiter keine abenteuerlichen Dinge mehr. Wir kamen bald ins Gebirge und kamen oft nur sehr langsam voran. Der Bus musste wegen der Steigungen oft in den ersten Gang zurückschalten, um überhaupt die steilen Berge hinaufzukommen. Immer wieder nötigte ich Horst, aus dem Bus heraus zu fotografieren, besonders bei Jurten und Kamelen wurde ich ganz hektisch, weil ich sie unbedingt auf unseren Film bannen wollte. Nach neun Stunden Fahrt, die keine Minute langweilig war, weil ständig etwas Interessantes zu sehen war, kamen wir wieder in Tash- kurgan an und landeten abermals in dem auf der Hinreise so geschmähten Traffic Hotel.

Und hier bereitete sich unsere zweite große Tat des Tages vor: Alle Touris- ten checkten ein, Horst war immer woanders, beschäftigte die Angestellten, indem er sich Zimmer zeigen ließ und das ganze Hotelpersonal in totale Verwirrung stürzte, während ich auf das Gepäck achtete. Dann suchte er sich endlich ein Zimmer aus, kam an die Rezeption zurück und verwirrte nun den polizeiartig uniformierten Portier mit Fragen, die dieser sowieso nicht verstand, weil er überhaupt kein Wort Englisch sprach. Horst bemän- gelte wieder heftig das fehlende Wasser, was der Portier offensichtlich ver- stand und Horst daraufhin bedeutete, dass das gleich kommen würde. Und plötzlich verlangte Horst – ich traute meinen Ohren nicht – eine Quittung für das noch gar nicht bezahlte Zimmer. Nun fing der Angestellte an, zu ro- tieren, suchte die noch gar nicht ausgestellte Quittung auf dem Fußboden, bis ihn Horst mit der Frage ‚Discount?‘ wieder hochscheuchte! Jetzt schaute der Angestellte – und ich – nur noch fassungslos. Denn Horst steckte mit großer Geste seine 100 Yuan[65] wieder ein, drehte sich mit den Worten ‚Later,

65 Damals etwa 25 DM

later' um und stürmte mit mir zum Zimmer hoch. Hier bemängelte Horst sofort lautstark, dass zwar Wasser lief, aber nur hinterm Klo an der Wand herunter quer durchs Bad, aber weder im Klo, noch im Waschbecken, noch in der Badewanne!

Auf einmal kamen fünf Handwerker mit einem gemeinsamen Werkzeugkasten an, jeder mit einem eigenen Schraubenzieher und begannen hektisch in unserem Bad zu hantieren. Dass das Wasser an der Wand herunterlief konnten sie auch mit fünf Schraubenziehern nicht verhindern, aber es lief dann zusätzlich noch im Waschbecken und in der Badewanne und sogar ein bisschen ins Klo hinein.

Und plötzlich stand auch der Portier mit der Uniform eines Polizisten in der Türe und überreichte uns höflich die Quittung für das noch unbezahlte Zimmer. Bei dieser tätigen Mithilfe der Beamten der Kommunistischen Volksrepublik Chinas konnten wir gar nicht anders – wir beschlossen: ‚Die Zeche wird geprellt!' Das betrachteten wir bei dem Zustand der Zimmer sogar als einen Akt der Höflichkeit! Außerdem empfanden wir den Preis von 100 Yuan für die Übernachtung bei der Herreise als durchaus ausreichend für zwei Übernachtungen in dieser Zumutung von staatlichem Hotel. Und trotz unserer niederträchtigen Erschleichung eines preiswerten Nachtlagers schliefen wir hervorragend in der Nacht in dem bestimmt immer noch nicht erneuerten Bettzeug. Wir hatten natürlich, wie bei der Hinreise, unsere eigenen Sarongs darübergelegt. Und auch das die ganze Nacht plätschernde Wasser im Badezimmer konnte uns in unserem Schlaf ‚der Gerechten' nicht stören, zumal wir nun bereits vor dem Schlaf unsere Zimmertüre verbarrikadiert hatten.

Nach einer ausgezeichneten und diesmal ruhigen Nacht im verkommenen Traffic Hotel in Tashkurgan waren wir am 22. Mai schon früh auf den Beinen, um ja die Abfahrt unseres Busses nicht zu verpassen. Die war nämlich am Abend zuvor nicht so recht zu ermitteln gewesen und lag zwischen 9:00 und 10:00 Uhr Peking-Zeit. Im Endeffekt lag sie dazwischen, nämlich genau um 9:45 Uhr Peking-Zeit. Nur diesmal wollten viel mehr Einheimische mitfahren. Das erkennend brachten wir uns in eine glänzende Startposition, und als es dann so weit war und der Bus seine Pforte öffnete, ließen wir einen Pakistani, der sich zu uns gesellt hatte und mit uns eine nette Unterhaltung führte, einfach stehen und stürzten auf den Bus zu. Und siehe da, schon hatten wir unsere Logenplätze wieder! Jetzt starrten wir natürlich wieder unbeirrt geradeaus, da viel mehr Passagiere mitfahren wollten und tatsächlich gelang es wieder! Wir hatten unsere vier Sitze für uns alleine! Allerdings fragte im Lauf der Fahrt ein Japaner, ob er sich zu Horst setzen dürfe, das durfte er natürlich und er störte auch nicht.

Das Gepäck war am Vorabend nicht vom Dach des Busses abgeladen worden, und auch jetzt wurde kein Gepäck oben auf den Bus geladen, so dass das ganze Gepäck der neu hinzugekommenen Mitreisenden in den Bus gestopft wurde. Nach vielem Hin und Her waren auch alle Passagiere endlich in den Bus hinein gequetscht. Auch der profitliche Frosch war wieder auf seinen Liegesitz gehüpft und selbst der Gnom-Japaner war ohne Verzögerung in den Bus hineingeraten. Zuvor hatte er sich schon in unseren Dunstkreis begeben, indem er sich plötzlich zwischen Horst und mich gedrängt hatte, als wir in das Gespräch mit dem Pakistani vertieft waren. Rigoros unterbrach er unser Gespräch, indem er unseren Gesprächspartner fragte, ob er an der Grenze zu Pakistan ein Visum bekäme und ob er trotz der momentanen Querelen zwischen Indien und Pakistan wegen der Atomtests auf dem Landweg nach Indien reisen könne. Und hopp, hopp trollte er sich und wurde vorläufig wieder unsichtbar! Alle waren also wieder in den Bus gepackt und es ging los – etwa achthundert Meter weit. Dann waren wir an der Tashkurgan Pass- und Zollkontrolle. Alle wieder raus aus dem Bus mit dem gesamten Gepäck. Jetzt wurde auch alles vom Dach abgeladen und mit Sack und Pack wurde das Zollgebäude erobert! Es war wiederum ein Eroberungszug, denn alle drängelten und versuchten, als Erste durch die Kontrollen zu kommen, den Grund dachte ich mir gleich. Jeder wollte als Erster durch die Kontrollen und damit auch als Erster wieder in den Bus steigen, denn es entstand wieder ein Kampf um die besten Plätze. Vorausschauend wie wir nun mal geworden sind, hatten wir das Risiko, unsere Plätze zu verlieren schon dadurch gemindert, dass wir widerrechtlich unsere Jacken und Sarongs im Bus liegen ließen. Aber diese Vorsichtsmaßnahme wäre gar nicht nötig gewesen, denn mittlerweile haben wir – vor allem aber Horst – eine glänzende Taktik entwickelt, uns mit dummem Gesicht immer völlig unbeteiligt am Anfang einer Schlange anzustellen, und so waren wir so ziemlich die ersten bei der Pass- und Zollkontrolle und somit auch wieder im Bus.

Nach vielem Hin und Her trug Horst auch noch aktiv zum Chaos bei, indem er plötzlich entschied, dass er all unsere chinesischen Yuan noch schnell in pakistanische Rupien tauschen müsse, was ihm auch zu einem ausgezeichneten Kurs gelang. Dafür musste er aber wieder auf die andere Seite der Pass- und Zollkontrolle. Ich fürchtete dabei die ganze Zeit, der Bus könne ohne ihn abfahren! Er war aber dann bei weitem noch nicht der

Letzte im Bus. Als alle wieder im Bus waren und das Gepäck jetzt mehrheitlich auf dem Dach des Busses verstaut war, hatte ich die Vermutung, dass es nun losgehen könne. Aber nein, jetzt kam wieder ein Beamter und kontrollierte unsere Pässe. Dabei stellte er bei uns und fünf anderen fest, dass wir als Ausreisedatum das Datum vom Vortag im Pass hatten! Oh, die Chinesen und ihr gespaltenes Verhältnis zum Datum! Aber der Beamte meinte, das sei ‚No problem!‘ Und das war auch ‚no problem‘, jedenfalls die nächsten 50 Meter unserer Weiterreise. Dann kamen nämlich ein Schlagbaum und eine neuerliche Passkontrolle! Und ein Beamter, der aussah, als könne er nicht bis drei zählen, fand, dass das mit unseren Pässen gar nicht ‚no problem‘ sei. Alleine die Formulierung hätte uns stutzig machen sollen! Er sammelte die falsch datierten Pässe mit grimmigem Blick kurzerhand ein und verschwand damit! Nach einer Weile, in der alle spekulierten, was nun passieren würde – ‚no problem‘ lässt ja in China nie etwas Gutes vermuten –, kam er mit unseren Pässen zurück, niemand wurde verhaftet, aber wir hatten nun einen zweiten Stempel mit dem richtigen Datum im Pass. Und nun konnte es wirklich losgehen!

Es ging wieder durch herrliche Landschaft – das Wetter war an diesem Tag ganz klar geworden – höher und höher in Richtung Khunjerab-Pass. Das Karakorum-Gebirge wurde nun wieder schwärzer und machte dem Namen alle Ehre.

Aber nun rückte sich der profitliche Frosch mal wieder unübersehbar in den Mittelpunkt unseres Interesses. Besser hätte ich gesagt: Er drängte sich in den Mittelpunkt unseres Geruchsempfindens. Denn jetzt packte er einige Brötchen aus, die er am Tag zuvor in dem Dorf erstanden hatte, in dem wir Rast machten und ich in den Tomatengarten! Diese Brötchen waren mit Hammelfleisch belegt, das zu diesem Zeitpunkt seine beste Zeit weit hinter sich gelassen hatte und bestialisch stank, was den Frosch aber nicht abhielt, sich gierig und schmatzend darüber herzumachen. Unserem lauten Busfahrer – er hatte so ein lautes Organ, dass wir mutmaßten, dass er zu Hause eine schwerhörige Frau haben müsse – bot er auch davon an, und auch der stürzte sich zu unserem Schrecken ganz begeistert und ebenso schmatzend auf diesen stinkenden Imbiss! Uns wurde schrecklich übel und wir waren froh, als sie ihre Mahlzeit beendet hatten. Wir hatten nur Bedenken, dass der Busfahrer plötzlich auf freier Strecke wegen Magenkrämpfen zusammenbrechen könne.

Abb. 110: Das schwarze Karakorum Gebirge

Abb. 111: Wieder zurück im schönen Hunzatal

Viel ‚Kleinkunst' – Kamelkarawanen, Jurten, Eselskarren – am Wege ließ uns die Hammelbrote vergessen und machte die Reise sehr abwechslungsreich, und eigentlich waren keine Schwierigkeiten mehr zu erwarten. Nun, nachdem wir zum Teil sogar doppelt gestempelt waren, konnte unseres Ermessens nur noch ein Problem auftauchen: der österreichische Freund der Schweizerin – es stellte sich später heraus, dass er aus Liechtenstein kam – hatte in den Passagierlisten, die der Busfahrer überall vorweisen musste, als Nationalität ‚Reisepass' eingetragen bekommen. Aber zu unserem Erstaunen wurde das überhaupt kein Problem. Jeder weiteren Kontrolle war offensichtlich das Land ‚Reisepass' hinreichend bekannt, und so wurde immer abgezählt: 1x Australien, 3x Japan, 2x England, 2x Deutschland, 1x Schweiz, 1x Reisepass! Auch die weiteren pakistanischen Kontrollen hatten mit dem Land ‚Reisepass' keinerlei Schwierigkeiten, und so kamen wir vergnügt und etwas müde nach 10 Stunden endlich wieder in Sust an. Unsere drei Flaschen chinesischen Whisky – insgesamt 1 1/2 Liter – schmuggelten wir problemlos nach Pakistan ein, niemand fragte uns auch nur, ob wir Alkohol dabei hätten. In Sust erwischten wir sofort einen Minibus, der uns für ein paar Pfennige hierher zurück nach Gulmit brachte.

Es war, wie wieder nach Hause zu kommen. Nun sitzen wir hier auf der Terrasse vor unserem Zimmer in der Abendsonne, blicken über das Hunzatal auf die schneebedeckten Gipfel des Golden Peak, trinken einen chinesischen Whisky und fühlen uns sehr wohl.

Horst macht sich noch Gedanken über den Khunjerab-Pass:
Nun haben wir den fast 5000 m hohen Khunjerab-Pass zweimal überquert, einmal auf dem Weg von Pakistan nach China und heute wieder zurück. Mit dem Grenzübertritt, der genau auf der Passhöhe stattfindet, ändert sich so einiges: Beim ersten Schritt von der pakistanischen auf die chinesische Seite muss die Uhr um sage und schreibe ganze 4 Stunden vorgestellt werden und jetzt wieder zurück. Dieser große Zeitunterschied kommt zustande, weil ganz China nur eine einzige Zeitzone hat und das ganze Land nach der Zeit des 5000 km entfernten Pekings lebt. Und da wir am westlichsten Zipfel Chinas die Grenze überschritten, war der Zeitunterschied hier natürlich am größten. In Kashgar machte uns das immer sehr zu schaffen, da dort neben der offiziellen Peking-Zeit noch die inoffizielle Lokal-Zeit, die mehrere Stunden Unterschied zur Peking-Zeit hatte, gebraucht wurde.

Direkt an der Grenze auf der Passhöhe ist hier ausnahmsweise kein Schlagbaum. Die Grenzkontrollen auf pakistanischer und chinesischer Seite sind je-

weils einige Kilometer vom Grenzübergang entfernt. Der Bus kann also mit unverminderter Geschwindigkeit auf der Passhöhe die Grenze zwischen Pakistan und China überfahren, wobei allerdings ein ‚scharfer Schlenker‘ erforderlich ist, denn der Fahrer des Busses muss sich sofort vom Rechtsverkehr in China auf Linksverkehr in Pakistan umstellen und auf die andere Straßenseite wechseln. Die Fahrer schaffen das mit Bravour, da hier so gut wie kein Gegenverkehr herrscht.

Auf der Rückreise von China nach Pakistan hatten wir einen chinesischen Bus mit chinesischem Fahrer. Dieser hatte vermutlich mit voller Absicht auf der Passhöhe trotz vieler Proteste nicht angehalten. Er wusste natürlich, dass alle männlichen pakistanischen Mitreisenden – wie auf der Herreise – auf den chinesischen Grenzstein pinkeln würden, um so ihren Frust, der sich während des Aufenthaltes in China aufgestaut hatte, wieder loszuwerden. Dies wollte der Chinese mit seinem Nationalstolz natürlich verhindern.

Schlagbäume auf den freien Strecken gibt es auf jeder Seite genügend. Immer wieder musste der Bus anhalten, unsere Pässe und Visa wurden überprüft oder wir mussten uns in lange Listen eintragen, mit Passnummern, Beruf, wohin und woher. Die Pausen boten immer eine willkommene Gelegenheit, sich kurz hinter einem Fels oder Erdwall zu erleichtern.

Führte der KKH auf chinesischer Seite durch weite Täler mit guten asphaltierten Straßen, so gab es auf pakistanischer Seite nur enge Straßen durch tiefe Schluchten. In Pakistan konnten wir die Straßen- und Verkehrsschilder noch lesen, denn sie hatten außer den arabischen meist noch lateinische Schriftzeichen in englischer Sprache, wie zum Beispiel ‚Dangerous Slide Area Ahead!‘ Und wenn wir wieder eines der vielen gefährlichen Erdrutschgebiete hinter uns hatten, kam die freundliche Entwarnung: ‚Relax! Slide Area Ends!‘ und ‚Sorry for Inconvenience!‘ Während der ersten Kilometer nach der Grenze wurden wir in Pakistan mit dem Schild ‚Keep Left‘ immer wieder daran erinnert, auf der linken Seite der Straße zu bleiben. In China konnten wir gar nichts mehr lesen, es gab nur noch chinesische Schriftzeichen. Nur in der Umgebung von Kashgar waren ganz selten Hinweise in lateinischen Buchstaben zu sehen.

Jede Grenze bringt eine Orientierungslosigkeit mit sich. Alles ist anders: Die Menschen, die Sprache, die Gebräuche und vor allem auch das Geld. In Pakistan entsprachen 25 Rupien etwa 1 DM. Also waren 100 Rupien etwa 4 DM. In China bekamen wir für 1 DM etwa 4 Yuan, also entsprachen 100 Yuan etwa 25 DM. Kein Wunder, dass bei uns die Zahlen immer wieder durcheinanderpurzelten. Bei unseren Umrechnungen von Preisen mussten wir sehr aufpassen.

Es war verwirrend. Und kaum hatten wir uns mit den Yuan angefreundet, mussten wir uns nach 10 Tagen wieder mit Rupien herumschlagen. Zum Glück wurde in China die Touristenwährung FEC abgeschafft, mit der man als Tourist vor nicht allzu langer Zeit Hotels, Transporte und anderes bezahlen musste. Dann wäre die Verwirrung mit zwei verschiedenen chinesischen Wechselkursen noch größer gewesen.

Auch bei den Telegrafenleitungen war diesseits und jenseits der Grenze sofort ein Unterschied zu sehen. Auf der pakistanischen Seite waren die Masten zum Teil umgefallen oder durch Steinschläge oder Erdrutsche weggeknickt. Überall hingen abgerissene Drähte herunter. Hier waren die Telegrafenleitungen schon lange nicht mehr in Gebrauch. Ganz anders auf der chinesischen Seite. Hier war alles in Ordnung. Meist standen die Telegrafenmasten sogar rechts und links der Straße, an manchen Stellen sogar in Dreierreihen. Bei den Chinesen muss also ein unheimlich großer Informationsaustausch stattfinden.

Nur bei den Murmeltieren gab es keinerlei Unterschiede. Die sahen auf beiden Seiten der Grenze gleich putzig aus, etwa 50 cm lang, goldgelb mit einem schwarzen Schwanzende. Teilweise waren sie sehr zutraulich und beobachteten aufmerksam unseren Bus, der sich langsam den Pass hinauf schraubte. Manche verschwanden sofort in ihrem Bau, wenn wir nur in ihre Nähe kamen. Wir wussten gar nicht, wohin wir zuerst schauen sollten, so viele gab es hier. Aber so sehr wir auch auf beiden Seiten der Grenze nach Steinböcken Ausschau hielten, wir sahen keinen einzigen und schon gar kein Marco-Polo-Schaf!

Seit unserer Abreise aus dem Hunzatal sind nur zehn Tage vergangen, während denen sich die Vegetation stark verändert hat. Der Frühling und das warme Wetter haben Einzug im Hunzatal gehalten und es ist explosionsartig grüner geworden.

Nach unserer Rückkehr hier ins Hotel Hunza Marco Polo Inn sind wir rangmäßig vom einfachen Touristen – zwar Touristen mit Referenzen durch Herrn Tonny, aber doch immer noch relativ einfache Touristen – zu Touristen mit höheren Weihen aufgestiegen! Uns empfingen Briefe über Briefe, im ganzen sieben Stück, die unser Wirt Hussein Khan am Postamt für uns in Empfang genommen hatte. Na, das war ja eine Freude für uns! Horst hatte mal wieder einen Versuchsballon losgelassen und Post von Deutschland ins Hunzatal geschickt und auch meiner Mutter diese Adresse gegeben. So wurde ich auch in diesem entlegenen Zipfel der Erde von Post überrascht. Zum Glück hatte Horst unseren Wirt noch vor unserer Abreise darüber informiert, dass wir Post erwarteten. Ich selbst hatte davon gar nichts mitbekommen, außer als Horst den Chef in der Bretterbude von Postamt nach ‚Poste restante‘ fragte, worauf dieser uns nur fassungs- und verständnislos anstarrte. Dieser Chef im Postamt füllt alle Positionen aus, vom Briefträger über den Abstempler der Briefe bis zum Amtsleiter. Er sprach leider nicht nur kein Wort Englisch und hatte auch von ‚Poste restante‘ noch nie im Leben gehört. Er kann – wie wir jetzt erfahren haben – auch nicht einen einzigen Buchstaben in lateinischer Schrift lesen! Nun hat unser Wirt das in die Hand genommen und siehe da, mit der Briefflut stieg auch unser Ansehen im ganzen Ort erheblich. Sogar eine Geburtsanzeige von Hartmuts und Sigrids Enkel Ramon, dem Sohn ihrer Tochter Anita, war dabei, und man sollte es kaum glauben, er wurde tatsächlich – wie Horst in Dasu geträumt hat – am 3. Mai geboren.

Wir, besonders Horst, sind jetzt auch beim Postbeamten sehr gut angesehen. Horst hat heute alleine ein paar Briefe und ein Päckchen zum Postamt gebracht und wurde freudig empfangen. Das Päckchen enthielt Spezialitäten aus dem Hunzatal zur Geburt des Enkels seines Bruders, wie getrocknete Aprikosen, Aprikosenkerne und Tschumurruh-Tee. Das Päckchen kam auch gut und überraschend schnell in Deutschland an.

Unsere Post war die erste ‚Poste restante‘, die jemals in Gulmit angekommen ist. Heute brachte ich wieder einige Briefe nach Deutschland und Australien zum Postamt. Der Postbeamte war sichtlich erfreut, mich zu sehen und Arbeit zu bekommen. In einer Ecke auf dem Fußboden stand eine alte Waage, auf der die Briefe ausgiebig gewogen wurden. Nun fing die Suche nach den Briefmarken an. Gegenüber der Waage stand eine Blechtruhe, daraus suchten wir zusammen die passenden Briefmarken aus. Nun ging es ans Bezahlen. Er hatte natürlich kein Wechselgeld. Am KKH gibt es eine kleine Bankstelle, ich ließ 500 Rupien in kleine Noten wechseln und konnte auf der Poststelle die Briefmarken bezahlen. Nun leckte der universale Postbeamte jede Briefmarke persönlich ab und klebte sie auf die Briefe. Ich erhielt den Poststempel und stempelte die Briefe gleich ab, damit sie für Briefmarkendiebe wertlos sind. ‚Inshallah‘ kommen die Briefe auch gut an! Dann überreichte mir der Postbeamte noch die gesamte für Gulmit eingegangene Post, damit ich sie nochmals durchsehen konnte, aber für uns war nichts mehr dabei!

Abb. 112:
Das Postamt in Gulmit

Abb. 113:
Der nicht sehr
vertrauenserweckende
Briefkasten, aber
alle Post kam an

174

Wir rätseln nach wie vor an Mister Tonny eins und Mister Tonny zwei herum. Es dauerte ja eine Weile, aber schon bei unseren ersten Besuch hier schien uns die Sache mit dem Mister Tonny, von dem hier die Rede war, etwas verwirrend. Mister Tonny aus Lahore mit Frau und zwei Töchtern – inzwischen ist noch eine dritte Tochter hinzugekommen, eine namens Sonja! –, der unter der Führung von Khan Baig Trekking-Touren gemacht hat und auf die Jagd gegangen ist. Und dieser Khan Baig war zwei Monate lang in Deutschland bei Mister Tonny[66] und alles sei von Mister Tonny bezahlt worden: Whisky, Wein und Cognac ..., bei diesem Tonny scheint es sich also um einen recht trinkfreudigen Gesellen zu handeln, was zu ‚unserem Mister Tonny‘ allerdings nicht passt. Aber spätestens bei Lahore und vor allem den zwei bis drei Töchtern war ich sicher, dass wir nicht vom gleichen Mister Tonny sprachen. Nur hatten sich aber alle so gefreut, von ihrem alten Freund Tonny zu hören, dass wir sie jetzt auch nicht enttäuschen wollten! Und eine geringe Wahrscheinlichkeit gibt es ja immer noch, dass wir doch von demselben Mister Tonny sprechen, auch wenn ich dessen Mutter, als sich der Trekking-Führer Khan Baig nach ihr erkundigte, ja schon einen Platz im Himmel zugewiesen habe. Und dieser Trekking-Führer Khan Baig will uns jetzt um jeden Preis zum Tee in sein Haus einladen. Und unser stinkender Wirt, Raja Hussein Khan, der Ur-Enkel des vorletzten Mir, will unbedingt Mister Tonnys Adresse und Telefon-Nummer in Deutschland haben! Aber ich bin sicher, wie immer das mit den Herren Tonny eins und Tonny zwei sich nun auch verhalten mag, kennen werden unsere Freunde Rosiny sicherlich auch Hussein Khan.

Im Übrigen ist unser Wirt von edelster Abstammung und ein hohes Tier in Hunza. Noch höher ist allerdings sein Vater Raja Bahadur Khan gesellschaftlich anzusiedeln. Er ist der Enkel des 1938 von den Engländern abgesetzten Mir, von demjenigen Mir, der seinen Vater ermordete und seinen Bruder gefangen nahm, weil diese Anstalten machten, mit den Engländern gegen die Russen zu paktieren. Raja Bahadur Khan sieht zwar in seiner schmuddeligen Kleidung nicht so aus wie ein Mann von edler Abstammung, er ist aber offensichtlich ein richtiger Kleinherrscher hier und tritt auch so auf. Uns gegenüber war er sehr huldvoll, was sicher auch in unserer Freundschaft mit Mister Tonny begründet ist.

Mit den Namen hier ist es auch so eine Sache, jeder hat ein Shah, Khan oder Baig hinter oder vor seinem Name, ob das in Gilgit unser Wirt Abdullah Baig war, oder hier der Wirt von Silk Route Hotel Shah Khan ist – bei dem ist ja nun alles versammelt der Shah und der Khan. Ob das nun eine

66 Bei Herrn und Frau Tonny Rosiny war allerdings auch einer für längere Zeit

Clan-Zugehörigkeit bedeutet, wissen wir nicht genau, aber wir halten das für wahrscheinlich.[67]

Ach, noch etwas, Raja Hussein Khan hat als ältester Sohn eines Kleinherrschers schon unter Beweis gestellt, dass er die Leute dazu bringen kann, etwas für ihn zu tun. Uns hat er dazu gebracht, ihm einen Hausprospekt in deutscher Sprache zu verfassen, und ihn auch noch auf einer alten klapprigen Schreibmaschine zu schreiben! Und das, obwohl er immer, wenn wir im Garten sitzen und schreiben und uns an den im Dorfladen erstanden Plätzchen laben, uns diese wegfuttert! Wir sind also der beste Beweis dafür, dass Deutsche obrigkeitshörig sind!

Abb. 114: Ein Hotelprospekt wird angefertigt

Aber den in mühevoller Kleinarbeit erstellten Hausprospekt will ich nicht vorenthalten:

---

67 Khan war ursprünglich ein Herrschertitel aus der Zeit der Reiternomaden Zentralasiens. Heute ist Khan nur noch ein aufwertender Höflichkeitstitel, genauso wie Shah, der früher nur an Personen vergeben wurde, die mit dem Königshaus zu tun hatten.

INFORMATION VOM GENERAL-MANAGER DES MARCO POLO INNS, HERRN RAJA HUSSEIN KHAN, AN DIE DEUTSCHSPRACHIGEN GÄSTE:

ICH MÖCHTE SIE HERZLICH IN GULMIT UND IM MARCO POLO INN BEGRÜSSEN UND IHNEN EINEN ANGENEHMEN AUFENTHALT WÜNSCHEN.

UNSER HOTEL UND RESTAURANT WURDEN IM TRADITIONELLEN HUNZA-STIL VON RAJA BAHADUR KHAN, DEM ENKEL VON MIR MOHAMMED NOZEEM KAHN, DER HUNZA VON 1892 BIS ZU SEINER ABLÖSUNG DURCH DIE ENGLÄNDER 1938 REGIERTE, ERRICHTET. VON HIER HAT MAN EINEN WUNDERSCHÖNEN BLICK AUF DIE ATEMBERAUBENDE BERGWELT RUNDUM. WIR BEMÜHEN UNS, IHNEN SCHÖNE, SAUBERE ZIMMER MIT HEISSEM WASSER ZUR VERFÜGUNG ZU STELLEN UND AUCH SONST ALLES FÜR IHRE BEQUEMLICHKEIT ZU TUN. IN UNSEREM RESTAURANT BEREITET IHNEN UNSER KOCH EUROPÄISCHES, PAKISTANISCHES ODER AUCH TYPISCHES HUNZA-ESSEN ZU.

GULMIT LIEGT IM ZENTRUM DES HUNZATALS. VON GILGIT IST ES 120 KM ENTFERNT (3 STUNDEN AUTOFAHRT), VON DER CHINESISCHEN GRENZE, DEM KHUNJERAB-PASS, EBENFALLS 120 KM. BIS SUST, DER OBERSTEN ANSIEDLUNG IM HUNZATAL UND BIS ZUM HAUPTORT KARIMABAD SIND ES NUR 30 KM.

Jetzt einige Informationen zum Ort Gulmit selbst. Gulmit war der Wintersitz des letzten regierenden Mir Mohammed Jamal Khan des gesamten Hunzatals. Im wunderschönen alten Ortskern von Gulmit liegt der Mir-Palast, die alte Moschee und das ca. 500 Jahre alte Haus, in dem sich ein Ausbildungszentrum für junge Mädchen zur Teppichherstellung befindet. Nicht zu vergessen sind auch das zum Hotel gehörende Museum und das Marco Polo-Kunstgewerbezentrum, dessen Gewinn wiederum zur Ausbildungsförderung junger Mädchen genutzt wird. Auch hierdurch bemüht sich die Familie des Besitzers des Marco Polo Inn, die Traditionen des Hunzatals zu bewahren.

Die Umgebung von Gulmit bietet dem Erholungssuchenden, wie auch dem Wanderer für Tagesausflüge oder dem erfahrenen Trekker für mehrtägige Touren alle Möglichkeiten. Bis zum wunderschönen Borith-See sind es nur 7 km und auch der Gulmit-Gletscher, das Andra-Fort und der Passu-Gletscher können in Tagesausflügen erreicht werden. Es gibt zwei nahe gelegene Hängebrücken auf die andere Seite des Hunza-Flusses, eine in Gulmit selbst und eine andere in Hussaini. Beim Dorf Hussaini gibt es auch eine heisse Quelle, die von der Bevölkerung aber auch von interessierten Gästen genutzt werden kann.

Hier noch einige wichtige Daten:
In der 1. Aprilwoche beginnt die Aprikosenblüte;
in der 1. Maiwoche ist ein Fest zum Beginn der Feldbestellung;
in der 1. Juliwoche findet eine Art Erntedankfest statt;
am 11. Juli ist der Aga-Khan-Feiertag, an dem Feuer auf den Berggipfeln entzündet werden.

Das Hotel Marco Polo bietet auch ein umfassendes Touristeninformationszentrum. Hier können Buchungen für Reisen nach China arrangiert werden, Jeeps können angemietet werden und Transport in alle Gegenden des Hunzatals sowie auch erfahrene Trekking-Führer vermittelt werden. Für jegliche Fragen und Wünsche steht die Hotelleitung jederzeit zur Verfügung.

Man sieht, Hunza richtet sich auf das Touristenzeitalter ein und wir haben dabei mitgeholfen, auch wenn wir dort gar keinen Tourismus wollen! Einen ganzen Nachmittag hat unser Wirt uns damit beschäftigt, und wollte nun auch noch, dass ich das ganze nochmals auf der alten klapprigen Schreibmaschine schreibe, weil ein mit Tipp-Ex verbesserter Fehler darin war. Das habe ich dann aber verweigert und ihm vorgeschlagen, er solle das Schriftstück fotokopieren, dann sähe man den helleren Fleck nicht mehr.

Heute, am 24. Mai, sind wir wieder in Karimabad eingetroffen. Es ist inzwischen wesentlich wärmer geworden und wir sitzen im T-Shirt auf dem Balkon vor unserem Zimmer und schauen über das Hunzatal. Wunderschön! Inzwischen ist auch die Natur sehr viel grüner und bunter, überall blühen wilde Rosen, Iris und Ginster. Gestern Abend vor unserer Abreise aus Gulmit brachte uns Raja Hussein Khan noch Geschenke für Herrn und Frau Tonny, ein Paket, das streng nach Ziege stank, ein besticktes Brillenetui für Frau Tonny und einen Brief. Und damit ist auch endgültig klar, dass es sich um einen anderen Mister Tonny handelt, der Brief ist nämlich an Mister Tonny Shoot gerichtet! Wir werden den Brief auf jeden Fall versuchen zuzustellen, aber ob wir die Geschenke – besonders das stinkende Paket – nach Deutschland mitschleppen werden, steht noch in den Sternen![68] Allerdings sind wir schon froh, dass unser Raja, unser Wirt, uns nicht die Hauptattraktion aus seinem Souvenirshop mitgegeben hat: Nämlich Papst Johannes Paul II. handgestickt und ca. 50 x 70 Zentimeter groß!

An unserem letzten Tag in Gulmit machten wir einen schönen, über drei Stunden langen Spaziergang zu einem oberhalb Gulmits gelegenen Ort mit dem sehr griechischen Namen Kamaris. Ich hatte mir zwar am Tag zuvor den Rücken schrecklich verrissen, als ich über einen Stuhl stolperte, aber mit Hilfe von einer Bandage, Tabletten und Horsts stützendem Arm kam ich ganz gut zurecht. Es wäre auch ein Jammer gewesen, wenn ich dort nicht hingekommen wäre. Es war ein wunderschöner Weg mit einem herrlichen Rundumblick bei strahlend schönem Wetter und tiefblauem, wolkenlosem Himmel. Wir hatten an dem Tag eine klare reine Luft mit einer herrlichen Weitsicht. In Kamaris lief Horst noch bis zum Gletscher und den Wasserreservoiren für ganz Gulmit, aber da blieb ich am Wegrand sitzen und schaute mir die wunderschöne Landschaft an. Natürlich kamen wieder einheimische Kinder, die sich mit mir unterhielten, und mir so die Zeit verkürzten.

---

68 Anmerkung Januar 1999: Wir haben doch alles mitgenommen und an die Adresse von Tonny Shoot geschickt. Das Päckchen und der Brief kamen als unzustellbar ohne neue Adresse zurück.

Abb. 116:
Wir werden immer
von neugierigen
Kindern begleitet

Abb. 117: Der Rakaposhi

Abends unterhielten wir uns mal wieder mit dem Hotel-Boy Mujeeb Rahman. Er ist der Einzige, der hier nicht stinkt. Für ihn, der uns fünf Kilogramm getrocknete Aprikosen besorgt hat, haben wir eine Flasche Whisky aus China mitgebracht. Mujeeb hat uns schon viel über die Kultur der Hunzukutz erzählt. Zum Beispiel, dass Hochzeiten von den Eltern arrangiert werden. Der Sohn bittet seine Eltern, um das Mädchen, das ihm gefällt, bei deren Eltern anzuhalten. Sind diese einverstanden, wird die Hochzeit zu einem günstigen Termin festgelegt. Meist, aber nicht mehr ausschließlich, werden alle Hochzeiten in einem Dorf zum gleichen Zeitpunkt gefeiert. Die Vorbereitungen für eine Hochzeit dauern mindestens vier Tage. Es werden drei bis vier Schafe geschlachtet und nach Hunza-Art gekocht, also nur mit Salz. Die Hochzeit selbst dauert dann noch ein paar Tage, an denen auch getanzt wird, allerdings tanzen Frauen und Männer getrennt. Mujeeb Rahman bestätigte den Eindruck, dass Frauen einen sehr hohen Stellenwert bei den Hunzukutz haben. Er sprach von der Arbeit und den Verantwortlichkeiten der Frauen mit großer Hochachtung, sie würden die Häuser sauber halten, kochen, nähen, die Kinder versorgen, während die Männer **nur** das Geld nach Hause brächten und sich um die Felder und das Vieh kümmerten. Mujeeb hält den KKH für nicht gut für die Hunza-Kultur, es würden Dinge ins Land kommen, auch Nahrungsmittel, die den Hunzukutz nicht guttäten. Diese Meinung wurde auch von anderen geteilt.

Von Mujeeb Rahman, der auch gerne kocht, erfuhren wir auch viel über die Rezepte der Hunzukutz. Hier ein paar Beispiele. Das Mehl wird immer frisch kurz vor dem Gebrauch gemahlen:

Hunza - Küche

Dawdoo
1. getrocknete Aprikosen
2. Weizenvollkornmehl
3. Aprikosenkernöl
4. Salz
5. Wasser
Suppe aus Aprikosen mit Spätzle aus Weizenmehl

Ghumaldi
1. Weizenvollkornmehl
2. Milch
3. Aprikosenkernöl
4. Zwiebeln und Knoblauch
5. Gemüse
6. Hunza-Käse (ähnlich Ziegengouda oder altem Gouda)
7. Salz
Eine Art doppelter Chapati aus Weizenmehl und Milch hergestellt, in Aprikosenöl gebacken und mit frischen Zwiebeln und geriebenem Gemüse und festem Hunza-Käse gefüllt.

Buruz Berikutz
1. weicher Hunzakäse
2. Weizenvollkornmehl
3. Wasser
4. Aprikosenkernöl
5. Grüne Zwiebeln und Knoblauch
6. Koriandersamen
7. Salz

Chapatis schichtweise mit Käse, Zwiebeln, Knoblauch und Gemüse belegen und mit Aprikosenkernöl beträufeln. In Achtel geschnitten servieren.

Tzamik-Tse-Aaloo
1. Aprikosenkernöl
2. Kartoffeln
3. Wasser
4. Zwiebeln und Knoblauch
5. Gemahlene Aprikosenkerne
6. Salz
Ein Gemüse aus obigen Zutaten kochen

Tzamik-Garma
1. Aprikosenkernöl
2. Mangold
3. Zwiebeln und Knoblauch
4. Kleingehackte (oder gemahlene) Aprikosenkerne
5. Wasser
6. Weizenvollkornmehl und Milch
7. Wasser
Gemüse aus obigen Zutaten herstellen. Aus Milch und Mehl Spätzle machen, die dann unter das Gemüse gerührt werden.

Berikutz (Haneeze)
1. Aprikosenkernöl
2. Zwiebeln und Knoblauch
3. Salz
4. Weizenvollkornmehl
5. Wasser
6. Butter
Zwiebelbrot, das noch heiß mit Aprikosenkernöl bestrichen wird.

Das war eine kleine Auswahl an Rezepten, die wir von Mujeeb bekommen haben. All diese Gerichte haben wir später in einem einfachen kleinen Restaurant mit nur zwei Tischen und sechs Stühlen in Karimabad ausprobiert. Man sieht, es sind denkbar einfache Gerichte, die aber trotz des einzigen Würzmittels Salz sehr schmackhaft sind, vermutlich durch das frisch gemahlene Vollkornmehl.

Zu jedem Essen wird das für das Hunzatal typische schmackhafte Vollkorn-Fladenbrot gereicht. Für die Herstellung werden meist die vier Getreidesorten Gerste, Weizen, Hirse und Buchweizen gemischt.

Wir wunderten uns, dass für die Herstellung der Spätzle keine Eier verwendet werden wie in Deutschland. Uns wurde erklärt, dass es in den höheren Lagen von Hunza keine Hühner gäbe. In diesen Höhen könnten sie nicht überleben. In 3000 Metern Höhe, wie im Hunzatal, sinkt der Sauerstoffanteil in der Luft auf 70 Prozent. Ohne Eier und mit sehr wenig Salz waren die Spätzle, verglichen mit der schwäbischen Variante, doch sehr fest und für einen Schwaben etwas gewöhnungsbedürftig.

Seit die ersten Menschen aus dem Westen das Hunzatal bereisten, machte man sich Gedanken, was die Ursache der sehr hohen Lebenserwartung und der außergewöhnlichen Gesundheit der Hunzukutz sei. Immer kam man auf das Essen der Hunzukutz zurück. Außer dem sehr mineralhaltigen Gletscherwasser – wegen der milchigen Farbe Gletschermilch genannt – nimmt man an, dass die getrockneten Aprikosen und besonders die hier so beliebten bitteren Aprikosenkerne einen großen Anteil an der außergewöhnlichen Vitalität der Hunzukutz haben müssen. Oder spielt bei der Langlebigkeit der Hunzukutz die allerdings geringe Kindersterblichkeit auch eine Rolle? Bei dem rauen Klima im Winter und fehlender Hygiene überleben nur die Starken. Oder dass im Hunzatal alles organisch biologisch angebaut wurde? Bisher gab es keinen Kunstdünger und keine Pestizide. Selbst die Milch wurde nie pasteurisiert. Kühlschränke gab es natürlich keine. Wenn etwas gekühlt aufbewahrt werden musste, wie zum Beispiel Butter oder Milch, wurde es in einem Behältnis in einem beim Haus vorbeifließenden Bach oder Kanal gehängt. Das Gletscherwasser hatte selbst im Sommer eine Temperatur von nur wenigen Grad über Null.

In jedem Garten, bei jedem Haus, stehen Aprikosenbäume. Wie uns die Hunzukutz sagten, gibt es im Hunzatal drei Dutzend verschiedene Sorten. Bei jeder Einladung zum Tee wird dem Gast zuerst eine Schüssel mit getrockneten Aprikosen, Walnüssen und Aprikosen- und Mandelkernen angeboten, oft auch das besonders bekömmliche Aprikosen-Öl mit Fladenbrot. Manche Mahlzeit der Hunzukutz besteht nur aus Brot, das in Aprikosen-Öl getaucht wird. In dieser Region ist die Heimat der Walnussbäume. Daher sind hier die Nüsse besonders gut und groß. Neben dem Vollkornbrot und den Aprikosen gehört auch die Milch zum täglichen Speiseplan, auch als Buttermilch.

Der Schweizer Ralf Bircher wurde durch die Ernährung der Hunzukutz zu seinem heute weltweit bekannten Bircher-Müsli inspiriert. Allerdings war Ralf Bircher nie selbst im Hunzatal.

Die Nahrung der Hunzukutz im Sommer unterscheidet sich grundsätzlich von der im Winter. Weil das knappe und kostbare Holz für den Winter gespart werden muss, werden die Mahlzeiten im Sommer meist mit rohen Zutaten hergestellt. Es wird gegessen, was die Felder hergeben: Aprikosen, während der Saison frisch, später getrocknet, Pflaumen, Äpfel und andere Früchte, Melonen, Kürbisse, Kohl, Karotten, Tomaten, Mangold, Zwiebel, Mais und alle Getreidesorten. Walnüsse, Mandel- und Aprikosenkerne werden zu jeder Mahlzeit gereicht. Fleisch wird im Sommer so gut wie nie gegessen. Der Verzehr von Fleisch erfolgt im Winter, da während dieser Zeit auch das Futter für die Tiere ausgeht und diese daher geschlachtet werden müssen.

Im Winter besteht die Nahrung hauptsächlich aus frisch gemahlenem Getreide, aus Joghurt, Butter, Käse. getrocknetem Obst und Fleisch. Nach und nach werden die Tiere geschlachtet und verzehrt. Das harte, dunkle und flache Vollkornbrot wird im Sommer wie im Winter hergestellt. Grundsätzlich isst der Hunzukutz nur, was als unverfälschte Nahrung auf den Tisch kommt.

Ein großes Problem stellt der Rauch der Feuerstelle in der Mitte des Erdgeschosses eines jeden Hauses dar. Die Hunzukutz kennen die Einrichtung eines Kamins nicht, und der Rauch kann nur durch Löcher in der Außenwand des zweiten Stocks entweichen. Im Winter geht diese Feuerstelle zum Kochen und Wärmen praktisch nie aus. Man befindet sich praktisch immer in einer Rauchwolke. Die Folgen sind chronische entzündete Augen und Atemprobleme. Tuberkulose ist oft ein Grund für einen frühen Tod. Die Kindersterblichkeit liegt bei 30 Prozent.

Heute sind wir schon früh am Morgen in Richtung Karimabad abgefahren. Wir hatten einen Privattransport, den Fahrer von vier amerikanischen Geologen. Diese Geologen sind vorgestern Abend im Hunza Marco Polo Inn eingetroffen und gehen uns schrecklich auf die Nerven. Sie sollen angeblich die Bewegungen der Gletscher untersuchen, haben aber keinerlei Geräte und Messinstrumente mitgebracht. Sie schmatzen fürchterlich beim Essen, ähnlich den Pakistanis. Von Tischmanieren haben sie noch nie etwas gehört. Aber vielleicht soll das eine Strafe für uns sein, weil sie immer das essen müssen, was wir beim Koch bestellen und das schmeckt ihnen offensichtlich nicht. Vielleicht grüßen sie uns deswegen auch nicht. Ihr Fahrer musste nun nach Karimabad zum Tanken fahren und nahm uns mit. Er bekam hinterher auch ein anständiges Trinkgeld, über das er sich sehr gefreut hat.

Die Fahrt führte uns auch an der Stelle vorbei, an der wir auf der Hinfahrt den gefährlichen Erdrutsch zu Fuß überqueren mussten. Als ich das sah, ist mir doch das Herz in die Hose gerutscht! Über hundert Meter breit und an einer Stelle steil bergauf und auf der anderen Seite hundertfünfzig Meter fast senkrecht bergab zum Hunza-Fluss. Ich kann mir immer noch kaum vorstellen, dass wir da hinübergeklettert sind! Jetzt gibt es dort wieder ein Stück halsbrecherische einspurige Geröllpiste etwa sechs Meter über der alten Straße, denn die Straße kann ja nicht wieder in den alten Zustand versetzt werden. Und auf diese Weise gleicht sich der neue Karakorum Highway immer mehr wieder der alten halsbrecherischen Straße an!

Inzwischen, am 26. Mai, sind wir schon wieder in Gilgit. Jetzt auf einmal fängt die Zeit an zu rasen. In eineinhalb Wochen sind wir wieder zu Hause. Bisher war es eine wunderbare, aufregende Reise, es passiert ständig so viel, dass man gar nicht weiß wo man anfangen soll zu erzählen.

Als wir von Gulmit kommend wieder in Karimabad waren, wurden wir überall begrüßt wie alte Bekannte. Selbst Einheimische, von denen wir angenommen hätten, dass wir sie noch niemals gesehen hätten, fragten uns aus, wie es uns in China gefallen habe. Hätten wir alle Tee-Einladungen angenommen, die wir bekommen haben, säßen wir wahrscheinlich jetzt immer noch irgendwo in ein fröhliches Gespräch verwickelt. Die Leute sind wirklich unglaublich freundlich. Jeder grüßt, meist sogar mit Handschlag. Und als wir gestern noch einen längeren Spaziergang an einem der Wasserkanäle entlang gemacht haben, brachten uns Kinder Blumen. Abends holten wir beim Bäcker, der am Rande der Straße seinen Backofen hat, noch Fladenbrote. Der Backofen ist ein einfaches Loch im Boden mit einem Holzfeuer. Wir durften die Fladenbrote nicht bezahlen!

In den dreieinhalb Wochen, die wir jetzt unterwegs sind, ist es hier viel wärmer und grüner geworden. Also beschlossen wir, unsere warmen Fleece-Pullover und den Schlafsack loszuwerden. Ich hatte gedacht, zumindest die Pullover könnte man höchstens noch verschenken, aber da hatte ich nicht mit Horst, dem Schwaben, gerechnet. Der hatte nämlich ruck-zuck die Jacken und den Schlafsack verkauft, das heißt gegen Esswaren getauscht. Und dabei gab's fast noch Zank um die Sachen, da sie mehrere ‚Kunden‘ haben wollten! Die Jacken erhielt unser spezieller Freund Sakit Ahmed. Er ist der Inhaber der ‚Baltit Bakery‘,[69] unserem kleinen Geschäft, in dem wir immer Kleinigkeiten eingekauft haben und Wein zu trinken bekamen. Eigentlich wollte der auch den Schlafsack haben, aber den hatte uns unser Wirt vom World Roof Hotel zuvor schon abgeschwatzt. Zum Trost haben wir Sakit Ahmed dann noch einen Seidenschal für seine Freundin oder Mutter geschenkt, was ihn wiederum veranlasste, uns ein Kilo getrockneter Aprikosen zu schenken! Er ist wirklich ein unheimlich netter, lieber und fröhlicher Kerl.

69 Nicht der Straßen-Bäcker, der uns Brot schenkte

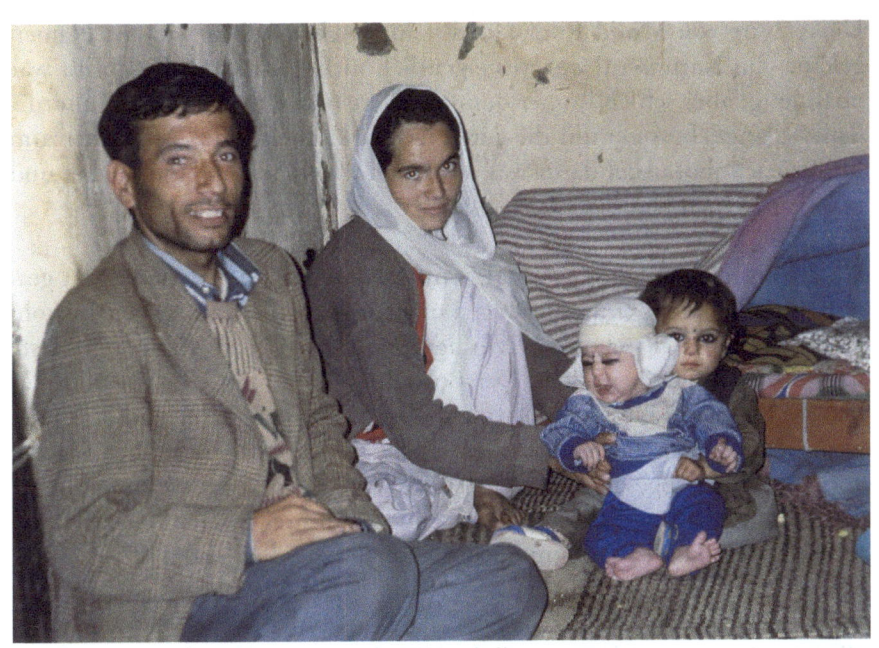

Abb. 118 und 119: Einladungen zum Tee und Wein

Unser Wirt von World Roof Hotel – inzwischen haben wir den Namen gelernt – in Karimabad war uns eigentlich nicht sehr sympathisch. Er war noch jung, aber schien immer desinteressiert und war ein fauler Hund. Es dauerte lange, bevor er uns die gute Hunza-Marmelade aus Aprikosen zum Frühstück anbot. Aber dafür war das Hotel wirklich schön und sauber und man hatte einen phantastischen Blick.

Unser Bus nach Gilgit ging schon sehr früh los. Als wir unserem Wirt gestern mitteilten, dass er unseretwegen nicht aufstehen müsse, war er heilfroh. Er musste nämlich schon am Vortag sehr früh aus dem Bett, weil Gäste morgens nach Gilgit wollten. Der Bus fährt gegen 5:30 Uhr von Karimabad ab! Das hatte ihn schon der nervlichen Zerrüttung sehr nahe gebracht, wenn man seinen Worten Glauben schenken durfte! Dass er aber das Tor vor dem Hotel abgeschlossen hatte und wir, um von dort wegzukommen, über den – allerdings nicht allzu hohen – Zaun mit unserem Gepäck klettern mussten, fanden wir nun doch nicht ganz so erheiternd!

Mit dem Transport war das auch so eine Sache! Aber wann geht schon mal alles so, wie man es sich vorgestellt hat! Wir hatten am Abend zuvor mit Hilfe des Bruders von unserem ‚ganz besonderen Freund‘ Sakit Ahmed Plätze im Minibus reserviert und bezahlt. Dabei wurde uns gesagt, dass nur der erste Bus am nächsten Morgen nach Gilgit fahren würde. Der Bus wollte um 5:30 Uhr am Hotel sein. Um 5:15 Uhr hörten wir schon heftiges Hupen oben auf der Straße, und als wir um 5:25 nach unserer Kletterpartie über den Zaun oben auf der Straße waren, kam ein ganz anderer Bus. Um kein Risiko einzugehen, bezahlten wir nochmals und fuhren mit dem anderen Bus los. Was wir nicht wussten war, dass die Busse immer ein paar Mal die Straßen auf und ab fahren – auch von einem Ort zum anderen –, um möglichst viele Fahrgäste aufzusammeln. Plötzlich sahen wir auch den Bus, in dem wir am Abend zuvor Plätze gebucht hatten. Horst ließ unseren Bus anhalten und nach einigem Palaver erhielt er sogar unser Fahrgeld zurück. Eigentlich wollte der Fahrer uns dazu bewegen, dass wir in seinen Bus blieben, aber da unser Bus viel leerer war, wollten wir das natürlich nicht allzu gerne. Es nützte uns aber nichts, denn da unser Bus nicht genug Fahrgäste nach Gilgit fand, lud unser Busfahrer uns und zwei andere Fahrgäste kurzerhand in einen anderen Minibus um, übergab das von uns kassierte Geld dem anderen Fahrer und schon waren wir in einem vollen Bus! Aber wir kamen trotzdem noch einigermaßen bequem nach Gilgit. Es regnete auf der Fahrt ein wenig und das machte die Erdrutschgefahr natürlich größer. Aber es rutschte heute kein Berg und es war eine ganz problemlose Fahrt. An einigen Stellen konnte man sehen, dass vor nicht allzu langer Zeit Gerölllawinen geräumt worden waren. Zum Teil arbeiteten die großen Bagger noch. Und oft musste unser Bus sehr vorsichtig fahren, um heil über eine neu auf einem Bergrutsch eingerichtete, natürlich nur einspurige Piste zu kommen. Wir sind uns fast sicher, dass vermutlich in zwanzig Jahren der Karakorum Highway durch das Hunzatal nicht mehr existiert, oder nur noch eine Schotterstraße ist, wie sie die alte Straße nach Hunza auch war. Alles andere wäre ein Wunder.

Gestern in Karimabad haben wir von mindestens drei Erdrutschen gehört. Sie begraben häufiger Teile des KKH, da die Berge durch den Bau der Straße – aber besonders durch die Sprengungen – sehr viel instabiler geworden sind. Das erzählten uns die Einheimischen. Man muss schon einen guten Schutzengel haben, damit man nicht von einem Erdrutsch begraben oder von einem Felsbrocken erschlagen wird. Dass der Karakorum Highway abenteuerlich ist, haben wir erwartet, aber nicht, dass er auch so gefährlich sein kann. Davon zeugten auch die vielen zerbeulten Karosserien von abgestürzten Fahrzeugen, die wir immer wieder unterhalb des KKH in der Schlucht neben oder in dem reißenden Fluss liegen sahen. Trotzdem möchten wir nicht eine Sekunde unserer Fahrt bis nach Kashgar und zurück missen, und je näher wir dem Ende dieser Fahrt kamen, desto wehmütiger wurde es uns zumute.

In Gilgit angekommen, quartierten wir uns wieder in unserem etwas verkommenen – richtiger wäre: ziemlich verkommenen – Hunza-Inn ein. Wir wurden mit großem Hallo empfangen und bekamen sofort wieder unser Zimmer, mussten allerdings wie beim ersten Aufenthalt dafür sorgen, dass die Betten frisch gemacht wurden. Der alte Boy erklärte uns zwar, die seien sauber, und schüttelte zum Beweis die Bettdecken aus. Als aber die Riesenstaubwolke, die dabei entstand, sich verzogen hatte, war er gleich bereit, frische Wäsche zu holen! Wir hatten uns zwar bei unserem ersten Aufenthalt hier auch andere Quartiere angesehen und dabei waren durchaus bessere, die auch preislich erschwinglich waren, aber im Hunza-Inn sind alle so freundlich und auch immer bereit, die verschiedenen Wünsche zu erfüllen, obwohl hier alles sehr chaotisch ist.

Der Wirt, Abdullah Baig, kümmert sich um nichts. Er ist ein richtiges Unikum, sehr interessiert an Geologie und an Politik. Über Geologie hat er uns auf der Hinfahrt, als er uns nach Karimabad brachte, viel erklärt. Am liebsten sitzt er im Garten und philosophiert mit seinen Freunden! Es ist eben einfach nett hier. Gerade kam nochmals ein Angestellter hierher und brachte uns zum zweiten Mal frische Wäsche und Handtücher, dabei hatten wir schon vor fünf Stunden alles bekommen!

Wenn man von chaotisch spricht...! Mit den Essensbestellungen ist es ja auch immer so eine Sache. Wie wir schon bei unserem ersten Aufenthalt bemerkt haben, ist es Glücksache, ob man das bekommt, was man bestellt hat, aber zu reklamieren hat auch wenig Sinn. Man sollte dann schon essen, was man bekommt! Auch mit den Bestecken hapert es: Omelette wurde uns zum Beispiel ohne jegliches Besteck serviert, dafür bekamen wir ein anderes Mal Joghurt mit Messer und Gabel!

Wir wiesen schon bei unserem ersten Aufenthalt Abdullah Baig darauf hin, dass wir nur vegetarisches Essen wollen. Kurz vor unserer Abfahrt fragte uns Abdullah Baig dann etwas verschämt: ‚Please tell me, what ist vegetarian food?‘ Bei allem, was wir anführten wunderte er sich sehr: ‚Joghurt, oh really? Vegetable, oh really?‘ Aber am meisten wunderte er sich bei Kartoffeln: ‚Potatoes, oh really?‘

Schon wieder ein neuer Tag. Wir sitzen im Garten des Hotels im Schatten. Auf unsere Terrasse scheint noch die Sonne und es ist zu heiß, um dort zu sitzen. Die Umstellung von der kühleren Gebirgsluft in Gulmit und Karimabad auf die Wärme hier in Gilgit ist doch ein bisschen anstrengend, oder besser gesagt, ermüdend. Dabei sind wir hier immer noch über 1600 m hoch. Aber wir haben ja Zeit und können uns für alles Zeit nehmen. Möglicherweise ist es auch so wie in Kashgar, man hat wieder einen Abschnitt der Reise hinter sich, in dem man ständig unter Hochspannung stand. Diese fällt nun, nachdem der Abschnitt bewältigt ist, von einem ab und die große Entspannung tritt ein.

Gestern haben wir einen Flug für übermorgen nach Islamabad gebucht. Von dort wollen wir dann direkt nach Lahore weiterfliegen. Man kann von hier aus nicht direkt nach Lahore buchen, weil man ja nie weiß, ob das Flugzeug am geplanten Datum von Gilgit aus auch wirklich fliegen kann. In Islamabad muss man immer das Flugzeug wechseln, wenn man weiter will. Der Abflug von Gilgit hängt vom Wetter ab, weil der Pilot auf dieser Strecke nur auf Sicht fliegen kann. Gestern war kein Flugbetrieb möglich, aber heute läuft alles wieder nach Plan. Durch die ausgefallenen Flüge werden die Wartelisten für die Fluggäste immer länger! Es gehen täglich drei Maschinen nach Islamabad und in jeder gibt es nur zwei Plätze für Touristen! Die restlichen Plätze sind für das Militär und die einheimische Bevölkerung reserviert.

Eben saß unser Wirt wieder bei uns und redete ein wenig mit uns. Er erzählte uns von einem berühmten Polospieler, der mit 105 Jahren noch Polo gespielt hat, in einer Mannschaft mit seinen beiden Söhnen, die dann ja auch nicht viel jünger als 70 - 80 Jahre gewesen sein können! Der Vater sei dann mit 130 Jahren gestorben, aber nicht an einer Krankheit, sondern weil eben seine Zeit abgelaufen gewesen sei. Aber heute würden die Menschen nicht mehr so alt. Das läge an den neuen Essgewohnheiten: Weißes Mehl, Zucker, der früher unbekannt war, mehr Gewürze, viel mehr Fleisch und das Vieh bekäme Injektionen gegen Krankheiten. Und seitdem gäbe es eben ganz neue Krankheiten wie Herzkrankheiten. Krankheiten, die es schon immer im Hunzatal gegeben habe wie Augen- oder Zahnprobleme, die aber nicht die Lebensdauer verkürzt hätten, seien weniger geworden.

Dann aber kam er wieder auf den Ausgangspunkt unseres Gespräches zurück, das Polospiel. Er forderte uns auf, doch mal ein deutsches Poloteam nach Gilgit zu bringen für ein Freundschaftsspiel! Die Pferde würden hier in Gilgit zur Verfügung gestellt! Das wäre ja auch kaum anders möglich, denn ich möchte mal sehen, wie ein Poloteam versucht, seine Pferde in einem Fokker-Friendship-Flugzeug unterzubringen! An englischen Poloteams war er überhaupt nicht interessiert! Und das, obwohl doch England in Europa im Pferdepolo die führende Nation ist. Genauso wenig wie er wollte, dass wir – vor dreieinhalb Wochen – den englischen Friedhof besichtigten: ‚You don't have to see that, they have been very cruel to us!' war sein Kommentar dazu und wir haben daraufhin den Friedhof auch nicht angesehen!

In Karimabad stand an einer Mauer ein Spruch in roter Farbe aufgesprüht: ‚Hunza is peaceful land. Don't let USA terrorist here' oder ‚Don't allow American cheaters in Hunza. We hate USA!' Ansonsten haben wir keine weiteren derartigen Parolen gesehen, obwohl die Engländer und Amerikaner offensichtlich hier nicht sehr beliebt sind. Warum die USA? Soviel ich weiß, hatte die doch bisher noch nie eine Rolle hier gespielt. Dafür sind sie sehr deutschfreundlich. Was uns ja auch lieber ist.

Hunza ist ausgesprochen sauber. Nirgendwo liegt Dreck herum und überall sind Papierkörbe mit der Aufschrift: ‚Keep Hunza clean'. Hier in Gilgit ist es schon schmutziger. Aber die Menschen sind genauso freundlich. Gestern haben wir uns wieder von einer Tee-Einladung zur nächsten bewegt. Zuerst in einem Geschäft, in dem uns der Besitzer zu unserem Erstaunen nach unserem Trip nach China befragte. Es stellte sich heraus, dass er uns aus Karimabad kannte. Am Vorabend hatten wir noch bei seinem Cousin in Karimabad Tee getrunken. Da mussten wir bei ihm natürlich auch Tee trinken und sind so schon fast zu Familienmitgliedern aufgestiegen! Die Buschtrommel funktioniert!

Von dort gingen wir zu ‚Mohammeds Book Stall‘, um dem Besitzer dort Grüße von Rosinys auszurichten. Hier war sofort klar, dass sowohl der Ladenbesitzer als auch wir von demselben Herrn Tonny und Frau Hanne sprachen! Ich hatte bei dem falschen Mister Tonny auch nicht den Eindruck, dass er seine Zeit in Buchläden verschwendet, er ging lieber auf die Jagd und nach dem Halali, dem Jagdruf der Jäger, trank er lieber einen kräftigen Schluck.

Im Buchladen gab es wieder Tee, hier auch noch mit Milch und Zucker, und den zu trinken bedeutet für mich immer eine besondere Anstrengung! Aber das Gespräch war sehr nett und interessant. Der Vater des Buchladenbesitzers war eigentlich der Freund von Rosinys, aber der Vater ist 1989 auf dem Flug von Gilgit nach Islamabad spurlos verschwunden, das heißt nicht nur er alleine, sondern das ganze Flugzeug mit allen Insassen. Man hat bis heute keine Spur von dem Flugzeug und den Passagieren gefunden. Der jetzige Besitzer, der übrigens auch schon zu Besuch bei Rosinys war, hat schon als kleiner Junge zusammen mit seinem Vater den Autor James Hilton auf seiner Reise nach Hunza begleitet. Auf einer früheren Reise ins Hunzatal wurde James Hilton zu seinem spannenden Buch ‚Lost Horizon‘ inspiriert.

Gerade hat Horst sich aufgemacht, auf dieser Kleewiese, auf der wir hier sitzen, ein vierblättriges Kleeblatt zu finden und er fand auch eines und schenkte es mir. Was aber noch viel erstaunlicher ist, er fand auch ein fünfblättriges! Und auf beiden sitze ich jetzt und presse sie mit meiner ganzen Körperfülle ein wenig platt.

Unser Wirt, Abdullah Baig, saß bis eben mit seinen Angestellten zusammen und diskutierte vermutlich über das Leben schlechthin! Jetzt sind sie alle gemeinschaftlich in die Küche marschiert – es ist 11:05 Uhr –, und man schaut, was zu tun ist, um das leibliche Wohl zu erhalten. Arbeiten sieht man hier nur selten jemanden. Als ich gestern den Tisch auf unserer Terrasse abwischte, inspirierte ich den Boy offensichtlich, es mir nachzutun und er wischte von zwei anderen Zimmern neben unserem auch die Tische ab. Aber dann war er wohl völlig überanstrengt und sein Arbeitseifer fiel restlos in sich zusammen. Wozu sich auch dieser Anstrengung unterziehen, schließlich sind wir die einzigen Gäste hier.

Damit wir am Vormittag heißes Wasser zum Duschen haben, muss Horst zunächst einen im Innenhof stehenden Ofen anheizen. Als besonderen Service wird das Brennholz dazu vom Hotel angeliefert.

Es kommen immer viele Einheimische hier ins Hotel, sitzen im Garten, erzählen und verschwinden wieder. Gestern Abend, als der Muezzin rief, ließen sich drei Einheimische hier im Garten auf einem Betttuch nieder und fingen an zu beten. Wir standen eine Etage höher und beobachteten sie mit einem Glas Whisky in der Hand und kamen uns recht blasphemisch vor. Nach einer Weile, der Vorbeter der Drei fand kein Ende, was die anderen beiden ganz unruhig werden ließ, war das Gebet beendet und sie verschwanden wieder auf die Straße. So gibt es hier immer etwas zu beobachten. Gestern Abend zum Beispiel war außerdem noch ein sehr distinguiert aussehender Einheimischer mit einem Begleiter hier. Auch er saß im Garten und unterhielt sich mit dem Begleiter und bohrte sich dabei ununterbrochen in der Nase. Offensichtlich wurde er fündig und das Produkt seiner Grabungen schmierte er immer wieder an den Tischrand. Sehr appetitlich! Dabei sah er so vornehm aus! Ich war bitter enttäuscht: So hatte ich mir einen vornehmen Pakistani nicht vorgestellt!

Horst kommt gerade an und ist ganz begeistert, dass die Wäsche, die wir heute früh gewaschen haben, schon trocken ist! Nun überlegt er, was man noch alles waschen könnte. Ich wollte die Gardinen waschen, die vermutlich zuletzt bei der Einweihung des Hotels 1978 sauber gewesen sind, aber Horst wollte lieber in Mutter Ilses Fußstapfen steigen. Sie konnte sich in Pagan in Birma vor lauter Begeisterung, dass alle Wäsche so schnell trocknete, nicht beherrschen und hatte die Fußabstreifer unseres Zimmers gewaschen. Aber inzwischen hat Horst das verstopfte Klo freigespült und nun ist sein Tatendrang, was die Reinigung des Inventars betrifft, etwas gebremst. Die gesprungene Klobrille, die uns immer in den Po beißt, wird er aber während unseres Aufenthalts hier voraussichtlich nicht mehr reparieren!

Heute, am 28. Mai, sieht es nicht so aus, dass wir morgen wie geplant von Gilgit abfliegen könnten. Jetzt ist es 16:00 Uhr und es regnet in Gilgit immer noch ununterbrochen in Strömen. Und wie! Wir sind heute schon zweimal klitschnass geworden und ich bin einmal in den Schlamm gefallen, auf dem Rückweg unseres zweiten PIA[70]-Besuches heute. Beim ersten Mal waren wir zu früh und bekamen noch keine Flugscheine für morgen ausgestellt. Heute sind aufgrund des Wetters alle Flüge ausgefallen und jeder, der für die heutigen Flüge gebucht war, muss bis 12:00 Uhr ‚reconfirmieren‘,[71] sonst verfällt sein Anspruch auf einen Platz im Flugzeug morgen. Es geht streng der Reihenfolge nach: Wenn an einem Tag die Flüge ausfallen, haben alle Passagiere einen An-

---

70 **P**akistan **I**nternational **A**irline, im Volksmund auch ‚**Please Inform Allah**‘
71 Den Flug bestätigen lassen

spruch auf einen Platz am nächsten Tag. Diejenigen die für den nächsten Tag gebucht waren, werden nach hinten geschoben, es sei denn einige Passagiere haben ihren gebuchten Flug nicht ‚reconfirmiert'. Dann werden Plätze frei und man kann Glück haben und rutscht in einen früheren Flug hinein. Es kann also ziemlich lange dauern, bis man aus Gilgit mit dem Flugzeug wegkommt.

Als wir dann das zweite Mal ins PIA-Büro kamen, machte Horst schöne Worte und verbrüderte sich mal wieder mit allen Angestellten der Fluggesellschaft, besonders mit dem Boss, während ich natürlich, wie sich das gehört, brav und bescheiden im Hintergrund blieb. Und siehe da, wir bekamen für den ersten Flug morgen früh ein Ticket ausgestellt. Das heißt, der erste Flug, der von Gilgit abfliegen wird, wird uns mitnehmen, wann immer das sein wird. Aber dafür müssen wir jeden Tag unsere Tickets ‚reconfirmieren'. Im Moment haben wir wenig Hoffnung auf morgen.

Wir hatten somit noch viel Zeit und konnten in aller Ruhe durch den Bazar bummeln. Was gab es da nicht alles: Teppiche aus Chotan, Seide in allen Farben, billige Leinenstoffe, Mützen, Stiefel, Radios aus Japan oder russisches Parfüm. Märkte finden wir immer wieder faszinierend. Wir kamen nur mit ein paar Kilogramm getrockneter Aprikosen zurück ins Hotel. Die getrockneten Aprikosen schmeckten hier so wunderbar, dass wir für die Heimreise unsere Taschen damit füllen wollten.

Es ist bei diesem Dauerregen sehr kühl geworden. Wir haben alles, was wir uns bei unserer Ankunft in Gilgit vom Leibe gerissen haben, wieder anzogen. Unsere verkauften Pullover wären auch nicht schlecht, denn unsere Regenjacken, die wir noch zum Wärmen angezogen haben, sind bei der ersten großen Regenprobe außen und innen nass geworden und müssen jetzt noch trocknen. Vielleicht werden wir sie auch verscherbeln – aber erst nach dem Regen!

Seit gestern werde ich – ausschließlich an den Armen – immer wieder gestochen: Flöhe? Wanzen? Aber woher? Seit gestern Abend eine Kakerlake aus Horsts Bett kroch, halte ich alles für möglich. Da ich keine Mückencreme mitgenommen habe, habe ich mich mit aufgelöstem Aspirin eingerieben und hoffe, es hilft etwas gegen das Jucken. Mindestens fünfunddreißig Stiche sind es bis jetzt, nur an einem Arm!

Hui, fröstelt es mich jetzt! Wir schwärmen vom Kachelofen und einer Tasse Kaffee oder einem Glas Wein und einem guten Buch dazu. Und hier? Horst saß bis eben auf einem toten Vogel, ohne es zu merken und ekelt sich jetzt fürchterlich! Dafür zahlen wir nun Tausende Deutsche Mark, um hier in

Gilgit bei Regen zu frieren. Aber wenigstens wärmt es uns von innen, dass wir darüber noch lachen können.

Am 29. Mai sind wir immer noch in Gilgit, aber nicht mehr frierend. Heute schien wieder die Sonne und die Berge rundum, die gestern in dichten Nebel gehüllt waren, waren heute fast bis ins Tal hinunter schneebedeckt. Aber trotz des sonnigen Wetters konnte kein Flugzeug aus Islamabad kommen, weil auf der Flugroute zwischen Gilgit und Islamabad immer noch schlechtes Wetter war. Aber bei Sonnenschein und im T-Shirt kann man es hier durchaus noch einen Tag länger aushalten. Gestern ermutigte uns noch unser Wirt Abdullah Baig, dass bei allen Schlechtwetterperioden der letzten Jahre der Himmel genauso ausgesehen habe wie gestern und heute. Das letzte Mal hätten zwei Wochen lang keine Flugzeuge fliegen können und der gesamte KKH sei über drei Wochen gesperrt geblieben, da es so viele Erdrutsche durch Dauerregen gegeben habe. Nicht einmal das Militär sei mit Hubschraubern nach Islamabad durchgekommen.

Als wir überlegten, ob wir im Zweifelsfall – schließlich müssen wir heute in einer Woche unser Flugzeug in Islamabad erwischen – wieder einen Wagen mieten sollten oder eine 18-stündige non-stop-Busfahrt auf uns nehmen sollten, meinte Abdullah Baig, mit dem Wagen sei es ganz schlecht bei Regen. Besser sei es, mit dem Bus zu fahren, der habe bei Steinschlag ein dickeres Dach. Aber er würde von beidem abraten bei solchem Wetter und lieber warten, bis das nächste Flugzeug geht. Na, trotz aller Unkerei ist wieder besseres Wetter. Am Flughafen wurde uns nach zwei Stunden mitgeteilt, dass alle Flüge des heutigen Tages gestrichen seien. Aber für morgen stünden die Chancen gut!

Aber der gestrige Tag hielt ja noch einige Überraschungen für uns bereit! Wie gesagt, wir – besonders ich – froren schrecklich und wir zogen uns zu unserem Abendessen ins Zimmer zurück. Es gab Fladenbrot mit Streichkäse, Gurken und Zwiebeln. Getreu der alten Hunza-Regel für das Speisen auf Reisen, essen wir jeder täglich eine rohe Zwiebel.[72] Und unsere Zwiebel genießen wir eben mit Gurke, Käse und Brot, weil uns das immer wie ein kulinarischer Höhepunkt erscheint! Vielleicht hat das auch geholfen, schlimmere Darmkrankheiten zu vermeiden. Wir saßen jedenfalls im Zimmer und aßen mit Genuss. Die zweite Hunza-Regel, zum Essen niemals zu trinken, damit man ausgiebiger kaut, haben wir uns noch nicht zu eigen gemacht.

---

72 Anmerkung vom 17.2.1999: Inzwischen weiß ich, dass man richtigerweise zu **jeder** Mahlzeit eine rohe Zwiebel essen muss!

Wir hatten auch Whisky zur Krönung unseres Mahls, als es auf der Straße plötzlich anfing zu knallen. Anfangs dachten wir an Knallkörper, aber es wurde uns ziemlich schnell klar, dass es sich um Gewehr- und Maschinengewehrschüsse handelte. Meine erste Reaktion zu Horst: ‚Das hast Du nun von Deiner Scheiß-Nieserei!‘ Ich hatte nämlich in Karimabad die Behauptung aufgestellt, dass – wenn die Feindseligkeiten zwischen Hunza und Nagar wieder ausbrächen – es nur an Horsts eruptionsartigem lautem Niesen von unserem Balkon hinab in Richtung Nagar liegen könne. Horst muss der Weltmeister im laut Niesen sein! Sein dröhnendes ‚Hatschi‘ wurde als Echo dreimal von den hohen Bergen hin und her getragen. Schließlich war es in Karimabad schon ziemlich auffällig, dass jedes Mal wenn Horst in Richtung Nagar nieste, dort der Muezzin als Antwort laut zu rufen anfing!

Auf jeden Fall wurden die Schüsse rund ums Hotel immer heftiger, und Horst ging raus, um zu sehen, was eigentlich los war. Ein Angestellter rannte mit einem Gewehr durch den Garten, ein anderer versteckte sich hinter einer Hausecke und der Wirt schickte Horst direkt wieder zurück ins Zimmer. Plötzlich wurde es überall dunkel. Stromausfall! Wir hatten sowieso das Licht ausgemacht, damit wir von drinnen besser sehen konnten, was draußen vorgeht. Wir wussten immer noch nicht, was los war und die Schießerei wurde heftiger und heftiger und breitete sich über ganz Gilgit aus. Um unser Hotel herum war es mal mehr und mal weniger. Vorausschauend wie wir nun sind, haben wir als erstes unseren Whisky unterm Bett versteckt, falls es sich wieder um Auseinandersetzungen zwischen Schiiten und Sunniten handeln sollte, und auf einmal ein paar fanatische Schiiten vor unserer Türe stehen sollten. Um unser Leben fürchteten wir keinen Moment, aber um den Verlust unseres Whiskys dafür umso mehr!

Die Schießerei dauerte fast eine Stunde, als es an unsere Türe klopfte und unser Wirt mit einer Kerze davor stand und uns über die Ursache der Schießerei aufklärte: Man feierte den ersten erfolgreichen pakistanischen Atombomben-Test! Das sei eine günstige Gelegenheit, die heimischen Waffen zu testen. Man muss ja gegen Indien gewappnet sein! Wir sollten uns noch nicht allzu weit vom Zimmer entfernen, um in der Dunkelheit nicht doch noch getroffen zu werden, aber wirkliche Gefahr bestünde nicht. Wir kramten sofort den Whisky wieder hervor und feierten unsere Errettung vor den Schiiten mit einem kräftigen Schluck und hörten dazu die Nachrichten in unserem kleinen Kurzwellen-Radio. Die Deutsche Welle gab uns weitere Aufklärung über die Tests und die weltweiten Reaktionen darauf. Seit heute Morgen gelten hier die Notstandsgesetze.

Nachdem wir erneut unsere Flüge ‚reconfirmiert' hatten, damit unser Anspruch nicht verfällt, waren wir noch bei Horsts neuem ‚Freund' hier in Gilgit: Mister German! Horst verfiel nämlich im Hunzatal ins German-Fieber. Sein Bruder Hartmut hat 1974 in Karimabad beim Sekretär des Mirs, gewohnt, einem Mister German und den suchte Horst nun talauf, talab. Die verschiedensten Nachrichten kamen ihm zu Ohren. Mister German ist tot, Mister German hat einen Laden in Karimabad, Mister German hat ein Hotel in Gilgit. Nach und nach bekam er heraus, dass es zumindest drei Germans im Hunzatal geben muss und German kein hiesiger Name ist, sondern nur darauf hinweise, dass derjenige, der so gerufen wird, irgendetwas mit Deutschland oder Europa zu tun hat. Als sich herauskristallisierte, dass der gesuchte Mister German offensichtlich seit langer Zeit tot ist, ließ Horst das German-Fieber trotzdem noch nicht los! Der Gilgit-German hatte es ihm angetan, weil man über den erzählte, er sei in London aus einem Hotelfenster gestürzt und habe seitdem einen Arm verloren. Also suchte Horst ihn auf. Ein Hunzukutz, der hier problemlos auf die höchsten Berge klettert wie eine Bergziege und in London aus einem Hotelfenster stürzt, ist ja auch was Besonderes!

Mister German hatte zwar noch zwei Arme, aber der rechte ist völlig unbrauchbar. Jedenfalls waren wir dann noch gemeinsam dort zum Tee eingeladen und heute gingen wir noch einmal hin, um eine Adresse in Köln aufzuschreiben, von Leuten, bei denen Mister German einmal gewohnt hat und die wir nun grüßen sollten. Nun weiß ich aber auch, woher ich die Stiche habe. Horst hat übrigens auch eine ganze Menge abbekommen! Flöhe im Sofa der Familie German haben uns gewaltig attackiert! Über Mister German und seine bewegte Geschichte soll Horst selber berichten. Mister German fiel übrigens tatsächlich aus einem Hotelfenster in London, im vermutlich ersten Alkoholrausch seines Lebens!

Mein Bruder Hartmut war schon über 20 Jahre vor uns mit seinem Sohn Olaf in Karimabad im Hunzatal. Es war die Zeit kurz nachdem der Mir, der König von Hunza, seine Verwaltungsvollmacht an Pakistan abgeben musste. Damals war die Reise sicher noch viel beschwerlicher als heute. Noch gab es keine Hotels, keine Gästehäuser und Restaurants. Hartmut wohnte mit seinem Sohn beim Sekretär des Mir, einem Mister German. Seitdem hat sich sicherlich viel verändert, aber die unwirkliche, beeindruckend schöne Landschaft, das liebliche grüne Tal umgeben von bedrohlich wirkenden schwarzen Bergen mit dahinter steil aufragenden schneebedeckten Gipfeln mit Gletschern, die bis ins Tal reichen, ist immer noch dieselbe. Einfach wunderschön, man glaubt das Shangri La von James Hilton gefunden zu haben.

Hartmut bat uns, nach Mister German zu schauen, um ihm seine Grüße zu überbringen. Damals, 1974, waren Besucher im Hunzatal noch eine Seltenheit, und sein Sohn Olaf war zu der Zeit der jüngste Ausländer, der je das Hunzatal besucht hat. Bei unserem ersten Besuch erkundigten wir uns nach diesem Mister German, dem Sekretär des Mirs, und erfuhren, dass er bereits verstorben war. Wir ließen nicht locker und baten unseren Wirt vom Hunza Marco Polo Inn, Herr Raja Hussein Khan in Gulmit nach der Familie von Mister German zu forschen. In Gulmit war der alte Wintersitz des Mirs und unser Wirt hatte noch gute Kontakte zu der Familie des Mirs.

Und gleich nach unserer Rückkehr aus China wurden wir mit den neuesten Informationen bombardiert. Es gibt noch zwei Germans im Hunzatal, einer sei ein älterer Händler in Karimabad und der zweite würde in Gilgit leben und habe nur noch einen Arm. German sei eigentlich kein richtiger Name, beide hießen nur so, weil sie beide schon in Deutschland gewesen seien, wobei letzterer seinen Arm in Deutschland bei einem Sturz aus einem Hotelfenster verloren hätte. Hunzukutz sind eigentlich menschliche Gemsen, die zuerst das Klettern und dann erst das Gehen erlernen. Hier ist alles Klettern, zu Fuß, hoch zu Ross oder auf Rädern. Und da soll ein Hunzukutz aus einem Hotelfenster fallen? Die Geschichte interessierte mich!

Zurück in Gilgit hatten wir ein Teegespräch mit Herrn Ikram E. Beg, dem Eigentümer des einzigen Buchladens in der Stadt, dem ‚Bazaar Mohammed Bookshop‘. Er hatte als achtjähriger Junge mit seinem Vater den Amerikaner James Hilton begleitet. Tagelang sind sie zu Fuß das Hunzatal hinauf gewandert.

   Natürlich habe ich Herrn Ikram E. Beg auch nach dem ominösen Herrn German, dem Sekretär des Mirs, gefragt. Er bestätigte, dass er vor 10 - 15 Jahren gestorben sei. Aber mich hatte das German-Fieber gepackt und ich fragte nach dem anderen Mister German. Er kannte auch ihn, er sei der Pächter des ‚Mountain Refuge Guesthouse‘. Ich marschierte also gleich wieder los und traf ihn auch an, allerdings mit beiden Armen, nur der rechte Arm war lahm. Ich erzählte ihm von Hartmut und seinem Mister German. Er sagte, das sei eine andere Familie. Sein richtiger Name sei Ibrahim Baig, aber von Jugend auf sei er nur unter dem Namen German bekannt und zwar, weil er sich immer europäisch gekleidet habe und sich immer schon für deutsche Technik, Motoren und deutsche Autos interessiert habe. Aber seit er in Deutschland gewesen sei, sei sein richtiger Name total in Vergessenheit geraten und selbst bei den Behörden sei er inzwischen nur unter dem Namen German bekannt und gemeldet.

Beim üblichen Tee erzählte er uns seine Geschichte: Er hat schon in jungen Jahren Besucher nach Hunza, ins Swat-Tal und nach Chitral geführt. Anfang der 1970er Jahre führte er einen Kölner Fabrikanten rund um Gulmit, und bei diesen Touren entdeckten sie einen alten Chrysler, Baujahr 1929, den der Kölner sofort kaufte. Mister German brachte den alten Chrysler wieder in Schwung, und im Jahre 1974 überführte er ihn über den Iran und die Türkei nach Deutschland. Sein Auftraggeber, der Kölner Fabrikant, nebst Freundin und Schäferhund waren mit von der Partie. Die beiden wurden aber unterwegs wegen unerlaubten Waffenbesitzes und weil sie nicht nur alte Autos, sondern auch Waffen nach Deutschland schmuggeln wollten, verhaftet. Während sie im damaligen Persien im Gefängnis saßen, musste German mit dem Chrysler und dem Schäferhund, vor dem er furchtbare Angst hatte ausharren!

Nachdem der Fabrikant und seine Freundin wieder frei waren, ging es weiter. Der Oldtimer lief weiterhin flott und sie kamen auch wohlbehalten in Deutschland an. Der Kölner konnte den alten Chrysler in Deutschland gegen einen Porsche eintauschen. German gefiel es in Deutschland so gut, dass er eine Weile bleiben wollte. Er arbeitete bis Ende 1976 in der Firma des Kölners als Lastwagenfahrer, ohne gültigen Führerschein! Und hier kam plötzlich wieder ein ganz passables Deutsch zutage.

Er blieb bis 1980 in Europa, in Frankreich und England, bevor ihn wieder das große Heimweh nach Hunza packte. Der Sturz aus dem Hotelfenster war übrigens in England und nicht in Deutschland. Eine Gang hatte German, der bis dahin Antialkoholiker war, in London betrunken gemacht, beraubt und anschließend aus dem Hotelfenster geworfen. Somit ist die Ehre der schwindelfreien Hunzukutz wieder gerettet. German war nach dem Sturz monatelang im Krankenhaus, aber der rechte Arm blieb gelähmt.

Nachdem wir wieder in Deutschland waren, nahm ich Kontakt mit dem Kölner und seiner Freundin auf. Die Freundin war inzwischen seine Frau geworden. Die Version der Geschichte, die mir Mister German erzählte, wurde von dem Ehepaar in allen Punkten bestätigt.

Wieder zurück im Hunza Inn habe ich die Ereignisse der letzten Tage aufgeschrieben. Als ich aufstand, stellte ich fest, dass ich die letzte halbe Stunde auf einem toten Vogel saß, und als ich zu meinem Rucksack ging, sprang mir eine Kakerlake entgegen. Und Annette klagt über 40 neue Flohstiche, besonders an den Armen, ich über 25, besonders an den Beinen. Dies sind bleibende Erinnerungen an den Nachmittagstee bei Mister German mit seiner reizenden jungen Frau und dem Töchterchen Noorina. Aber all das kann unsere Reisefreude nicht trüben.

Jetzt, am 30. Mai, sitzen wir schon in Lahore im Faletti's Hotel und denken daran, dass ich im Oktober 1992 hier mit meinen Eltern gemeinsam gewesen bin und nur zwei Zimmer weiter gewohnt habe. Unseren ersten Sun-Downer haben Horst und ich auf die Eltern getrunken, etwas wehmütig, aber auch froh, dass wir noch einmal hier sein können, denn das Faletti's Hotel wird verkauft. Offenbar an die Holiday-Inn-Gruppe, die es vollkommen renovieren will und dann wird das alte Kolonialhotel vermutlich so unerschwinglich werden wie das Strand-Hotel in Rangoon. Aber es ist dringend erforderlich, dass es in private Hände kommt, denn es ist schrecklich heruntergekommen. Unser Trakt, in dem wir auch 1992 gewohnt haben und der sich Luxury-Class nennt, hat recht ordentliche Zimmer, aber man muss schon suchen, um von außen einen noch einigermaßen fotogenen Hotelteil zu finden.

Ein sehr erbauliches Erlebnis hatten wir beim Einchecken ins Faletti's Hotel. Natürlich versuchte Horst – wie immer – den Preis zu drücken. und wies darauf hin, dass wir – er war zwar noch nie zuvor in Lahore – schon oft dort gewohnt hätten und auch die Eltern seit 1960 dort immer wieder Gäste gewesen seien. Der Manager, der seit 27 Jahren im Faletti's Hotel Manager ist, ‚erinnerte' sich auch direkt an Horst und begrüßte ihn freudig, aber an mich, die hier schon Gast war, konnte er sich überhaupt nicht erinnern! Und selbst für so einen ‚alten Kunden' wie Horst war hier nur ein minimaler Preisnachlass zu erzielen! Jammerschade, aber wir blieben trotzdem.

Draußen ist im Moment der Teufel los: Pakistan hat ja heute seinen sechsten Atombombentest gemacht und das Volk tobt vor Begeisterung. Autokorsos werden veranstaltet mit großen Hupkonzerten, Feuerwerk wird gezündet und in die Luft geschossen. Jetzt ist die ‚Mall' gesäumt von Tausenden von Menschen, weil der Premier Minister, der in der großen Badshahi-Moschee eine Rede halten wird, auf seinem Weg dorthin durch die Mall Road fahren wird.

Aber erst einmal von Anfang an: Heute Früh in Gilgit wachten wir schon um 4:30 Uhr auf und unser erster Blick aus dem Fenster sagte uns, dass die Chance groß sei, dass heute ein Flugzeug Gilgit anfliegen und auch von Gilgit wieder abfliegen könnte. Der Himmel war wolkenlos! Eigentlich war der Wecker auf 5:15 Uhr gestellt, aber als er dann um diese Zeit klingelte, waren wir schon fast fertig für die Abfahrt. Wir waren abends zuvor sehr früh zu Bett gegangen, weil wir ja gestern auch schon in den frühen Morgenstunden aufgestanden waren Schließlich wollten wir ja eigentlich schon gestern fliegen. Aber nach einigem Hin und Her stand dann fest, dass das

Wetter nicht gut genug war und wir noch einen Tag länger in Gilgit bleiben mussten. Um 6:00 Uhr waren wir dann pünktlich am Flughafen und wurden direkt mit hinein zum Chef genommen, den wir ja schon von unseren früheren Besuchen kannten. Wir hatten eine längere Plauderei über Gott, die Welt und Annemarie Schimmel, woraufhin er uns direkt zusicherte, dafür zu sorgen, dass wir im Flugzeug die besten Plätze bekämen: VIP-Plätze mit Aussicht auf den K2 und den Nanga Parbat! Der Grund war Annemarie Schimmel, die Annette aus der Studienzeit kannte. Und auch sonst war der PIA-Chef sehr hilfsbereit.

Annemarie Schimmel war die bedeutendste deutsche Islamwissenschaftlerin ihrer Zeit. Im Februar 2003 verstarb sie in Bonn. Sie war hochbegabt und sprach bereits im Alter von 15 Jahren neben anderen Sprachen Arabisch. Sie promovierte mit 19, und mit 20 wurde sie die jüngste Professorin für Arabisch und Islamische Studien an der Universität Marburg. Sie promovierte mehrmals; Ehrendoktorwürden erhielt sie u.a. in der Türkei, in Persien, Indien, Pakistan und Schweden. Annemarie Schimmel veröffentlichte weit über 100 wissenschaftliche Arbeiten und Bücher. 1995 wurde sie mit dem Friedenspreis des deutschen Buchhandels geehrt. Außer Deutsch sprach sie noch Englisch, Französisch, Schwedisch, Italienisch und die orientalischen Sprachen Arabisch, Persisch, Türkisch, Urdu, Sindhi, Punjabi, Paschtu und Kurdisch. Sie war ein Sprachgenie!

Unzählige Reisen führten Annemarie Schimmel nach Pakistan, in das Land, das sie als ihre zweite Heimat betrachtete. Hier wird die große Orientalistin bis heute wie eine Heilige verehrt. Sie hatte Zutritt zu allen Moscheen und hielt Vorträge und Vorlesungen vor Tausenden andächtig in Verehrung lauschenden Zuhörern. Die pakistanische Regierung ehrte sie mit dem höchsten zivilen Orden Hilal-e-Imtiaz, Straßen und Plätze in Pakistan sind nach ihr benannt und in Lahore findet man das ,Annemarie-Schimmel-House', in dem laufend Lesungen, Vorträge, Konzerte und Ausstellungen stattfinden.

Nach ihrer Professur für ,Indo-Muslim-Culture' an der Harvard Universität in den Vereinigten Staaten von Amerika führte sie ihr Weg zurück an die Universität in Bonn. Hier lernte Annette während ihres Studiums der Malaiologie und der Vergleichenden Religionswissenschaft diese außergewöhnliche Frau kennen. Annette besuchte viele ihrer Vorlesungen und konnte viel über das Leben von Annemarie Schimmel berichten. Dabei ging Annette besonders auf den von Annemarie Schimmel so sehr geliebten mystischen Sufismus ein.

Während Annettes Ausführungen füllte sich das Büro des Flughafen-Chefs der PIA immer weiter. Es hatte sich herumgesprochen, dass hier eine ehemalige

Studentin von Annemarie Schimmel sei. Das wollte sich natürlich niemand entgehen lassen. Das Büro war bis zum letzten Stehplatz brechend voll und alle lauschten andächtig Annettes Ausführungen.

Um Gilgit zu erreichen, muss das Flugzeug eine so enge Schlucht durchqueren, dass die Flügel fast die zerklüfteten Felswände berühren. Erst das laute Dröhnen der aus Islamabad ankommenden Maschine konnte diese feierliche Runde unterbrechen. Es ist also kein Wunder, dass uns durch Annemarie Schimmel alle Türen geöffnet wurden und wir die besten Plätze im Flugzeug bekamen.

Im Allgemeinen sind die Leute hier ungeheuer freundlich und hilfsbereit. Wo immer man auch nur eine Frage stellt, wird einem sofort jemand zur Seite gegeben, der einem weiterhilft. Mit unserem Flugzeug heute gehörten wir zu den wenigen Glücklichen, die an diesem Tag nach Islamabad kommen konnten – Dank an Annemarie Schimmel! Auf jeden Fall hatten wir Glück. Der Karakorum Highway war nämlich zwischen Gilgit und Islamabad auf zehn Kilometer durch Erdrutsche unpassierbar geworden. Kein Fahrzeug kam auf dem Landweg durch. Der viele Regen hatte dies verursacht und die Warteliste für potente Fluggäste ist unendlich lang geworden.

Aber fast wären wir ohne unseren chinesischen Whisky gereist, den ich im Handgepäck zusammen mit einer Flasche Saft hatte. Er wurde nämlich beim sehr genauen Security Check am Flughafen entdeckt! Wir mussten die Flasche auspacken und auf die Frage, was das sei, als stünde nicht groß und breit Whisky drauf, antwortete Horst sofort: ‚Medizin für den Magen, wir trinken immer, wenn wir uns nicht wohl fühlen, ein kleines bisschen davon!‘ Das wollte der Chef der Security testen. Er ließ sich ein Glas bringen, und als er etwas davon einschenken wollte, bremste Horst ihn sofort mit den Worten: ‚Not too much, it is very strong‘. Über so viel Frechheit war ich ganz perplex und dachte: ‚Nun wird der Whisky bestimmt konfisziert, unsere Boarding-Pässe werden eingezogen und wir rausgeschmissen!‘ Aber nichts dergleichen geschah. Zur Ehrenrettung der pakistanischen Sicherheitsoffiziere wurden wir nur höflich gebeten, die Whisky- und auch die Saftflasche in das aufgegebene Gepäck zu tun, weil es nicht erlaubt sei, Flaschen im Handgepäck mitzuführen. Die anderen Mitreisenden hatte zwar fast alle Wasser- oder Saftflaschen im Handgepäck, aber mit dieser Aktion war der Ordnung Genüge getan und jeder hatte sein Gesicht gewahrt. Und so retteten wir unseren letzten Whisky bis hierher ins Faletti's Hotel. Wir waren doch extra so sparsam damit umgegangen, um hier einen nostalgischen Schluck auf die Eltern trinken zu können! Vielleicht war es auch Annemarie Schimmel, die uns in dem streng moslemischen Land den Whisky rettete!

13. Die ersten westlichen Besucher des Hunzatals

Der erste westliche Besucher, der nach den Truppen von Alexander dem Gro-
ßen das Hunzatal bereiste, war sicherlich der Venezianer Marco Polo. Weitere
Besucher folgten im 19. Jahrhundert. Von den Gebrüdern Schlagintweit hatte
ich ja bereits berichtet, wobei Adolf Schlagintweit, der im Jahr 1857 auf dem
Weg von Gilgit nach Kashgar durch das Hunzatal kam, der Bedeutendste war.

Zehn Jahre vor Adolf Schlagintweit bereiste der mit Alexander von Humboldt
befreundete Forschungsreisende Waldemar Prinz von Hohenzollern von Kasch-
mir aus zwei Jahre lang das Karakorum-Gebirge und den Hindukusch. Er er-
kannte, dass in den abgelegenen Tälern Fürstentümer mit bisher unbekannten
Kulturen leben.

Nachdem die Briten 1846 Kaschmir und die Indusregion unter ihre Kontrolle
gebracht hatten, entsandte die britische Krone Geographen, Ethnologen und
andere Wissenschaftler nach Norden, um die Gebiete rund um Gilgit zu er-
kunden. Der Österreicher Gottlieb Wilhelm Leitner, über den ich bereits im
Vorwort berichtet habe, trat in die Dienste der Briten in Britisch-Indien ein.
Als Sprachwissenschaftler bereiste er mehrmals die Region um Gilgit und Hun-
za. In seinem 1856 veröffentlichten Bericht wird Hunza[73] erschöpfend erwähnt.
Weitere Schriften wurden 1871[74] und 1889[75] veröffentlicht.

In seine Fußstapfen trat der Brite Oberst John Biddulph. Auch er war Sprach-
wissenschaftler und von 1877 bis 1881 als ‚Political Agent' in Gilgit stationiert.
Während dieser Zeit bereiste er mehrmals Hunza, um die Sprache Burushaski zu
erforschen. Seine Werke wurden 1880[76] und 1882[77] veröffentlicht. Sein Wohn-
haus in Gilgit ist bis heute erhalten und wird als Museum und Forschungsstelle
weitergeführt.

Der Brite Oberst David Lockhart Robertson Lorimer war ebenfalls ein
Sprachwissenschaftler und war von 1898 bis 1903 in Gilgit als ‚Political Agent'
stationiert. Auch sein Interesse galt Hunza. Er veröffentlichte Anfang des 20.
Jahrhunderts mehre Werke über die Region und die Sprache Burushaski.

Der zukünftige Vizekönig von Britisch-Indien, Lord George Cruzon bereiste
1894 das Pamir-Gebirge. Um 1897 wünschte er den König von Hunza, Mir

---

73 Er nennt das Königreich Hanza
74 *The Races and Languages of Dardistan*
75 *Hunza and Nagyar/Nagar Handbook*
76 *The Tribes of Hindu Koosh*
77 *On the Birds of Gilgit*

Mohamad Nazim Tham, kennenzulernen. Lord Cruzon reiste in Begleitung von Oberst Chamberlain nach Karimabad. Sie wurden freundlich vom Mir empfangen. Durch diesen hohen Besuch wurde dem Mir erst klar, welch große Bedeutung das Hunzatal für Großbritannien und andere Großmächte darstellt. Da der Palast des Mirs noch kein Gästehaus besaß, kampierten Lord Cruzon und Oberst Chamberlain im Garten des Palastes.

Bei den vielen freundlichen gemeinsamen Gesprächen erfuhr der Mir, dass Lord Cruzon auch die Region Chitral, die an Nuristan[78] grenzt, besuchen wollte. Chitral ist ein Hochtal und liegt 1500 Meter über dem Meeresspiegel; es war zu jener Zeit kaum erreichbar. Eine streng islamische Bevölkerung von wenigen Tausend Menschen leben in dieser isolierten Region. Die Pfade waren in einem sehr schlechten Zustand und die drei Pässe nach Chitral waren selbst im Sommer kaum passierbar. Im Winter war Chitral total von der Außenwelt isoliert. Die einfachste Verbindung führt bis in die Neuzeit von Dschalalabad in Afghanistan nach Chitral. 1947 schloss sich Chitral Pakistan an, wurde aber erst 1969 offiziell in den pakistanischen Staat integriert. Pakistan wünscht eine bessere Verkehrsanbindung Chitrals mit der Indus-Region. 2005 begannen die Bauarbeiten am Lowari-Tunnel, der eine ganzjährige Öffnung nach Chitral ermöglichen soll. Die Bauarbeiten sollen 2017 beendet sein.

Da die Reise nach Chitral sehr beschwerlich und gefährlich war, bot der Mir an, Lord Cruzon zu begleiten, da er mit einigen Nomadenfürsten entlang der Strecke befreundet sei. Lord Cruzon nahm erfreut das Angebot an. Der Mir fühlte sich für den Vizekönig verantwortlich. Die Expedition musste vor Russland und China geheim bleiben, da Gebiete, die russische Kosaken kontrollierten und auch chinesisch besetztes Territorium durchquert werden mussten. Bald darauf zogen die Beiden mit zwanzig Hunzukutz nach Norden ab. Der König von Hunza auf einem zotteligen Yak und der zukünftige Vizekönig von Britisch-Indien ebenso. Zwei Könige auf muskulösen langhaarigen Yaks! Was muss das für ein Anblick gewesen sein!

Nach sieben Tagen erreichten sie das Tal des Khunjerab-Flusses. Nachdem der 4703 Meter hohe Mingteke-Pass[79] zwischen Hunza und Xinjiang am Östlichen Ende des Hindukusch Gebirges bezwungen war, musste der extrem gefährliche 4827 Meter hohe Kilik-Pass überwunden werden (heute verläuft der KKH südlich des Passes). Sie waren nun schon im Pamir-Gebirge. In der Schnee- und Eisregion des Kilik-Passes übergab der Mir Lord Cruzon an seinen Freund, den Nomadenfürsten Qazim Beg. Mir Mohammad Nazim Tham hatte seine Aufgabe erfüllt und kehrte zurück in seinen Palast in Karimabad. Lord Cruzom erreichte mit Qazim Beg über Sarhadi Wakhan das Chitral-Hochtal. Wenn man

78 heute ein Teil Afghanistans
79 auch Mintake- und Mintaka-Pass genannt

bedenkt, dass sich Lord Cruzon in jungen Jahren beim Reiten eine Rückenverletzung zugezogen hatte, die ihm trotz Tragen eines metallenen Korsetts lebenslang Schmerzen bereitete, war diese beschwerliche und lange Reise eine ganz besondere Leistung. Lord Cruzon veröffentlichte über diese Region 1877[80] und 1911[81] Reisebeschreibungen.

Während des Rittes versprach Lord Cruzon dem Mir, dass er ihn in zwei Jahren, wenn er Vizekönig von Britisch-Indien geworden sei, einladen werde. Er war von 1899 bis 1905 Vizekönig von Britisch-Indien und er hat sein Wort gehalten.

Als nächster Besucher beim Mir von Hunza kündigte sich der britische Feldmarschall Horatio Herbert Lord Kitchener an. Er hatte 1902 den Oberbefehl der britischen Streitkräfte in Britisch-Indien übernommen. In geheimer Mission wollte er wie Lord Cruzon das Grenzgebiet von Xinjiang im Pamir-Gebirge und Distrikte jenseits der Grenze besuchen, sowie die Pässe Mingteke und Kilik erkunden. Auch er wünschte sich eine Unterstützung durch den Mir von Hunza. Lord Kitchener betrachtete den Pamir-Knoten und das Hunzatal als strategischen Mittelpunkt für die britischen Interessen. In Chitral herrschte bereits Krieg zwischen Großbritannien und einheimischen Stämmen, die von Russland unterstützt wurden.

Der Mir sicherte Lord Kitchener seine Unterstützung zu und wollte sich an der Mission mit einigen bewaffneten Hunza-Kriegern und Bergführern beteiligen. Die alte Marco-Polo-Route war teilweise unpassierbar geworden und musste zuerst ausgebessert werden. Über Misgar wurde der Mingteke-Pass erreicht. Jenseits der Grenze ging es tags darauf über den Kilik-Pass zurück ins Hunzatal. Der Mingteke- und der Kilik-Pass waren seinerzeit die wichtigsten Pässe vom oberen Hunzatal nach Xinjiang. Die Grenzen jenseits der Pässe waren im Tarim-Becken noch umstritten. Hunza und China stellten Ansprüche an dieselben Gebiete. Die Grenzstreitigkeiten zwischen Pakistan und China wurden erst 1963 beendet.

Zurück in Karimabad bedankte sich Lord Kitchener überschwänglich beim Mir. Es gab ein großes Festessen. Der Mir von Hunza wurde auch vom Nachfolger von Lord Cruzon, dem Vizekönig Earl of Minto, eingeladen. 1911 wurde er sogar dem König George V vorgestellt.

Die Spannungen zwischen Britannien und Russland flauten am Pamir-Knoten auch im Ersten Weltkrieg nicht ab. Hinzu kam, dass die Turkvölker in Xinjiang große Sympathien mit dem Osmanischen Reich und dem damit verbündeten

---

80 The Pamirs and the Source of the Oxus
81 On the Indian Frontier

Deutschen Kaiserreich hatten. Immer wieder gab es von den Turkvölkern An-
griffe gegen Briten und Russen und deren Einrichtungen.

Zu dieser Zeit war nun Lord Cruzon britischer Außenminister und Lord Kit-
chener Kriegsminister geworden. In Xinjiang lebten mehrere Tausend britische
und russische Untertanen, die sich nun versöhnten, um den gemeinsamen Feind,
das Deutsche Kaiserreich, zu bekämpfen. China verhielt sich neutral, obwohl
das Vereinigte Königreich das Gerücht schürte, Deutschland wäre mit mehreren
Divisionen auf dem Vormarsch, um China zu erobern. Damals waren deutsche
Truppen jedoch nur im Osmanischen Reich, um den Bau der Bagdad-Bahn zu
schützen.

Deutsche Divisionen waren in Xinjiang nicht zu sehen, aber zwei Deutsche, die
sich als norwegische Mineningenieure ausgaben. Sie waren auf dem Weg von
Peking nach Kabul in Afghanistan. Es waren zwei Generalstabsoffiziere aus
der deutschen Botschaft in Peking, die in geheimer Mission unterwegs waren.
Zur Unterstützung des Chefs der deutschen Mission in Kabul, Werner-Otto
von Hentig[82] durchquerten die beiden Offiziere mit zwei Ponys und einem Esel
für das Gepäck die Wüstengebiete. Von Peking kommend befanden sie sich im
Tarim-Becken und suchten den Aufstieg zu einem Pass, um ins Hunzatal zu
gelangen. Die beiden Männer waren dem britischen Konsul George Macartney
in Kashgar suspekt. Er bat den britischen ‚Political Agent' in Gilgit, die beiden
abzufangen und festzunehmen.

Hermann Schäfer, der Autor des Buches ‚Hunza: Ein Volk ohne Krankheit[83]
besuchte 1977 das Hunzatal. Während dieser Zeit bekam er Gelegenheit, das
Tagebuch des damaligen Königs von Hunza einzusehen. Dieser schrieb als erster
über diesen bisher unbekannten Vorfall:

Der Mir wurde von dem britischen Major James im Auftrag des Vizekö-
nigs gebeten, die beiden Deutschen festzunehmen und dem britischen Political
Agent in Gilgit zu übergeben. Die Suchtruppe fand die beiden Deutschen, die
im Gebirge herumirrten, da sie den Aufstieg zum Mingteke-Pass nicht finden
konnten. Damals war der Mingteke-Pass der wichtigste Pass ins obere Hunzatal.
Die beiden Deutschen wurden trotz heftiger Proteste festgenommen und über

---

82 Von Hentig war zuvor Attaché in Peking, Konstantinopel und Teheran. 1915
urde er nach Kabul entsandt, um von dort indische Stämme und Fürsten gegen
die Briten aufzuwiegeln. Auch im Zweiten Weltkrieg spiele Kabul wieder so eine
Rolle (siehe hierzu Geerken, *Hitlers Griff nach Asien, Band 2*, S. 54ff). Im Zweiten
Weltkrieg betreute von Hentig den Großmufti von Jerusalem, Mohammed
Amin el Husseini (siehe hierzu Geerken, *Hitlers Griff nach Asien, Band 2*, S.
50ff) und verhalf ihm nach Kriegsende zur Flucht in die Schweiz. 1952/53 wurde von Hentig erster deutscher Geschäftsträgen der BRD in Indonesien

83 2. Aufl. 1979

den Mingteke-Pass nach Passu im Hunzatal gebracht. Die Überquerung des fast 5000 Meter hohen Passes erwies sich wegen Schnee, Eis und Stürmen als sehr schwierig. Die beiden Deutschen bekamen schlimme Erfrierungen an Händen und Füßen und litten unter einer schweren Höhenkrankheit. Dies wurde schon vorab durch einen Kurier dem Mir gemeldet. Als die Deutschen in Passu eintrafen, war bereits ein Heilkundiger vor Ort, der die Erfrierungen mit Kräutern der Hochweiden und mit Salben behandelte. Als sie in Baltit eintrafen, ging es ihnen schon wieder besser.

Die beiden Offiziere wurden in getrennten Kammern unter dem alten Palastgebäude untergebracht, aber gut behandelt. Der Mir wunderte sich, dass zwischen Großbritannien und Deutschland Krieg war. Sie sehen doch gleich aus und haben dieselben Augen, schrieb er. Bei einem Verhör durch Major James lüfteten die beiden Offiziere – einer war Leutnant, der andere Major – ihr Geheimnis und gaben zu, versucht zu haben, auf Nebenwegen nach Indien zu gelangen. Aber sie hätten sich einfach verirrt. Der Leutnant sprach fließend die Sprachen der Turkvölker in Xinjiang, und der Major perfekt Englisch. Zwischen dem Mir und Major James und den beiden Deutschen gab es somit keinerlei Sprachprobleme. Beim Durchsuchen des Gepäcks fand man neben einem Gewehr und zwei Revolvern mit viel Munition auch 7000 Goldmünzen. Welch ein Schatz! So etwas hatte man im Hunzatal noch nicht gesehen. Nach dem Geständnis der beiden Deutschen gab es ein Festessen mit Wein, und die beiden Gefangenen durften sich als freie Gäste betrachten. Plötzlich verstanden sich alle gut und wurden Freunde. Der deutsche Major lobte die einmalige Schönheit des Hunzatals. Am liebsten wäre er in Karimabad geblieben, schrieb der Mir in sein Tagebuch.

Am nächsten Tag wurden die beiden deutschen Offiziere mit einer Eskorte nach Gilgit gebracht. Der Mir gab ihnen noch bis Ganesh Geleit und wünschte ihnen zum Abschied, dass der Herr der Erde auf ihrer weiteren Reise gnädig mit ihnen umgehen solle. Die Deutschen bedankten sich für die Gastfreundschaft und für die Ritterlichkeit, die sie in Hunza erleben durften. Dann verliert sich ihre Spur. Mehr gab das Tagebuch des Mirs nicht her. Man weiß nicht, was später aus den deutschen Offizieren und dem Goldschatz geworden ist. Nicht einmal die Namen der beiden Deutschen sind erwähnt.

1917, nur wenige Monate nach der Durchreise der beiden deutschen Offiziere durch das Hunzatal, machte sich der Chef der deutschen Mission in Kabul, Werner-Otto von Hentig, auf den Weg nach Hunza. Selbst dieser einzelne Reiter blieb den englischen und russischen Beobachtern nicht verborgen und sie wollten ihn ausschalten. Aber von Hentig hatte in dem Gebiet des Pamir-Knotens große Erfahrung und konnte seinen Verfolgern immer wieder entkommen.

Er unternahm bereits 1915 eine Reise von Persien nach Afghanistan, die ihn durch dieses Gebiet führte. Es war ein Kampf gegen russische und britische Brigaden, wie auch gegen Durst, Ruhr und Typhus. Von den 140 Teilnehmern der Expedition erreichten damals nach 90 Tagen nur 37 erschöpfte Männer das Ziel Afghanistan.

Im Jahre 1917 war bei dem Ritt von Werner-Otto von Hentig die politische Lage durch den Ersten Weltkrieg bereits so angespannt, dass das Misstrauen, selbst gegen einen Einzelreisenden, unendlich groß war. Dazu schreibt der damalige Mir von Hunza in seinem Tagebuch, das Hermann Schäfer einsehen konnte:

Kaum waren die beiden deutschen Offiziere verabschiedet, wurde der Mir von Hunza erneut vom Political Agent in Gilgit, Major James, gebeten, nun diesen einzelnen Deutschen festzunehmen. Der Mir sandte 30 Hunzukutz in die Berge, um am Kilik-Pass die Übergänge von Xinjiang nach Hunza zu überwachen. Dort beobachteten sie das Gelände mehrere Tage ohne Erfolg. Major James schlug nun vor, in die Ortschaft Paik in Xinjiang aufzubrechen, da dort die größere Chance wäre, den Deutschen aufzuspüren. Von Hentig durchschaute das Manöver. Er war mit guten Landkarten ausgerüstet. Wenige Tage nachdem die Hunzukutz den Kilik-Pass verlassen hatten, war von Hentig mit drei Begleitern auf dem Pass. Von dort schaute er ins Hunzatal hinein und er sah von diesem Punkt, was zum russischen und anglo-indischen Weltreich gehörte. Der Mir vermerkte in seinem Tagebuch: Wie mächtig muss Deutschland sein, wenn das Britische Königreich hunderte Soldaten aufbieten muss, um einen einzigen Deutschen auszuschalten!

Warum versuchte Großbritannien und auch Russland, den Einfluss Deutschlands am Pamir-Knoten mit aller Macht zu unterbinden, und warum war die Lage hier so angespannt? Deutschland baute die Bagdad-Bahn. Die Arbeiten machten riesige Fortschritte und die Bahnlinie drang immer weiter in den Orient vor. Bei den Türken des Osmanischen Reichs war Deutschland gern gesehen und geachtet. Im Ersten Weltkrieg kämpften Deutschland und das Osmanische Reich gemeinsam gegen die Alliierten. Das Misstrauen der Engländer und Russen gegenüber allem Deutschen war besonders groß, da man große Angst hatte, dass ein Funke des Krieges in Westeuropa auf die Turkvölker am Pamir-Knoten überspringen könnte. Es war klar, dass sich die Turkvölker gegen Großbritannien und Russland wenden würden und die beiden Großmächte würden dadurch ihren Einfluss und ihre Vormachtstellung in diesem Raum verlieren. Der Weg nach Britisch-Indien wäre ungeschützt und frei.

Von Hentig betrat das Hunzatal nicht, da der Einfluss Großbritanniens dort noch groß war und er mit einer Verhaftung rechnen musste. Er nahm jedoch geheimen Kontakt mit dem Mir auf. Er wurde vom Mir von Hunza gebeten,

208

ihm eine Verfassung für sein Land zu entwerfen, was Hentig auch tat! In wieweit dieser Entwurf in eine Verfassung einfloss, ist nicht bekannt.

Der britische Konsul in Kashgar hatte große Sorgen um die Zukunft des Vereinigten Königreichs am Pamir-Knoten. Wenn es von Hentig gelänge, eine Führungsrolle bei den Turkvölkern zu übernehmen und sie gegen Britannien aufzuwiegeln, hätte Britannien am Pamir-Knoten verloren. Kashgar war während dieser Zeit ohnehin der schwächste Punkt in der Region.

Während die Hunzukutz immer noch rund um den Kilik-Pass nach von Hentig suchten, war dieser schon in Kashgar eingetroffen. Um diese Zeit während des Ersten Weltkriegs flohen Tausende deutsche und österreichische Kriegsgefangene aus Russland nach Xinjiang. Sie fanden in Kashgar Zuflucht und erhielten Asyl von dem neutralen China. Weitere 50 000 Kriegsgefangene wurden in russischen Lagern in Russisch-Turkestan festgehalten. Eine Befreiung dieser Gefangenen war geplant. Macartney schrieb in einem Bericht, den Hermann Schäfer Mitte der 1970er Jahre im Archiv des Mir in Karimabad fand, dass von Hentig in Kashgar sofort wieder mit der Agitation unter den Turkvölkern begann. Die geflohenen Kriegsgefangenen waren ohnehin auf der Seite des Deutschen Kaiserreichs. Es war ein Pulverfass, auf dem die Briten in Kashgar saßen. Ein Aufruhr lag in der Luft. Das ,Tor nach Indien' durch das Hunzatal wäre aufgestoßen worden. Von Hentig gab sich laut Macartney nicht die geringste Mühe, seine Identität zu verheimlichen und bewegte sich mit turkmenischen Leibwächtern frei in Kashgar.

Macartneys Position war schwach. Er begann seine Karriere in Kashgar und beendete sie auch dort. Er war ein Eurasier mit einer chinesischen Mutter. Aufgrund der damaligen britischen Rassenvorurteile wurde ihm eine Karriere verwehrt, und wegen des englischen Blutes in seinen Adern, war auch seine Verhandlungsposition gegenüber den Chinesen schwach.

Zusammen mit den Russen versuchten die Briten, bei den chinesischen Autoritäten die Ausweisung von Hentigs aus Xinjiang zu erreichen, ohne Erfolg. Macartney schreibt, dass von Hentig plane, ein Deutsches Konsulat in Kashgar zu eröffnen, und dass es von Hentig ohne Schwierigkeiten gelungen war, einen Postweg von Kashgar nach Kabul aufzubauen. Es ging das Gerücht um, mehrere Hundert deutsche Soldaten ständen bereits an der Grenze.

Vor Kriegsende befand sich von Hentig in Yarkand vor den Pässen ins Hunzatal. Nachdem er Yarkand verlassen hatte, verlor sich seine Spur im Innern Chinas.

Zur selben Zeit, während der Werner-Otto von Hentig in Xinjiang unterwegs war, agierte ein weiterer Deutscher am Pamir-Knoten. Es war Rittmeister Georg Graf von Kanitz. 1915 erhielt er den Auftrag, persische Stämme zu veran-

lassen, an der Seite des Deutschen Kaiserreichs in den Krieg gegen England und Russland einzutreten. Nachdem er das russische Heer in Nordpersien mit Hilfe der einheimischen Bevölkerung zurückgedrängt hatte, erhielt er den Auftrag, einen Krieg gegen Britisch-Indien vorzubereiten. Von Kanitz knüpfte bereits 1910 bei einer Forschungsreise durch die damaligen Staaten Chinesisch-Turkestan und Russisch-Turkestan Kontakte mit den Turkvölkern. Nun wurde auch er von Hunza Scouts im Auftrag der Briten gejagt.

Von Kanitz Aufgabe war zunächst, etwa 40 000 österreichische und etwa 7000 deutsche Kriegsgefangene aus Lagern in Russisch-Turkestan zu befreien und Aufstände gegen die Briten zu entfesseln. Von Kanitz berichtete nach Berlin, dass die Kriegsgefangenen nur unzureichend bewacht wurden. Er bat um Geld und Sprengstoff, damit er seine Pläne verwirklichen könne. Sein Plan war, zunächst die von den Briten gebauten Bahnstrecken in dem Gebiet zu zerstören. Zum Schutz seiner Truppen sollte wieder ein unpassierbarer Wüstenstreifen entstehen.

Das Kriegsende 1918 kam einer Befreiung der Gefangenen zuvor. Wäre dieser Streich gelungen, wäre das ‚Tor nach Indien‘, wie man das Hunzatal in Xinjiang nannte, weit geöffnet gewesen. Nach Kriegsende befanden sich rund 200 000 österreichische und einige Tausend deutsche Kriegsgefangene in 40 Lagern in Russisch-Turkestan. Zum Teil mussten sie bis 1924 als Zwangsarbeiter im Straßen- und Brückenbau arbeiten. Viele kamen dabei ums Leben, andere gründeten aber auch Familien in der Region und blieben für immer dort. Über diesen unbekannten Krieg vor den Toren Britisch-Indiens ist nur wenig bekannt. Ich habe auch nur zwei Bücher[84] gefunden die sich mit diesem Thema beschäftigen.

Wer waren die Männer, die von Hentig und von Kanitz jagten? Es waren Hunza Scouts, die auf Anregung der Briten 1912 zusammengestellt wurden. Der Mir von Hunza, Mohammad Nazim Tham, sollte seine besten Männer zur Verfügung stellen, die Ausbildung zu Gebirgsjägern würden die Briten übernehmen. Der Oberbefehl sollte aber beim Mir von Hunza liegen. Da in Hunza nicht genügend Platz für eine Kaserne und ein Truppenübungsgelände war, sollte die Ausbildung in Gilgit erfolgen.

Der Mir suchte junge Männer aus guten Familien aus. Von 3000 Bewerbern wurden zunächst 500 ausgewählt, aus diesen nochmals 160. Die Ausbildung dauerte vier Wochen. Die Vereidigung auf den Mir von Hunza wurde von ihm selbst vollzogen. Dann stand die Eliteeinheit des Mirs aus Bauern und Hirten bereit. Die Hunza Scouts wussten nun, wie man im Hochgebirge mit einem Gewehr umgeht und wie man Feinde besiegen kann.

---

84 Paul Schaufuß, *Über den Dengis-Bei. Die abenteuerlichen Erlebnisse eines Deutschböhmen auf der Flucht vom roten Russland zum Indischen Ozean und in die Heimat*, 1926 und Albert O. Rust, *Kampf in Turkestan*, 1934

Als der Amtsarzt der britischen Truppen, McCarrison, die Soldaten der Hunza Scouts untersuchte, entdeckte er keinerlei Anzeichen von Kreislauf-, Herz- oder Gefäßschäden. Sie sahen aus wie griechische Olympiakämpfer, stellte er bewundernd fest. McCarrison beschrieb die verheerenden Folgen von Ernährungsschäden im Westen, die sich erst nach Jahrzehnten auswirken würden.

Wilhelm Filchner war ein deutscher Geophysiker, Geodät und Forschungsreisender. Er war Autor von über 25 populärwissenschaftlichen Büchern. Im Jahre 1900, im Alter von 23 Jahren, überquerte er bereits das Pamir-Gebirge auf dem Pferderücken. 1903 leitete er eine Expedition nach Tibet, wo er als erster erdmagnetische Messungen vornahm. 1911 begann er eine Expedition mit dem Schiff ‚Deutschland‘ in die Antarktis. Das Filchner-Schelfeis in der Weddellsee ist bis heute nach ihm bezeichnet.

Filchners Liebe galt jedoch Innerasien, das auch sein bevorzugtes Forschungsgebiet blieb. Auf eigene Kosten unternahm er von 1926 bis 1928 eine Expedition auf das tibetische Hochplateau und machte unzählige geophysikalische Messungen. Sein 1928 erschienenes Buch ‚Om mani padme hum‘ über diese Tibet-Expedition wurde mit 27 Auflagen verlegt!

Von 1934 bis 1938 führte er eine weitere Forschungsreise nach Zentralasien durch, diesmal finanziert vom Deutschen Reich. Wieder sollte er im Innern Asiens erdmagnetische Messungen vornehmen, die an seine Messungen von 1926 bis 1928 anschlossen. Das zu vermessende Gebiet sollte sich vom Himalaya über Xinjiang bis zum Pamir-Gebirge erstecken. Ein Großteil des zentralasiatischen Bereiches war erdmagnetisch noch nicht erschlossen.

Filchner maß zum Beispiel Deklination, Inklination und Intensität des Erdmagnetismus dieses Gebiets. Auf dieser Grundlage werden magnetische Karten erstellt, anhand derer Schiffe und Flugzeuge einen exakten Kurs einhalten können. Da die Lufthansa über das von Filchner zu vermessende Gebiet eine regelmäßige Flugverbindung in den Osten Chinas plante, habe ich die Vermutung, dass nach Sven Hedin nun auch Filchner im geheimen Auftrag der Lufthansa diese Messungen durchführte. Die Piloten der Lufthansa sollten auch in diesem bisher unerforschten Gebiet genau navigieren können. Eine Navigation auf Sicht war in dem wüstenartigen Gelände ohne markante Punkte kaum möglich.

Für die Messungen musste Filchner hochempfindliche Geräte wie Theodoliten, einen Erdinduktor, eine magnetische Feldwaage, Torsionsmagnetometer und Funkgeräte mitführen. Die Messungen mussten alle 20 bis maximal 30 Kilometer voneinander entfernt durchgeführt werden und eine Messung dauerten jeweils rund vier Stunden. Damit man den Ort der Messung wieder genau auffinden konnte, musste Filchner von jedem Ort eine Skizze anfertigen.

Die Messstrecke begann in Lan-tschóu im Nordosten Chinas und ging durch die Wüsten Gobi und Takla Makan, durch Sumpflandschaften und Salzwüsten, über Schutt, grobes Geröll und armselige Wiesen. Filchner erreichte Chotan in Xinjiang im Dezember 1936. Kurz vor Chotan, in Lob[85] führte Filchner seine fünfhundertste Messung durch. Von Chotan aus wollte Filchner über den Karakorum nach Indien weiterreisen. Es kam jedoch anders. Chotan liegt am südwestlichen Rand des Tarim-Beckens. Der Ort an der Seidenstraße war bekannt durch seine geknüpften Teppiche und bunte Seide.

In Chotan wurde Filchner, wie auch später die Lufthansa Mannschaft der D-ANOY, festgenommen. Filchner hatte kein gültiges Visum für Xinjiang. Außerdem war Krieg und kommunistische und islamistische Horden machten die Gegend unsicher. Warlords übernahmen die Kontrolle in einem bürgerkriegsähnlichen Konflikt. Es herrschte Chaos. Filchner wurde gezwungen, in Chotan zu überwintern. Endlich, nach sieben langen Monaten, in denen er äußerst schlecht behandelt wurde, kam er im Juli 1937 nach einem Hungerstreik frei und bekam seinen Reisepass zurück.

Sein nächstes Ziel war Leh in Ladakh.[86] Für Filchner kam nur der – wie er sagte – ‚Todesweg' über den Karakorum in Frage. Die Pässe, die er überqueren musste, sind acht Monate im Jahr unpassierbar. Nun waren die zuvor noch eingeschneiten Pässe im Himalaya und Karakorum wieder frei. Welche Route er nach Nord-Indien einschlug, ist nicht genau dokumentiert. Kam er durch das Hunzatal? Es spricht eher dafür, dass er entlang der alten Karawanenstraße über den fast 5600 Meter hohen Karakorum-Pass ritt. Der Karakorum-Pass ist etwas östlich vom Khunjerab-Pass. Der Karakorum-Pass war der höchste Pass auf der alten Karawanenstraße und war damals eine wichtige Verbindung zwischen Xinjiang in China und Leh in Nord Indien. Vermutlich durch das 3000 Meter hoch gelegene Nubratal erreichte Filchner im September 1937 Leh.[87] In Leh führte Filchner die letzten Messungen der 3500 Kilometer langen Messstrecke durch.

Im Oktober 1937 erreichte er Srinagar in Kaschmir, wo er vom deutschen Generalkonsul empfangen wurde. Hier empfing er nach Jahren in der Einsamkeit endlich wieder die erste Post. Sein Auftrag war erfüllt und er kehrte nach Deutschland zurück.

---

85 Lob war der Ort, wo wenige Monate später die Lufthansa Maschine D-ANOY auf dem Rückweg von ihrem Probeflug wegen Maschinenschaden notlanden musste.

86 In Nord-Indien

87 Als ich 1985 das Nubratal durchwanderte, konnte ich keine Spuren von Filchner entdecken. Niemand konnte sich an den deutschen Forschungsreisenden erinnern.

Auf den Spuren Filchners folgte 1903 der Leutnant im Neumärkischen Feld-Artillerie-Regiment No. 54, Erich von Salzmann. Salzmann war in die Garnisonen in Peking und Tientsin abkommandiert. Als er abgelöst wurde, entschloss er sich, auf dem Landwege nach Deutschland zurück zu reisen.

Er war ein guter Reiter und Sieger vieler Rennen und Derbys. Kein Wunder, dass er die größte Strecke zurück nach Deutschland auf dem Pferderücken zurücklegen wollte. Da er keine Messungen wie Filchner vornehmen musste, benötigte er für seinen Ritt durch Zentralasien natürlich viel weniger Zeit. Salzmann kam nicht durch das Hunzatal, aber er hatte Aufenthalte in Chotan und Kashgar. Seine Erlebnisse hat er spannend in seinem Buch ,Im Sattel durch Zentralasien. 6000 Kilometer in 176 Tagen' nieder geschrieben.

Über den Flug der D-ANOY und den erzwungenen Aufenthalt der Mannschaft in Chotan habe ich bereits berichtet, da das Flugzeug entlang des Hunzatals flog. Außerdem herrschte Hunza bis 1912 in Chotan und Yarkand unter dem Mandat Chinas. In den 1930er Jahren waren Chotan und Yarkand immer noch im Einflussbereich des Königs von Hunza.

Über Philip Rosenthal, der bereits in den 1960er Jahren im Hunzatal war und den Forschungsreisenden Sven Hedin in den 1930er Jahren habe ich bereits an anderer Stelle berichtet.

14. Nach Islamabad und Lahore

Der Flug von Gilgit nach Islamabad war einfach grandios. Wir hatten phantastisches Flugwetter, einen tollen Blick auf den K2, dann auf den Nanga Parbat und die ihn umgebenden Bergmassive. Wir kamen aus den ‚Ahs‘ und ‚Ohs‘ überhaupt nicht heraus, auch nicht aus dem Fotografieren. Aber wenn man den Flug einmal gemacht hat, weiß man, warum gutes Flugwetter unbedingt notwendig ist. Es können nur kleine Maschinen in Gilgit landen und die kleine Fokker-27-Friendship mit der wir flogen, kann nur zu 50 Prozent besetzt werden, um Gewicht zu sparen. Andernfalls würde die Maschine die erforderliche Höhe nicht erreichen. Die Maschine muss trotzdem entlang der Täler fliegen. Die Höhe des Nanga Parbat kann sie nicht erreichen. Manchmal meint man, die Maschine berührt fast die Berge mit den Flügeln.

Dank Annettes Verbindung zu Annemarie Schimmel, die sich bereits bis zum Piloten durchgesprochen hatte, durften wir nach dem Erreichen der Flughöhe zum Piloten gehen und einen Blick aus der Kanzel werfen. Es war ein unvergesslicher Flug über das höchste Bergmassiv der Welt. Wie uns der Flugkapitän sagte, sah man von hier oben fast einhundert Gipfel über 7000 Metern Höhe!

Als wir den 4173 Meter hohen Babusar-Hochgebirgspass des alten Karawanenpfads überflogen, waren wir nur noch ein paar wenige Meter über dem Scheitelpunkt des Passes. Ich konnte die kleinsten Details am Boden erkennen. Die Murmeltiere flüchteten in ihre sicheren Löcher.

Der Pilot darf sich hier keinen Fehler erlauben. Die Pässe sind heute in dieser Hochgebirgsregion für die Flugzeuge genauso wichtig wie früher für die Karawanen. Dass bei schlechtem Flugwetter oder bei plötzlichem Wetterumschwung eine so kleine Maschine spurlos in der gewaltigen Bergwelt verschwinden kann – wie es zum Beispiel 1989 dem Freund von Rosinys, dem Buchhändler aus Gilgit geschah – und nie wieder auftauchte, kann man sich gut vorstellen.

In Islamabad angekommen, buchten wir direkt einen Weiterflug nach Lahore. Auch hier fragten wir nur einmal einen Beamten, wo wir einen Flug buchen könnten, und sofort rief dieser einen Mitarbeiter herbei, der uns so lange behilflich war, bis wir unseren Flug gebucht und wieder eingecheckt hatten. Und so kamen wir völlig problemlos nach Lahore.

Abb. 120: Ein letzter Blick aus dem Flugzeug auf den Hunza-Fluss …

Abb. 121: …und den K2

Abb. 122 und 123: Vorbei am Nanga Parbat, dem deutschen Schicksalsberg

Hier in Lahore ist es ziemlich heiß, 45°C im Schatten, aber uns beeinträchtigt das weniger, weil es eine sehr trockene Hitze ist. Heute Nachmittag haben wir uns im Holiday Inn, dem neuen Hotel, das 1992 noch im Bau war, einen High Tea genehmigt. Wir bekamen so viel Kaffee, Kuchen und Snacks – Sandwiches, Samosas, Pakoras, Pasteten, Salate etc. – wie in uns hinein passte. Und es passte eine ganze Menge in uns hinein, von vornehmer Zurückhaltung, die man ja bei einer so englischen Einrichtung wie High Tea erwarten kann, keine Spur. Aber die Strafe folgte auf dem Fuße! Ich bekam noch im Holiday Inn einen schlimmen Durchfall: Wir sind solche Mengen und auch so viel Fett und Sahne ja gar nicht mehr gewöhnt. Aber die Toiletten sind dort sehr edel, insofern war auch dieser Gang ein Genuss.

Im Faletti's Hotel in Lahore gab es zu der Zeit unserer Reise leider nicht mehr den dort so berühmten High Tee. Das 1880 eröffnete Hotel wurde kurz nach unserem Besuch geschlossen und die Restaurierung im historischen Kolonialstil begann. 2013 wurde es wieder eröffnet. Es ist nun das beste, das luxuriöseste und teuerste Hotel Pakistans.

Wir lieben den High Tea! Er ist eine englische Sitte, eigentlich ist es eine Mahlzeit zwischen 16:00 und 18:00 Uhr, da das Abendessen in Großbritannien oft sehr spät eingenommen wird. Zum High Tea werden neben anderen Kleinigkeiten Früchtebrot, Gebäck in allen möglichen Farben, Käse- und Gurkensandwiches, Muffins und Kuchen gereicht. Zum Glück hat diese englische Teekultur in den meisten ehemaligen britischen Kolonien bis heute überlebt. Der High Tee war für Annette und mich, ob in Pakistan, Indien, Birma oder Singapur immer ein ,Muss'!

Nach dem High Tea wanderten wir noch ein wenig in der Gegend herum, schüttelten ungezählte Hände von Pakistanis, die über die gelungenen Atombombentests begeistert waren. Wir grinsten alle an, bis uns die Mundwinkel fast knapp vor den Ohrmuscheln festwuchsen und retteten uns dann vor der allgemeinen Verbrüderung – die auf die Dauer ganz schön anstrengend ist – hierher ins Faletti's Hotel. Wir wollten noch schreiben, uns einen kühlen Cocktail zu Gemüte zu führen und die Zeitung zu lesen.

Heute, am 31. Mai, haben wir uns ein wenig Lahore angesehen: Die große Moschee, das Lahore-Fort, Jehangir's Grabmal und natürlich auch die riesige alte Kanone ,Zam-Zama' von 1762. Die Kanone wurde durch die Erwähnung im Roman ,Kim' von Rudyard Kipling weltberühmt.

Abb. 124: Das alte Kolonialhotel Faletti's

Abb. 125: Die Große Moschee in Lahore

Abb. 126 und 127: In der Altstadt von Lahore

Am Nachmittag wollten wir uns dann über die Altstadt hermachen, aber zu meinem Entsetzen war alles geschlossen. Kein Bazar voller Leben und Farben, nur graue Rollläden, Dreck und ein paar Leute, die uns darüber aufklärten, dass am Sonntag alles geschlossen sei. So schlecht kann es den Pakistanis also doch nicht gehen, wenn sie sich das erlauben können! Und auch noch am Sonntag, wenn es am Freitag gewesen wäre, hätte ich ja noch Verständnis zeigen können! So eine Altstadt im Ruhezustand ist schon eine deprimierende Angelegenheit. Vor allem wenn man an diese Altstadt eine so schöne Erinnerung hat wie ich! Wir waren mit einer ‚Dreirad-Rutsche‘ – einer dreirädrigen motorisierten Rikscha – hingefahren, was für meinen Rücken, der heute wieder ziemlich aufmuckt, keine ganz erfreuliche Angelegenheit war. Trotzdem nahmen wir für den Rückweg nochmals so ein Gefährt und der Fahrer fuhr mit uns durch eine Ecke von Lahore, in der eine Art Sonntagsmarkt stattfand. Das versöhnte uns einigermaßen mit der leeren Altstadt von Lahore.

Heute Abend haben wir uns den Magen wieder im Holiday Inn vollgeschlagen, was uns – oder jedenfalls mir – wieder nicht besonders gut bekommen ist. Selber schuld! Da waren die Augen mal wieder größer als der Magen. Bei mir rumpelt es schon wieder ganz gewaltig im Bauch.

Morgen geht's zurück nach Islamabad, aber diesmal mit dem Bus. Dort werden wir dann die letzten drei Tage vor dem Rückflug verbringen, noch einmal nach Taxila fahren und weitere Ausflüge machen. Jetzt muss ich noch packen. Wir haben übrigens mal wieder festgestellt, dass die Hälfte unseres Reisegepäcks überflüssig war. Wir haben bis jetzt nicht einmal alles angezogen! Egal wie wenig man mitnimmt, es ist immer zu viel.

Am folgenden Tag fuhren wir mit dem Bus nach Rawalpindi. Wir waren hellauf begeistert und fanden es viel schöner und bequemer als zu fliegen. Der Bus war sehr modern, sauber und klimatisiert. Jeder hatte reservierte Plätze – wir, wie fast immer, ganz vorne –, und bekam vor Antritt der Fahrt eine Tüte Chips und eine Tüte Saft gereicht. Nachdem der Bus sich durch das Gewühl auf Lahores Straßen gekämpft hatte, ging es auf die erst vor drei Monaten fertiggestellte Autobahn. Und die steht wirklich in nichts unseren Autobahnen nach.

Nach der halben Strecke wurde eine Pause an einem Rastplatz gemacht. Dort standen schon eine ganze Reihe anderer Busse, die allerdings nicht ganz so edel waren wie unserer. Es gab dort ein Rasthaus und vor allem

Klos. Die Herrenklos waren recht ordentlich, aber die der Frauen waren von dem Andrang etwas in Mitleidenschaft gezogen. Ungezählte Frauen hievten nacheinander alle ihre Kinder auf den Topf, kämmten sich die Haare, spülten sich den Mund oder hielten einen gemütlichen Schwatz. Nicht in allen Klos funktionierte die Klospülung, und natürlich in dem, das ich benutzte und in das mich eine freundliche Pakistanerin hinein winkte, nachdem sie sich selbst erleichtert hatte, auch nicht. Aber auf so einer Reise ist man ja nicht sehr wählerisch.

Nach einer halben Stunde ging die Fahrt weiter, und nach ein paar Stunden kamen wir frisch und völlig ohne Stress in Rawalpindi an. Von der Bushaltestelle nahmen wir ein Taxi nach Islamabad. Irgendwie kam mir die Gegend bei der Bushaltestelle sehr vertraut vor, und siehe da, wir waren kaum 500 Meter mit dem Taxi gefahren, da passierten wir das Hotel Flashman's. Es sah noch völlig unverändert aus, wie vor ein paar Jahren, als ich dort wohnte: Ein bisschen heruntergekommen eben, aber bei weitem nicht so sehr wie das Faletti's.

Das Flashman's war früher ein elegantes Hotel im Kolonialstil. Heute, 2016, ist es eine schmuddelige Absteige unter dem Management der Regierung, in der man sich mit Frauen und Alkohol vergnügen kann. Eine junge Frau und auch Alkohol kann man sich direkt an der Rezeption bestellen. Und das in einem streng islamischen Land! In einem Regierungshotel!

Und dann waren wir wieder im Ambassador Hotel, in dem unsere Reise begonnen hatte. Wir bekamen diesmal ein Zimmer zum Garten, das zwar kleiner war als das Zimmer, das wir bei Beginn unserer Reise hatten, aber sehr viel ruhiger, heller und schöner. Die Klimaanlage funktionierte nicht richtig, aber obwohl man uns sofort ein anderes Zimmer anbot, blieben wir doch in diesem Zimmer, weil es uns einfach gut gefiel. Gott sei Dank sind wir ja nicht hitzeempfindlich. Am Abend gingen wir noch ein bisschen spazieren und aßen danach im frisch renovierten Speisesaal des Hotels eine Kleinigkeit. Das ganze Hotel ist nach und nach frisch renoviert worden, seitdem 1996 das Management gewechselt hat.

Heute, am 2. Juni, haben wir einen Ruhetag eingelegt. Um 8:00 Uhr fanden wir uns zum Frühstück im Garten ein und haben dort bis um die Mittagszeit gesessen. Danach haben wir etwas geschlafen und sind dann mit dem Taxi zu British Airways gefahren, um unsere Flüge bestätigen zu lassen. Von dort ließen wir uns zum Hilton Hotel fahren, um herauszufinden, wie es dort um den High Tea bestellt ist. Wir kamen passend zur High Tea-

Stunde an, aber das Angebot begeisterte uns nicht so sehr, dass wir dort zugeschlagen hätten. Wir machten uns zu Fuß auf den Rückweg, und in der Nähe des Busbahnhofs – nicht weit von unserem Ambassador Hotel entfernt – gab es eine herrliche Fressecke, an der wir dann nicht so ohne weiteres vorbeikamen. Wir kauften uns eine große Portion Gemüse-Samosas, die liebevoll in eine aus alten Zeitungen gerollten Tüte verpackt wurden, und futterten bereits alle auf dem Heimweg zum Hotel auf. Trotzdem ließen wir uns abends wieder im Garten nieder, um uns noch eine Tomatensuppe, eine Chicken Corn Soup und eine Portion Pakoras zu Gemüte zu führen. Dort zu essen gefiel uns doch besser als im Speisesaal – auch wenn der funkelnagelneu renoviert ist.

Heute, am 3. Juni, haben wir Taxila besucht. Man kann nicht in Islamabad sein, ohne jedes Mal wieder Taxila, das kulturelle Zentrum Gandharas, das nur knapp 40 Kilometer entfernt ist, zu besuchen. Der erste Taxifahrer, den wir ansprachen, war ein unangenehmer Typ, er wirkte hinterhältig, arrogant und schmierig. Für die Fahrt wollte er 1500 Rupien haben und ließ sich auch nach längeren Verhandlungen nicht weiter als bis 1300 Rupien drücken. Also sprachen wir zu seinem Ärger einen anderen auf der Straße an, der sich sofort mit 700 Rupien einverstanden erklärte. Seine einzigen englischen Worte lauteten: ,No problem', und obwohl wir bei diesen Worten immer schon Schlimmes vermuten, verlief der Tag absolut problemlos.

Taxila ist immer wieder ein Erlebnis. Wir wanderten stundenlang herum, an allen Sehenswürdigkeiten wurden uns ,echt alte' Buddha-Köpfe – warum es dann immer wieder die gleichen waren, blieb ein Geheimnis! –, alte Münzen und andere ,echte' archäologische Funde angeboten. Aber eigentlich hielt es sich sehr in Grenzen. Im Jaulian-Kloster lief ein Kamel herum und ich wollte mich gleich bei ihm anbiedern, um es auf ein schönes Foto zu bannen. Aber ein Einheimischer warnte mich, dass Kamele in der Trockenzeit recht unangenehm, aggressiv und bissig werden können. Das brachte mich gleich zur Räson und ich hielt mich in gebührendem Abstand, immer fluchtbereit und immer in der Erwartung, dass das Tier sich im nächsten Augenblick mit einem höhnischen Grunzen auf mich stürzen würde, um mich in den Po zu beißen. Ich fotografierte es natürlich, allerdings nicht so malerisch, wie ich es mir vorgestellt hatte.

Abb. 128 und 129: Garküchen am Aabpara Markt in Lahore

Hier im Industal blühten ein halbes Dutzend hochentwickelter Zivilisationen. Die großen Zentren antiker Lebensform, wie Taxila oder Moenjodaru sind ein reiches archäologisches Erbe. Durch Ausgrabungen wurde bewiesen, dass hier in vorchristlicher Zeit, bereits 2600 Jahre v.Chr., Hochkulturen mit Weltstädten bestanden. Aus Dörfern wurden große Städte mit Tausenden von Einwohnern. Es waren bereits Weltstädte von größter Bedeutung mit eng aneinander stehenden großzügigen Gebäuden aus gebackenen Mauersteinen und mit breiten gepflasterten Straßen. Es gab bereits geschlossene Abwassersysteme und Sickergruben, Kornspeicher, Zitadellen und Verteidigungsmauern. Die Städte hatten bereits Senkgruben für den Abfall, 10 Meter breite gepflasterte Straßen und großzügige Häuser, errichtet mit gebackenen Ziegelsteinen. Zum ersten Mal in der Geschichte der Menschheit wurden in Taxila gebrannte Ziegel für alle Bauvorhaben verwendet. Die Ziegel hatten bereits ein Verhältnis von 1:2:4, wie unsere heutigen Ziegelsteine. Alle Häuser hatten getrennte Badezimmer und Küchen mit fließendem Wasser. Die Stadtplanung sieht geordnet aus mit einer rechteckigen Stadtplanung.

Die Indus-Kultur war neben dem antiken Ägypten und Mesopotamien eine der frühesten Zivilisationen der Welt. Entlang des Indus wurden bereits weit über 1000 Fundorte identifiziert. Bei den Ausgrabungen stieß man auf unzählige Tongefäße, an den Wänden der Häuser und auf Tontafeln findet man immer wieder Zeichen einer bis heute noch nicht entzifferten Schrift. Die archäologischen Ausgrabungen sind noch lange nicht abgeschlossen und vieles wartet noch auf eine Entdeckung.

Annette hatte Taxila und andere Orte der Indus-Kultur, wie Moenjodaru, bereits vor Jahren mit ihren Eltern besucht. Für mich war die antike Stadt Taxila Neuland. Taxila liegt nördlich von Rawalpindi südlich des Indus in einem herrlichen Tal. Die Stätte war die Hauptstadt des historischen Gandhara-Reiches, die ihre Blütezeit von 600 v.Chr. bis 500 n.Chr. erlebte und das heilige Zentrum des Buddhismus mit großer geistiger und kultureller Bedeutung war. Die Stadt lag am Handelsweg der südlichen Seidenstraße, die durch das Hunzatal führte. Es war eine bedeutende Stätte des Kulturaustauschs mit einer großen Universität, einer der ältesten der Welt. In der Umgebung von Taxila befinden sich mehrere Klöster.

Beeindruckend ist die große Anzahl von überlebensgroßen Skulpturen und vielen Reliefs, bei denen die verblüffende Ähnlichkeit mit den Meisterwerken der antiken Griechen überrascht. 326 v.Chr. eroberte Alexander der Große die Stadt. Die Herrschaft dauerte aber nur neun Jahre und endete bereits wieder um 317 v.Chr. Der hellenistische Einfluss ist jedoch erhalten geblieben. Noch heute findet man im Hunzatal Münzen aus jener Zeit.

Abb. 130 und 131: Archäologische Ausgrabungen in Taxila

225

Beeindruckend ist das Museum von Taxila mit seiner außergewöhnlichen Sammlung von Schmuck, Münzen, Silber- und Goldgefäßen. Seit 1980 gehört Taxila zum UNESCO Welt-Kulturerbe.

Als wir am späteren Nachmittag wieder ins Hotel zurückkamen und uns in den Garten setzen wollten, wurde uns mitgeteilt, dass dort gleich eine Veranstaltung, eine Tea Party, stattfände und wir lieber in den Speisesaal gehen sollten. Dazu hatten wir nun gar keine Lust und so begaben wir uns auf unser Zimmer, bestellten uns Tee dorthin und beobachteten von oben die Ereignisse. Es wurde ein langer Tisch aufgebaut und schon kamen die Kellner mit Platten voll trockenem Kuchen, Sandwiches und Samosas. Drei Platten mit Kuchen, drei mit Sandwiches und drei mit Samosas – also aus unserer Sicht als High Tea-Verwöhnte, nicht die reichhaltigste Tea Party. Ich habe insgesamt nur 36 Sandwiches gezählt! Aber irgendetwas stimmte mit dem Zeitplan nicht. Die Platten wurden in den Garten getragen, standen eine Zeitlang in der Sonne herum, dann wurden sie wieder weggetragen, um nach einer Weile wieder hineingetragen zu werden, und nach kurzer Zeit wurden sie wieder für eine Weile in die Sonne gestellt. Das wiederholte sich mindestens dreimal.

Dann kamen mit einem Mal eine Reihe von Reportern, gut erkennbar an ihren Kameras und Schreibutensilien, die sie aus ihren Aktentaschen zogen. Die Reporter ließen sich nieder und warteten auf die Dinge, die da kommen würden – wir natürlich auch. Währenddessen goss der Gärtner ungerührt mit dem Schlauch seine Blumenbeete. Der Schlauch lag durch den ganzen Garten und der Gärtner hob ihn bei Bedarf einfach über die Köpfe der herumsitzenden Reporter hinweg.

Plötzlich aber tut sich etwas, die Tea Party-Gäste treffen ein – alles Männer –, und die Platten mit kulinarischen Genüssen werden wieder herausgebracht. Und siehe da, sofort kommt Bewegung in die Reporterschar. Aber sie stürzen sich keineswegs auf die Gäste, sondern auf die Platten mit dem Imbiss! Sie laden sich die Teller voll, einer steckt sich sogar Sandwiches in die Tasche, ein anderer isst Kuchen mit Ketchup und wieder ein anderer beißt in ein Samosa, legt es wieder zurück und nimmt sich ein anderes. Der Garten füllt sich immer mehr mit Gästen, einige geistliche Würdenträger darunter, die sich zwar etwas zurückhaltender benehmen als die Reporter, aber erst als alles restlos verputzt ist – selbst das angebissene Samosa wird noch von einem Mullah mit Handy in einer Hand verspeist – und nur noch Tee ausgeschenkt wird, fällt den Reportern ein, was sie ins Ambassador Hotel geführt hat und es findet so eine Art Pressekonferenz statt. Dann aber löst sich die Versammlung auch sehr schnell wieder auf, die Tische werden weggeräumt und wir können unseren Stammplatz im Garten wieder einnehmen und auch unser übliches Abendessen: Tomatensuppe, Chicken-Corn-Suppe und Pakoras.

Der letzte Tag in Pakistan, der 4. Juni, verlief ähnlich wie der erste. Schlafen, schlafen, schlafen, faul, faul, faul! Es gab nichts mehr zu tun, außer ein bisschen herumzuwandern. Nur einen Versuch, noch einmal zu einem High Tea zu kommen, wollen wir noch machen und fuhren am Nachmittag in das erste Haus am Platz, das früher das Holiday Inn war, aber heute – glaub' ich – zur Amari-Hotel-Gruppe gehört. Als wir dort ankamen waren wir noch etwas zu früh für den High Tea, dazu muss man wenigstens bis zu einer bestimmten Zeit – meist 16:00 Uhr – warten, und die war noch nicht erreicht. Also wanderten wir ein wenig in den Shopping-Arkaden herum und ich zeigte Horst das Geschäft, in dem ich das letzte Mal einen Lapislazuli-Anhänger für mich erstanden hatte. Der Geschäftsmann wurde sehr geschäftig, als er Horst und mich sah und zeigte uns seine ganzen Besitztümer. Ich sah dort die gleichen Ketten wie in Karimabad, allerdings zum vielfachen Preis. Dass ich 1992 hier – trotz handeln – nicht das beste Geschäft gemacht hatte, war mir eigentlich schon damals klar. Die Miete für den Laden muss schließlich auch bezahlt werden. Der Besitzer bemühte sich sehr, uns etwas zu verkaufen, aber wir vertrösteten ihn auf die nächsten Tage, da wir gerade erst angekommen seien.

In einem anderen Laden kamen wir mit einem Afghanen ins Gespräch. Im Laufe des Gesprächs erzählte er von seinem Onkel, einem Urologen, der in Deutschland lebt und praktiziert. Horst brach sofort in Begeisterung aus, weil sein Bruder einen afghanischen Freund gleichen Namens in Deutschland hat, der auch Urologe ist. Sofort war die Verbrüderung perfekt. Ein Brief an den afghanischen Onkel in Deutschland wurde aufgesetzt, den wir natürlich gerne mitnahmen.[88]

Dieser Afghane befreite mich dann noch von einer großen Last, die ich die ganze Reise mit mir herumgeschleppt hatte: Er konnte mir endlich die Antwort auf eine Frage, die ich mir immer wieder gestellt hatte, geben: Wie heißt das Tal in Afghanistan mit den großen Buddhas? Bamian natürlich, und dafür hatte ich mich wochenlang gequält.

---

88 Anmerkung Januar 1999: Der Freund von Horsts Bruder war nicht Urologe, sondern Proktologe, also doch ein anderer, aber das konnten wir bei der Begeisterung nicht mehr unterscheiden, und den Brief haben wir natürlich auch zugestellt.

In Bamian, einem 2500 Meter hoch gelegenen Tal in Afghanistan, standen die bis zu 53 Meter hohen größten stehenden Buddha-Statuen der Welt. Man schätzt, dass die Statuen an dem wichtigen Handelsweg der Seidenstraße zwischen China und dem Abendland im 6. Jahrhundert entstanden sind. Hier gab es mehrere buddhistische Klöster. In den unzähligen Höhlen rund um die Statuen lebten bis zu 5000 Mönche. 2001 wurden die Statuen und ein Großteil der Höhlen durch die Taliban mit Boden-Luft-Artillerie und Sprengstoff zerstört.[89]

Nach einem Tee bei dem freundlichen Afghanen setzten wir uns noch ein wenig in die Halle, die von einem Reiterstandbild geschmückt wurde. Die ganze Zeit dachte ich: ‚Den Reiter kenne ich doch, den hab' ich doch schon mal gesehen', bis mir plötzlich klar wurde, er sah genauso aus, wie Horsts Bruder Hartmut!

Und dann hatten wir endlich die Zeit rum und konnten uns zum High Tea begeben, natürlich nicht im Laufschritt, sondern langsam und gemessen. Unser Verhalten dann beim High Tea selbst war nicht unähnlich dem der pakistanischen Reporter auf der Tea Party, denn im Gegensatz zu dem armseligen High Tea im Hilton hier in Islamabad, kamen wir im Amari Hotel voll auf unsere Kosten. Es wurde uns ein High Tea angeboten, bei dem man gar nicht wusste, wo anfangen und wann aufhören. Bei einem solchen Angebot konnte man doch nicht aufhören, wenn man satt ist!

Am Nebentisch saßen zwei pakistanische Damen, von denen die eine ungeheuer laut, füllig, wichtigtuerisch und goldbehängt war, in Begleitung von zwei Herren. Die wichtigtuerische Dame redete praktisch alleine, futterte ständig von den Tellern der beiden Herren genauso ungebremst wie von ihrem eigenen, und wurde für mich zum Alibi, auch mir immer wieder den Teller vollzuladen. An diesem Abend wurde das Essen im Garten vom Ambassador Hotel ersatzlos gestrichen.

---

89 In den 1970er Jahren, als mein Bruder Hartmut Leiter des Goethe-Instituts in Kabul war, konnte ich mit ihm die Buddha-Statuen im Bamiantal noch unzerstört bewundern.

15. Zurück nach Deutschland

Unser Abreisetag! Der 5. Juni 1998. Um 5:20 Uhr waren wir am Flughafen. Vier Stunden vorher sollten wir dort sein, hatte man uns beim Bestätigen der Tickets gesagt. Das fanden wir weit übertrieben, aber wir beugten uns dieser Regel! Das war, wie wir feststellen mussten auch tatsächlich dringend nötig: Kontrolle, Kontrolle, Kontrolle! Und Chaos ohne Ende!

Zuerst standen wir in einer entsetzlich langen Schlange vor dem Flughafeneingang. Dort wurde anhand einer Liste gecheckt, ob wir überhaupt berechtigt waren, den Flughafen zu betreten, also ein Flugticket hatten. Als wir endlich durch diese Kontrolle waren, standen wir sofort in der nächsten langen Schlange: Das Gepäck wurde untersucht. Jeder musste alles aufmachen! Wir natürlich auch. Der Beamte, der das Gepäck checkte, war sehr ungeduldig und fauchte mich, weil ich den Schlüssel nicht direkt zur Hand hatte, an: ‚You don't have key?'. Als nächstes fragte er: ‚Are you smoking?' Ich verneinte. Die nächste Frage: ‚And at home?' So verstand ich sein holpriges Englisch wenigstens, also ich: ‚Also not smoking', und musste lachen. Horst, dem die Fragen auch immer galten, hatte richtig verstanden: ‚Your profession?' und antwortete: ‚Retired'. Jetzt war der Beamte kurz davor, seine Beherrschung zu verlieren und fauchte: ‚Your real profession!' und bekam von mir gar keine Antwort, weil ich so lachen musste, während Horst antwortete: ‚Also retired!'. Da verzichtete der Beamte auf weitere Durchsuchung unseres Gepäcks und entließ uns.

So schnell waren wir aber noch nicht weg, weil wir ja erst das Gepäck wieder sortieren und die Koffer schließen und wieder absperren mussten. Der Beamte wurde ungeduldig und fauchte uns erneut an: ‚There are many people waiting! Please go!'. Aber auch das konnte Horst nicht aus der Ruhe bringen und er antwortete extrem langsam, indem er ihn mit den Augen fixierte: ‚You asked us to open, now I have to close again! Don't rush us, Sir!' So viel Respektlosigkeit machte ihn dann sprachlos und wir zogen – nachdem die Koffer wieder verschlossen waren – hoch erhobenen Hauptes davon. Das war aber wirklich der einzige unfreundliche Pakistani, dem wir auf der ganzen Reise begegnet sind.

Als nächstes konnten wir einchecken, dann kam die Passkontrolle, dann der Security-Check, alles, was wir da noch bei uns hatten, musste wieder aufgemacht werden und der Pass wurde wieder kontrolliert. Bei manchen

Pakistanis wurde hier mit großen Nadeln mehrmals durch das Handgepäck gestochen. Der Pass wurde immer wieder kontrolliert. Bis jetzt war der Pass sieben Mal kontrolliert worden! Noch einmal, als wir das Flughafengebäude endlich verlassen, und dann ein letztes Mal, bevor wir das Flugzeug besteigen durften! Bei so vielen Kontrollen fühlten wir uns in diesem Flugzeug der British Airways ziemlich sicher.

Wir hatten eine Stunde Verspätung. Als wir endlich abflogen war es nach 9:00 Uhr. Mindestens fünf Flüge waren an diesem Morgen von PIA annulliert worden. Ein Flug nach London auch, und diese Passagiere wurden alle mit in unser Flugzeug der British Airways gestopft. Die Boeing 747-400 war bis auf den letzten Platz besetzt! Massen von brüllenden Kindern - ein Kind ganz in unserer Nähe brüllte praktisch die ganzen zehn Stunden des Fluges. Die Mutter fiel zwischendurch in Ohnmacht! Da ging jegliche Kinderliebe unaufhaltsam den Bach hinunter, nicht nur meine, auch die der Pakistanis um uns herum. Der Flug selber entschädigte uns aber vollständig für den Geräuschpegel. Es war klares Flugwetter und wir sahen noch einmal die mächtigsten Berge der Welt unter uns liegen. Das Wetter blieb bis England klar und schön, so dass wir ununterbrochen ein großartiges Bild unter uns hatten und so den Flug – trotz Kindergeschrei – genießen konnten.

In Manchester angekommen, begaben wir uns sofort wieder zu unserem alten Stammplatz beim Gate No. 23 hinter der Säule. Schließlich hatten wir wieder einige Stunden Aufenthalt. Die brachten wir gut und ausgiebig schlafend hinter uns, und hatten auch noch das Glück, dass unser Weiterflug von diesem Gate abging.

Kurz vor dem Abflug verärgerte Horst noch einen englischsprachigen Mitreisenden, der unbedingt noch mitten in der Menge der Fluggäste lautstark einen Anruf mit seinem Handy tätigen musste. Keiner konnte umhin, das laute Gespräch mit anzuhören. Der Mitreisende ließ sich von seinem Gesprächsteilnehmer noch eine Telefonnummer durchgeben, die er lautstark mehrmals wiederholte, aber da hatte Horst die Nase voll und griff ein. Er fing genauso laut an Zahlen auszurufen, allerdings immer andere, als der Mitreisende gesagt hat. Der kam daraufhin fürchterlich durcheinander und konnte die ihm durchgegebene Telefonnummer nicht behalten. Er beschimpfte Horst sehr aggressiv und hätte ihm am liebsten auch noch eine geknallt, aber da alle anderen Mitreisenden Horst laut Beifall spendeten, fehlte ihm wohl der Mut für weitergehende Aktionen. Das war unsere letzte gute Tat auf englischem Boden. Dann ging's weiter in Richtung Heimat.

Nach einer guten Stunde Flug von Manchester nach Köln/Bonn waren wir wieder wohlbehalten, aber etwas wehmütig in Deutschland. Diese schöne, ereignisreiche und interessante Reise war Erinnerung. Wenn eine Reise so schön und aufregend war wie diese, dann möchte man, dass sie niemals aufhört! Wir haben zwar während der Vorbereitungen immer wieder gesagt, dass man eine solche Reise sicherlich nur einmal im Leben macht, aber heute schon scheint es uns sehr wahrscheinlich, dass wir noch einmal ins Hunzatal reisen werden.

Schlussbemerkung: Wir haben eine weitere Reise ins Hunzatal nicht mehr geschafft, und nun, 18 Jahre danach, ist eine Urlaubsreise nach Pakistan, selbst in das friedliche Hunzatal, viel zu gefährlich geworden.

16. Der Karakorum Highway und das Hunzatal
2015/2016

Seit unserer Reise auf dem KKH durchs Hunzatal nach Kashgar sind 18 Jahre vergangen. In dieser Zeit rückte das Hunzatal und Xinjiang immer stärker in den Interessenbereich der Touristik. In den 1970er Jahren schien es schon aus rein verkehrstechnischen Gründen nahezu unvorstellbar, diese Gebiete zu bereisen. Zu Recht, denn eine Reise war verbunden mit vielen Beschwernissen, die ein großes Maß an körperlichen Strapazen und Verzicht auf den heute überall in der Welt gewohnten Komfort von den Reisenden verlangte. Bis dahin waren Reisen in diese Gebiete ein Privileg für Forscher, Diplomaten, Alpinisten und wenige Abenteurer.

Immer wieder fragte ich mich, wie es wohl heute dort aussieht. War der KKH noch befahrbar? 1998 hatten Annette und ich ja Zweifel, ob er in 20 Jahren noch befahren werden kann. Anfang des Jahres ergab sich die Möglichkeit, mich mit meinem alten pakistanischen Studienfreund zu unterhalten, der als Ingenieur auch großes Interesse am KKH hatte und sich regelmäßig über den Zustand der Straße informierte.

Aus Pakistan hört man heute wenig positive Nachrichten, aber das Hunzatal ist immer noch das sicherste Gebiet. Trotzdem bleiben wegen der angespannten politischen Lage seit 2001 westliche Touristen aus. Pakistan als Reiseland ist einfach zu gefährlich geworden.

2013 gab es einen weiteren Rückschlag. Diesmal war der Grund nicht der mörderische Nanga Parbat, es waren die mordlustigen Taliban. Kurz nach Beginn der Bergsteiger-Saison überfielen Taliban in Uniformen der Militärpolizei nahe der Märchenwiese bei Nacht elf Bergsteiger und ermordeten sie. Bisher war dieses Gebiet von Terrorakten verschont geblieben. Drei Chinesen, vier Ukrainer, ein Russe, ein Litauer, ein Nepalese und der pakistanische Bergführer waren die Opfer. Den Taliban gilt jeder Ausländer als Feind. Nach diesem Massaker in dem bisher als sicher eingestuften Gebiet ist nun auch der Bergsteiger-Tourismus vollständig zum Erliegen gekommen.

Teile des KKH entlang des Industals und des Hunzatals darf man nur noch mit einer bewaffneten Polizei- oder Militäreskorte befahren. Laufend werden weitere Kontrollpunkte entlang der Strecke eingerichtet.

Zu der Zeit, als Annette und ich den KKH befuhren, gab es auch schon ein Verbot, Brücken zu fotografieren. Damals kontrollierte uns niemand. Für mich als Ingenieur waren die Hängebrücken einfach technisch interessante Bauwerke, und es störte nicht einmal einen Militärangehörigen, wenn ich ein Foto einer

Brücke machte. Das soll nun anders sein! Der KKH wird nun streng kontrolliert und wenn man erwischt wird, sind hohe Strafen fällig. Darüber hinaus verliert man die Speicherkarte oder sogar die ganze Kamera.

Der KKH ist im Winter immer noch geschlossen und kann einige Monate nicht befahren werden. Teilweise ist die Straße durch das Hunzatal immer noch eine Schotterpiste und eine Dauerbaustelle. Für den Ausbau auf zwei, an manchen Stellen sogar auf vier asphaltierte Fahrspuren, hat die chinesische Regierung 400 Millionen US-Dollar bereitgestellt. Riesige Mauern sollen vor Erdrutschen und Steinschlag schützen. An besonders gefährdeten Stellen soll die Straße in den Fels gehauene Tunnel verlegt werden. Parallel zum KKH soll nun auch noch eine Gaspipeline verlegt werden. Diese Arbeiten sollen bis 2019 fertiggestellt werden. China macht es möglich!

Wie bereits berichtet gab es am 4. Januar 2010 einen großen Erdrutsch bei Attabad, der den Hunza-Fluss blockierte. Die gewaltige Gerölllawine löste sich 1500 Meter oberhalb des Hunza-Flusses, blockierte den Hunza-Fluss und schob sich an dem gegenüber liegenden Ufer noch 200 Meter in die Höhe! Die Gerölllawine, nur 18 Kilometer nördlich von Karimabad und ganz in der Nähe von der Gerölllawine, die Annette und mich 1998 fast begraben hätte, staute den Hunza-Fluss und verursachte den 27 Kilometer langen Attabad-See der nun bis nach Gulmit reicht. Wer nach Norden zum Khunjerab-Pass will, muss nun den teilweise über hundert Meter tiefen See auf einfachen Fähren überqueren.

Zwanzig Menschen wurden durch das Geröll verschütte, und fünf Dörfer wurden überflutet. Viele Tausend Menschen mussten evakuiert werden. Der KKH war auf 25 Kilometer zerstört oder lag 30 Meter unter der Wasseroberfläche. Sechs Hängebrücken wurde weggerissen. Das untere Shishkal-Tal, zu dem ich über die lebensgefährliche traditionelle Brücke bei Gulmit gehen wollte, war komplett überflutet. Die Brücke natürlich auch.

Das von uns so geliebte Dorf Gulmit, in dem wir auf der Hin- und Rückfahrt jeweils mehrere Tage verbracht hatten, wurde zu annähernd 40 Prozent überflutet und konnte anfangs nur noch mit einem Boot erreicht werden. Der Hunza Marco Polo Inn wurde durch die Flut nicht beeinträchtigt, da das Hotel weit oben am Berg liegt. Das Hotel wurde in der Zwischenzeit sogar durch einen neuen modernen Flügel erweitert, da man sich durch den See eine neue Attraktion für den Tourismus verspricht. Aber leider bleiben die Touristen bis heute aufgrund der unsicheren politischen Lage aus.

Um den aufgestauten See zu umgehen, wurde im September 2015 eine neue, 24 Kilometer lange höhere Strecke des KKH mit Viadukten und fünf Tunnels eingeweiht. Die von den Chinesen durch den Fels gebohrten Tunnels haben eine gesamte Länge von 7 Kilometern. Die Kosten der Umleitung betrugen US$ 275 Millionen. China scheut keine Kosten!

Für China hat der KKH eine große strategische Wichtigkeit. Wenn der Warenaustausch zwischen China und Pakistan auf dem KKH zur Zeit auch nur gering ist, so erwartet China in der Zukunft eine gewaltige Steigerung. Große Container sollen in Zukunft auf dem KKH bis zum Hafen Karachi transportiert werden.

Da man die Stabilität des durch den Erdrutsch gebildeten Damms bezweifelt, befinden sich rund 15 000 Menschen in 36 Dörfern flussabwärts in großer Gefahr. Im schlimmsten Fall wird eine Flutwelle von 18 Metern Höhe erwartet.

An der Grenze zwischen Pakistan und China auf dem Khunjerab-Pass hat China eine neue, einer Burg nachempfundene, massive Grenzstation errichtet. Als Annette und ich diese Grenze überquerten, hausten die chinesischen Grenzbeamten noch in einfachen Wohnwagen und Containern.

Seit der KKH über den Khunjerab-Pass eingeweiht wurde, sind die Pässe Mingteke und Kilik bedeutungslos geworden. Diese abgelegenen Pässe in das Hunzatal werden nur noch von einzelnen Schmugglern frequentiert. Der Warenverkehr zwischen Xinjiang durch das Hunzatal nach Nordpakistan fließt nur noch über den Khunjerab-Pass. Die langen Karawanen wurden durch Lastwagenkolonnen ersetzt!

In Xinjiang wurden die Rechte der ethnischen Minderheiten, wie der Uiguren oder der Kirgisen, weiter eingeschränkt. In Kashgar ist für Chinesen das Abfüllen von Benzin in einen 20 Liter-Kanister erlaubt, für die Menschen der ethnischen Minderheiten ist das aus Sicherheitsgründen verboten. Ethnische Minderheiten dürfen kein Taschenmesser oder Streichhölzer in größeren Mengen bei sich führen. Die Art der Verschleierung der Frauen wird nun vorgeschrieben. Die Liste könnte man noch lange fortsetzen. Kontrollen, Schikanen und Demütigungen auf der Straße sind an der Tagesordnung. Kein Wunder, dass sich die Minderheiten immer wieder gegen die Unterdrückung auflehnen.

Die Hunzukutz haben diese Probleme nicht. Sie können in ihrem schönen Tal noch ziemlich ungestört von der pakistanischen Regierung leben. Wir haben dort nur freundliche, hilfsbereite und gastfreundliche Menschen angetroffen.

Aber warum waren die Hunzukutz zur Zeit unserer Reise gegenüber Briten reserviert bis unfreundlich eingestellt? Waren es immer noch die Nachwirkungen der Kriege gegen Ende des 19. Jahrhunderts, als das Hunzatal von den Briten mit Gewalt erobert und der König von Hunza vertrieben wurde? Wie wir sahen, gab es doch mit dem von den Briten ernannten Nachfolger des Königs von Hunza, mit Mir Mohammad Nazim Tham, eine durchaus positive Zusammenarbeit. Und britische Forscher hatten geholfen, das Land zu erschließen. Aber die Hunzukutz können bis heute die damalige Einmischung Großbritanniens in ihre inneren Angelegenheiten anscheinend nicht vergessen!

Wie mein pakistanischer Freund beobachtet, hat nach den Kriegen der USA und Großbritannien im Irak und in Afghanistan die Abneigung gegenüber diesen Ländern stetig weiter zugenommen. Durch die in ihren Nachbarländern von diesen beiden Ländern entfachten Kriege wurde die ganze Region destabilisiert und Pakistan wirtschaftlich hart getroffen. Selbst die toleranten Hunzukutz erwähnen mit Bitterkeit, dass durch diese Kriege der Tourismus total eingebrochen ist. Die Hotels stehen leer. Zuvor hätte es keine Taliban oder einen Islamischen Staat gegeben. Diese Terrororganisationen wären erst als Reaktion auf die völkerrechtswidrigen Kriege durch die USA und Großbritannien entstanden.

Das wunderschöne Hunzatal hat Jahrhunderte lang ruhig in völliger Abgeschiedenheit in Frieden überlebt, frei von äußeren Einflüssen. Die Menschen mussten täglich um ihr Leben und das Überleben kämpfen. Trotzdem waren sie zufrieden. Der KKH und die Kriege in der Region haben das Leben der Hunzukutz einschneidend verändert. Man kann nur hoffen, dass die Region eines Tages befriedet wird und die Hunzukutz wieder friedlich, wie gewohnt, ihr Leben führen können. Aber vielleicht ist das nur ein Wunschtraum! Die Welt ändert sich – überall! Im Hunzatal jedoch einschneidend!

17. Dank

Zum Abschluss des Buches möchte ich mich zuerst posthum ganz besonders bei Annette bedanken. Sie hat mit ihren Reiseberichten und witzigen Kommentaren den Grundstein zu diesem Buch gelegt. Außerdem war sie immer eine ideale und treue Reisebegleiterin, die mit mir in allen Teilen der Welt ohne zu murren, auch in extremen Situationen, durch Dick und Dünn ging.

Auch ihrem viel zu früh verstorbenen Vater, dem Orientalisten Prof. Dr. Hans Bräker, bin ich sehr zu Dank verpflichtet. Als Experte für Zentralasien hat er mir in stundenlangen Gesprächen und Diskussionen die Region Xinjiang näher gebracht.

Dank gebührt auch meinem Bruder Hartmut, der mir viele Einzelheiten über seinen frühen Besuch im Hunzatal mitteilte, und der mein Manuskript durchsah.

Ein herzliches Dankeschön sage ich auch meiner langjährigen Vertrauten Michaela Mattern, die von meinem ersten Entwurf freundlicherweise das Lektorat gemacht hat.

Tausend Dank auch an die vielen Menschen aus dem Hunzatal und Xinjiang, die mir in unzähligen freundlichen Gesprächen von ihrer Heimat erzählten und wichtige Informationen zu Küche, Kultur, Brauchtum, Sprache und Geschichte lieferten. Besonderer Dank gebührt jenen Männern und Frauen, die uns in Gefahrenmomenten hilfreich ihre Hände reichten!

Im Herbst/Winter 2016
Horst H. Geerken

Abb. 132 und 133: Abbildungen von Felszeichnungen, die H. Bräker 1976 aufnahm.[90]

---

90 Die Aufnahmen wurden mir freundlicherweise von Frau Ilse Bräker zur Verfügung gestellt, © Ilse Bräker

Abb. 134 und 135: Abbildungen von Felszeichnungen, die H. Bräker 1976 aufnahm.[91]

91 Die Aufnahmen wurden mir freundlicherweise von Frau Ilse Bräker zur Verfügung gestellt, © Ilse Bräker

18. Literatur

Amin, Mohamed; Willetts, Duncan; Hancock, Graham; *Reise durch Pakistan,* 1990

Bauer, Paul, *Auf Kundfahrt im Himalaya,* 1937

Brentjes, Burchard, *Der Knoten Asiens,* 1983

Brescius, Moritz von und Kaiser, Friederike, *Über den Himalaya. Die Expeditionen der Brüder Schlagintweit nach Indien und Zentralasien 1854-1858,* 2015

Deutsche Himalaya Stiftung, *Nanga Parbat,* 1943

Dun, Mao, *Seidenraupen im Frühling,* 1987

Durand, Algernon, *The Marking of a Frontier,* 1899

Filchner, Wilhelm, *Vom Huang-Ho zum Indus,* 1969

Finsterwald, Richard, *Forschung am Nanga Parbat,* 1935

Gablenz, Carl August Freiherr von, *D-Anoy bezwingt den Pamir,* 1937

Hedin, Sven, *Durch Asiens Wüsten,* 1949

Hedin, Sven, *Transhimalaya,* 1909

Hentig, Werner-Otto von, *Mein Leben eine Dienstreise,* 1960

Hentig, Werner-Otto von, *Meine Diplomatenreise ins verschlossene Land,* 1918

Hentig, Werner-Otto von, *Von Kabul nach Shanghai,* 2003

Hoffmann-Loss, Herbert, *Bericht über eine Reise in das Gebiet des nördlichen Hindukusch,* 1977

Hopkirk, Peter, *The Great Game,* 1994

Hughes, Thomas L., *The German Mission in Afghanistan, 1914-1916,* 2004

Kanitz, G.K.E. von, *Bericht über eine Reise nach Russisch-Turkestan,* 1910

Klimkeit, Hans-Joachim, *Die Seidenstraße,* 1988

Knight, E.F., *Where Three Empires Meet,* 1900

Leitner, G.W., *Dardistan, The Hunza and Nagyr Handbook,* First reprint 1978

Lorimer, D.L.R., *The Supernatural in the Popular Belief of the Gilgit Religion,* 1929

Müller-Stellrecht, Irmtraud, *Hunza und China,* 1978

Polo, Marco, *Abenteuer im Reich der Mitte,* 1965

Salzmann, Erich von, *Im Sattel durch Zentralasien,* 1903

Schaefer, Hermann, *Hunza,* 1979

Schimmel, Annemarie, *Pakistan – ein Schloss mit tausend Toren,* 1965

Seidt, Hans-Ulrich, *Berlin, Kabul, Moskau. Oskar Ritter von Niedermayer und Deutschlands Geopolitik, 2002*

Shipton, Eric, *Mountain of Tartary,* 1953

Taylor, Renée, *Die Gesundheits-Geheimnisse der Hunza,* 1982

Thubron, Colin, *Im Schatten der Seidenstraße,* 2013

Timmermann, Irmgard, *Die Seide Chinas,* 1986

Younghusband, Francis, *The Heart of a Continent,* 1904

19. Personenregister

20. Sachregister

Da einige Worte durchgehend im Buch auftreten, wurden Sie nicht im Sachregister aufgenommen, wie zum Beispiel:
Gilgit
Himalaya
Hindukusch
Hunza
Indus
Karakorum
Karimabad
Kashgar
Nagar
Pamir
Tashkurgan
Xinjiang

Weitere Bücher des Autors

Horst H. Geerken
Der Ruf des Geckos. 18 erlebnisreiche Jahre in Indonesien
436 Seiten, Paperback, Norderstedt 2009
EUR 24,90

Horst H. Geerken
A Gecko for Luck. 18 years in Indonesia
392 Pages, Paperback, Norderstedt 2010
EUR 24,95

Horst H. Geerken
A Magic Gecko. CIA's Role Behind the Fall of Soekarno
360 Pages, Paperback, Jakarta 2011
ISBN 978-979-709-554-3, IRP 150.000,00

Horst H. Geerken
A Magic Gecko. Peran CIA di Balik Jatuhnya Soekarno
498 Pages, Paperback, Jakarta 2011
ISBN 978-979-709-555-0, IRP 85.000,00

Horst H. Geerken
Missbrauchte Kindheit. Geboren im Jahr von Hitlers Machtergreifung
240 Seiten, Paperback, Norderstedt 2011
EUR 16,90

Horst H. Geerken
Hitlers Griff nach Asien, Band 1
380 Seiten, Paperback, Norderstedt 2015
EUR 27,95

Horst H. Geerken
Hitlers Griff nach Asien, Band 2
432 Seiten, Paperback, Norderstedt 2015
EUR 27,95

Horst H. Geerken
Hitler's Asian Adventure
572 Seiten, Paperback, Norderstedt 2015
EUR 27,95

Annette Bräker, Horst H. Geerken
Indonesien, Gestern und Heute. Reiseberichte der anderen Art
316 Seiten, Paperback, Norderstedt 2016
€ 19,95

Sämtliche Bücher sind auch als E-Book/Kindle Edition erhältlich.
Alle Bücher können im Buchhandel oder über mehr als
1.000 Online-Shops wie www.amazon.de bezogen werden.
BukitCinta Books
www.bukitcinta.com